Ordnungen des Imaginären

Theorien der Imagination in funktionsgeschichtlicher Sicht

Sonderheft des Jahrgangs 2002
der Zeitschrift für Ästhetik
und Allgemeine Kunstwissenschaft

Herausgegeben von

Rudolf Behrens

FELIX MEINER VERLAG
HAMBURG

Im Felix Meiner Verlag erscheinen folgende Zeitschriften und Jahrbücher:

- Archiv für Begriffsgeschichte
- Zeitschrift für Ästhetik und Allgemeine Kunstwissenschaft
- Aufklärung. Interdisziplinäres Jahrbuch für die Erforschung des 18. Jahrhunderts und seiner Wirkungsgeschichte
- Dialektik. Zeitschrift für Kulturphilosophie
- Hegel-Studien
- Phänomenologische Forschungen

Ausführliche Informationen finden Sie im Internet unter *www.meiner.de*.

Zuletzt erschien als Sonderheft der ZÄK:

Ursula Franke (Hg.): Kants Schlüssel zur Kritik des Geschmacks (Jg. 2000)

Bibliographische Information Der Deutschen Bibliothek

Die Deutsche Bibliothek verzeichnet diese Publikation in der Deutschen Nationalbibliographie; detaillierte bibliographische Daten sind im Internet über <http://dnb.ddb.de> abrufbar.

Zeitschrift für Ästhetik und Allgemeine Kunstwissenschaft
Sonderheft · ISBN 3-7873-1588-8 · ISSN 1439-5886

 Satz: Jens-Sören Mann. Druck und Bindung: Druckhaus »Thomas Müntzer«, Bad Langensalza. Werkdruckpapier: alterungsbeständig nach ANSI-Norm resp. DIN-ISO 9706, hergestellt aus 100% chlorfrei gebleichtem Zellstoff. Printed in Germany.

INHALT

VORWORT

Das Imaginäre, wie auch man immer man es zu definieren versucht, widersetzt sich festen, geschichtlich und kontextuell übergreifenden Bestimmungen. Man mag es in eine phänomenologische oder psychoanalytische Kategorie überführen oder als einen unsichtbaren Untergrund begreifen, durch den sich der kulturelle und soziale Zusammenhang einer Gesellschaft über bildlich-virtuelle Korrespondenzen reproduziert; man kann es in systematischer Hinsicht dem Realen und der gestalteten Fiktion entgegensetzen oder in historischer Hinsicht zu einer aus je unterschiedlichen Materialien schöpfenden Quelle für die Selbstpositionierung des Menschen in raum-zeitlichen Koordinaten erklären. Immer zeichnet sich dabei dasjenige, was man das Imaginäre nennt, durch eine flottierende, konzeptuell eher entgleitende als begrifflich disziplinierbare Dynamik aus. In ihr vollziehen sich zweifellos bildlich stabilisierte Besetzungen psychischer Energien, durch die ein Individuum oder eine Kollektivität Szenarien begehrenden Wünschens – oder deren Gegenteil – strukturiert und aufrechterhält. Aber die Mannigfaltigkeit dieser Vorgänge läuft letztlich auf einen offenbar unvermeidbaren Mangel an fester Gestalt hinaus.

Zeichnet sich nun ein solches Imaginäres zugleich durch einen sich entziehenden und gleichwohl in der menschlichen Praxis hartnäckig wirksamen Charakter aus, so sind doch die systematischen Überlegungen zu derjenigen menschlichen Fähigkeit, die das Imaginäre überhaupt erst möglich macht, die methodisch geleiteten Erklärungen der Imagination nämlich, keineswegs in analoger Weise flüchtig gewesen. Im Gegenteil, die philosophische (und später dann die ästhetische und anthropologische) Anstrengung zur Klärung der Funktionsweise jener Apparatur, die man *phantasia*, *imaginatio* oder *Einbildungskraft* genannt hat, ist in der abendländischen Kultur immer außerordentlich prägnant gewesen. Diese Anstrengung hat dabei nicht zuletzt dazu gedient, aus dem Fundus einer ursprünglich metaphysisch abgesicherten Erkenntnislehre heraus die Produktion des Imaginären gleichsam mit ordnender Hand in den Griff zu bekommen, auch wenn es heute so scheint, als sei die Erläuterung der Produktionsweise innerer kognitiver Bildlichkeit endgültig an die (naturwissenschaftlich sich verstehende) Hirnforschung abgetreten worden. Seit den Ausführungen des Aristoteles zur Imagination in der Schrift über die Seele zieht sich jedenfalls ein ganzer Strom von Definitionsbemühungen und regelrechten Theorien der Imagination durch die Geschichte der systematischen Erhellungen kognitiver Vorgänge im Menschen. Die Begriffsgeschichte hat diesen Strom einschließlich seiner Verquickungen mit der Erklärung benachbarter mentaler Tätigkeiten zwar nicht für alle Epochen und kulturelle Sektoren hinreichend, wohl aber im großen und ganzen stichhaltig und über manche Strecken hinweg auch plausibel ausgeleuchtet.

Bei solcherart ideen- und begriffsgeschichtlichen Rekonstruktionen der Geschichte von Theoretisierungen der Imagination bleiben allerdings auch mancherlei

Fragen offen. Ein Teil dieser Fragen betrifft den historischen oder eben transhistorischen Status des Substrates, das jeder Theorie der Imagination als ihr zugrundeliegende und zum Theorie-Objekt avancierende Tätigkeit selber vorausliegt: Ist dasjenige, was Aristoteles, Pico della Mirandola, Malebranche, Kant, Novalis, Coleridge, Freud oder Sartre mit dem Wort ›Imagination‹ bezeichnet und in seinen Leistungen und in seinen Risiken erklärt haben, der Sache nach mehr oder weniger identisch? Sind die historisch und kontextuell spezifischen Konzeptualisierungen lediglich theoretische Zurichtungen ein und desselben, heute oder morgen vielleicht ausschließlich in Termini der Neuroinformatik beschreibbaren Vorgangs, und zwar unabhängig davon, ob man die Sache je nach anthropologischem Wissensstand in einer Seele, in einem Zusammenspiel zwischen Körper und Seele, in einer Psyche, in nervlichen Irritationen oder bald vielleicht in implantierbaren Chips ansiedelt?

Die Begriffsgeschichte im traditionellen Sinne neigt diesbezüglich möglicherweise zu einer zurückhaltend bejahenden Antwort. Sie handelt sich damit allerdings das Problem ein, das sich in den letzten Jahren anläßlich ähnlicher Fragen etwa nach der Geschichte von Affekten oder der Sexualität, nach der Wahrnehmung des Körpers und nach mentalitätskonstituierenden Größen ganz grundsätzlich gestellt hat und damit der historischen Anthropologie als der Wissenschaft von der wandelbaren Bestimmung des Menschen ein reiches Aufgabenfeld bereiten konnte. So läßt sich fragen, ob die Begriffsgeschichte nicht durch die Unterstellung eines prinzipiellen Konsenses zum ›Identischbleiben‹ der Sache oder zumindest durch die Hintanstellung des referentiellen Problems gerade den Blick darauf verstellt, daß sich die Sache möglicherweise in kritischen Bereichen so ausprägt, wie das jeweils maßgebliche theoretische Denken – oder ein für die Sache zuständiger Diskurs – es präformiert.

Der zweite Fragenkomplex, der offen bleibt, hängt damit zusammen, betrifft aber den Status der Theorien, deren historische Abfolge so etwas wie eine Problemgeschichte nahelegt. So ließe sich fragen, welcher Art denn die Rahmenbedingungen sind, über die eine Theorie der Imagination zustande kommt und Plausibilität gewinnt. Fragen läßt sich ebenfalls, welcher Art die Bedingungen sind, durch die sich ein solches theoretisches Wissen ändert und wiederum andere Theorien höhere Plausibilität erhalten. Sind es lediglich epistemologische Faktoren, die hier prägend sind? Ist es ein Progreß oder wenigstens eine Evolution im Wissen um den Menschen? Sind die Theorien der Imagination wegen ihres latent immer auch therapeutischen und hygienischen Charakters nicht auch in hohem Maße abhängig von institutionellen und diskursiven Rahmenbedingungen? Führt die Position der Imagination am Schnittpunkt zwischen erkenntnistheoretischem, anthropologischem, medizinischem und ästhetischem Wissen nicht dazu, daß ihre Theoretisierungen – und damit die Reduktion des faktischen Imaginären auf konzeptualisierbare Prozesse der Imagination – unter dem Signum von Machtverhältnissen stehen und folglich auf entsprechende bestehende Dispositive, seien sie diskursiver oder sonstwie institutioneller Art, reagieren?

Wenn dies so ist – und es gibt kaum Anlaß, daran zu zweifeln –, dann ist es weniger sinnvoll, die Geschichte der Imagination als pure Abfolge von Theorieentwürfen zu rekonstruieren. Ratsamer ist es dann dagegen, danach zu fragen, in welcher Weise das theoretische Wissen um die Imagination jeweils eingelassen ist in historisch und kontextuell variable Bedingungsfelder. Diese wiederum sind ihrerseits so mannigfaltig, daß man sie geradezu mit demjenigen gleichsetzen muß, was man gemeinhin ›Kultur‹ nennt: die konzeptuell strukturierte und symbolisch unterstützte gesellschaftliche Formung jeglichen, auf Dauer angelegten menschlichen Lebens. Zwar kann die Theoriegeschichte der Imagination auf den ersten Blick einen relativ stabilen konzeptuellen Kern vorweisen. Aber viel aufschlußreicher für die Forschung sind eben die Verzweigungen, die Brüche und Verwerfungen, die sich zeigen, wenn man den kulturellen Zusammenhang ins Auge faßt, aus dem heraus die jeweilige Theorie erst ihre Plausibilität gewinnt (oder gewinnen will). Die therapeutisch ausgerichtete Medizin der späten Aufklärung konfiguriert z. B. die Imagination, wenn sie das Feld des Pathologischen rastern will, ganz anders (d. h. aber auch: von ganz anderen Vorgaben her), als es die Poetiken der europäischen Romantik tun. Wenn Shakespeare in seinen Stücken die handelnden Figuren ein Imaginäres ausspielen läßt, das sich profiliert gegen die Bestimmungen der Imagination in den moralistisch-erkenntnistheoretischen und poetologischen Diskursen der Renaissance und diese zugleich transgredierend umspielt, dann prägt sich hier ein Zusammenhang aus, der wiederum nur bedingt in einer Filiation steht mit den Bemühungen um eine Einpassung des aristotelischen Imaginationskonzeptes in christliche Prinzipien der Lebensführung bei den Kirchenvätern. Die Konfigurationen des Wissens vom imaginationsbedingten Traum, um ein letztes Beispiel zu nennen, vollziehen sich im literarischen Diskurs um 1800 nach ganz anderen kontextuellen Voraussetzungen als die Bestimmungen, die Freud und seine Vorläufer (oder der Surrealismus) der Phantasie in ihrer psychisch-lebensweltlichen Umgebung und der dichterischen Produktion haben angedeihen lassen.

In all diesen Fällen – und zahllosen weiteren Zusammenhängen – wird der Imagination zweifellos eine Gestalt in der Form theoretischer Bestimmung gegeben. Auch steht außer Frage, daß die Termini und deren Zusammenhalt, mit denen die Sache erklärt wird, in letztlich konvergierenden Traditionen ihren Ursprung haben. Gleichwohl – und dies ist das Entscheidende – erzeugt die Differenz zwischen dem relativ stabilen begrifflichen Gebäude und den kulturell variablen Bedingungsfeldern eine Spannung, die in mehrfacher Hinsicht aufschlußreich ist: Sie zeugt zunächst einmal von der Schwierigkeit, in der fortschreitenden Moderne und unter der Bedingung der Ausdifferenzierung spezieller Diskurse dasjenige Wissen zusammenzuhalten, das sich in der klassischen Ära des 17. und 18. Jhd.s noch als Anthropologie formieren konnte und damit seinerseits auf den Verlust normativer oder auch nur kulturell evidenter Orientierungsentwürfe zur angemessenen und klugen Gestaltung des Lebens reagierte. Zum anderen weist diese Spannung zwischen Begriff und Praxis darauf hin, daß die Imagination vielleicht in stärkerem Maße als andere *facultates animae* immer schon eine prekäre und labile Einbruchstelle gewesen ist, in der sich das Subjekt gleichsam entäußert und damit sich gefährden, aber auch sich selbst überschreitend exponieren kann. Dies mag dadurch gegeben sein, daß die Vorstellungen als Bilder und damit als Material der Imagination von zwei Seiten her Risiken für die Selbstbestimmung des vorzugsweise mental bestimmten Subjekts bereithalten. Die Risiken rühren zum einen von der dem Menschen eigenen Körperlichkeit her, die von der christlich-metaphyisch bedingten Ausrichtung des menschlichen Wahrnehmungsapparats bis weit über cartesianisch bestimmte Erkenntnistheorien hinaus als potentiell kontaminierende, in der Überschreitung dieser Vorgaben wiederum als vorrangig bereichernde Quelle des imaginativen Denkens gilt. Sie leiten sich aber zum anderen von der sinnlich wahrnehmbaren Außenwelt her, die materiale Bilder oder auch nur sinnliche Anschauungen überhaupt erst produziert und damit das Subjekt in seinem vermeintlichen Bei-sich-Sein je nach dem vorausgesetzten Kultur- und Anthropologiebegriff belebt, stört oder determiniert.

Diese und ähnliche Fragen stehen im Hintergrund eines Forschungszusammenhangs, dem die Beiträge dieses Bandes entstammen. Es handelt sich dabei um überarbeitete Vorträge, die im Wintersemester 1999/2000 im Rahmen einer Ringvorlesung an der Ruhr-Universität Bochum gehalten wurden. Sie sollten einen Einblick in paradigmatische Forschungsfelder gewähren, die sich aus dem eben skizzierten Problembereich ergeben. Den organisatorischen Zusammenhang bildet die Forschergruppe »Imagination und Kultur«, die mit Mitteln der Deutschen Forschungsgemeinschaft im Herbst 1999 an der Ruhr-Universität eingerichtet wurde. Sie erforscht in verschiedenen Einzelprojekten und übergreifenden Fragestellungen die Wechselwirkungen, in denen Theorien der Imagination und ihr kultureller Kontext stehen und dabei, wie der Titel dieses Bandes andeuten will, das Imaginäre in Ordnungen überführen und umgekehrt das Imaginäre aus kulturellen Ordnungen heraus entstehen lassen.

Um einen exemplarischen Einblick in ihre Arbeit zu geben, haben die Projektleiter/innen jeweils beispielhaft aus ihrem je eigenen Forschungsbereich einen überschaubaren Fragekomplex ausgewählt und vorgestellt. Wenn auch leider nicht alle Verantwortlichen an diesem Unternehmen teilnehmen konnten, so entfaltet sich doch mit dem vorliegenden Band ein der leitenden Fragestellung in Breite und Vielfalt korrespondierendes Themenspektrum. Es reicht von der Transformation, welche die Benutzung imaginativ gesteuerter Selbstzentrierungen als Übung und Lebenshabitus der Stoa im christlichen Kontext erfährt (*Theo Kobusch*) bis hin zu spezifischen Problemen eines modernen und gleichsam verwissenschaftlichten Umgangs mit der Imagination, zur Bestimmung des Verhältnisses von literarischer Fiktion und Imagination bei Freud nämlich (*Gerhard Plumpe*) und den in neueren Bildungstheorien völlig verdeckt gebliebenen Implikationen, die den Bildungsbegriff an die Gottebenbildlichkeit und ihre Folgen für den ›einbildenden‹ Prozeß der menschlichen Formung rückbinden (*Käthe Meyer-Drawe*). Diese historische Klammer umschließt weitere, paradigmatisch divergierende und in der Sache konvergierende Studien. Sie betreffen dabei in der vormodernen Ära ein Beispiel theoretisch konzeptualisierender und erzieherisch ausgerichteter Modellierung der Imagination im spätmittelalterlichen Spanien (*Franz Lebsanft*), das oszillierende Wechselspiel zwischen realen, fiktiven und imaginierten Welten in der Literatur der frühen Neuzeit in England (*Eckhard Lobsien, Verena Olejniczak Lobsien*), aber auch eine systematische Fragestellung, die von den Grundlagen der modernen Wissenschaften in der frühen Neuzeit ihren Ausgang nimmt und bis in die Gegenwart reicht, die Rolle nämlich der Imagination im Spannungsfeld zwischen Bildlichkeit und Erfindungsgeist der neuzeitlichen Wissenschaften (*Gunter Scholtz*). Die klassische Epoche von ihren epistemologischen Grundlegungen von Descartes bis zur Sattelzeit um 1800 bildet einen weiteren Block der Beiträge, die – der Formierung der Anthropologie in dieser Zeit entsprechend – nicht zufällig ihren Konvergenzpunkt im medizinisch-physiologischen Wissen dieser Zeit haben. Die Analyse der Einbildungskraft unter physiologischen Gesichtspunkten im medizinischen Wissen im Hinblick auf Gefährdungen und als pathologisch ausgewiesene Befunde (*Irmgard Müller, Daniela Watzke*) führt in das Zentrum von Auseinandersetzungen, in die gerade die Literatur zwischen Aufklärung und Romantik verstrickt ist. Dies zeigt sich an dem Spannungsverhältnis, das sich in der französischen Frühaufklärung zwischen einem physiologisch begründeten, aber moralistisch gewendeten Wissen um die destruktiven Konsequenzen der Imagination sowie den romanesken Modellierungen im literarischen Diskurs bildet (*Rudolf Behrens*), aber auch an den unterschiedlichen Transformationen, die das anthropologisch konfigurierte Traumwissen in der deutschen Literatur zwischen Klassik und früher Romantik erfährt (*Peter André Alt*).

Daß aus den Vorträgen der angesprochenen Ringvorlesung ein Band werden konnte, ist der Mithilfe mancher Beteiligter geschuldet. Zu danken ist dabei allen Mitwirkenden, dem Verlag und den Herausgebern der *Zeitschrift für Ästhetik und Allgemeine Kunstwissenschaft* für die freundliche Aufnahme und große Geduld, den Beiträgern für das Engagement in den fruchtbaren Diskussionen, die das gemeinsame Forschungsprogramm weitergebracht haben, der Ruhr-Universität Bochum schließlich für einen erheblichen Druckkostenzuschuß. Mein Dank gilt aber vor allem Julia Meyer und Jörn Steigerwald, die Mühsal und Unwägbarkeiten der editorischen Arbeit mit Aufmerksamkeit, Nachsicht und Insistenz auf sich genommen haben.

Bochum, im Sommer 2002 *Rudolf Behrens*

Leben im ›Als-Ob‹

Zur Funktion der imaginativen Übungen in der Philosophie der Antike

Von Theo Kobusch

Die antike und die christliche Philosophie der ersten zwölf Jahrhunderte hat sich, wie die Arbeiten von Pierre Hadot und anderen gezeigt haben, zu großen Teilen nicht als abstrakte Theorie, sondern als in sich gegliederte, konkrete Lebensform begriffen.[1] Alle Teile der Philosophie, besonders auch die theoretischen der Physik und – wie hier nicht zu zeigen ist – der Metaphysik, werden somit von einer praktischen Grundidee getragen, die in der Veränderung des (betrachtenden) Selbst besteht. Im Dienste dieser Grundidee stehen auch die einzelnen Tätigkeiten der Seele, das Sinnesvermögen, die Phantasie und die eigentliche Tätigkeit des Geistes. Im folgenden soll das für den Bereich der Phantasie gezeigt werden. In diesem Zusammenhang wird – erstmals wohl in der Stoa, aber auch bei Epikur – eine Denkform kreiert, die zugleich auch eine Lebensform darstellt und vielfach auch im Christentum auf eine eigene Weise zur Geltung gebracht worden ist: die Denkform des *Als-Ob*, durch die die Vernunft imaginative Übungen durchführt, die zuletzt auch einen praktischen Charakter haben.

Im ersten Abschnitt soll diese Denkform des *Als-Ob* mit besonderem Blick auf die stoische Philosophie vorgestellt, im zweiten Abschnitt die Rezeption im Christentum verfolgt und abschließend im dritten Abschnitt die philosophischen Hintergründe dieser Lehre erläutert werden.

I.

Die stoische Philosophie ist die Lehre vom Umgang mit der Phantasie. Die Haltung der Stoa gegenüber der Phantasie ist durchaus ambivalent. Einerseits ist theoretisch klarzustellen, daß keine Wahrheit ohne die kataleptische Phantasie zu erreichen ist, insofern nur einer solchen die Zustimmung gegeben werden kann, wenn Glück in diesem Leben im Bereich des Möglichen sein soll. Das heißt, die Phantasie ist ein notwendiges, konstitutives Element wahrer Erkenntnis. Andererseits muß der rechte Gebrauch der Phantasie, d. h. die Abwehr falscher Phantasien im Leben, tagtäglich geübt werden. So kann nach Epiktet die kataleptische Phantasie im Falle des Todes eines Kindes lediglich das Faktum des Todes feststellen, jegliche Deutung dieses

[1] Pierre Hadot: *Exercices spirituels et philosophie antique*, 2. éd., revue et augm., Paris 1987 (Dt. Ausg.: *Philosophie als Lebensform: geistige Übungen in der Antike*, Berlin 1991).

ZÄK Sonderheft · Jahrgang 2002 · © Felix Meiner Verlag 2003 · ISSN 1439-5886

Faktums als eines Übels oder desgleichen geht dagegen auf den ungezügelten Gebrauch der Phantasie zurück, so daß ihr nicht zugestimmt werden kann.[2] Deswegen besteht das eigentlich philosophische Leben darin, auf die Phantasien »aufmerksam« zu sein und Wachsamkeit ihnen gegenüber walten zu lassen.[3] Solches Philosophieren führt zu neuem Selbstbewußtsein, ja überhaupt erst zu Selbstbewußtsein. Es ist kein Zufall, daß der später, z. B. bei Plotin, gebräuchliche Begriff für Selbstbewußtsein (παρακολούθησις) hier bei Epiktet im Zusammenhang mit der Problematik der Phantasie zum ersten Mal terminologisch gebraucht wird. Eines ist nämlich der »Gebrauch der Phantasie«, ein anderes, das Bewußtsein davon zu haben. Der Bedeutung der Phantasien aber bewußt zu werden heißt, Selbstbewußtsein überhaupt zu entwickeln.[4] Wie der Mensch nicht nur Fleisch, Knochen und Sehnen ist, sondern das, was diese gebraucht, so ist er auch nicht einfach nur das den Phantasien Folgende, sondern das der Phantasie Bewußte.[5] In diesem Sinne bedarf es der ständigen Prüfung der Phantasien, keine darf »unüberprüft« gelassen werden.[6] Doch die Phantasie kann auch im Dienste des führenden Seelenteils, des Hegemonikon, stehen und von ihm eingesetzt werden. Das geschieht dann, wenn eine bestimmte Vorstellung in irgendeiner Weise helfen soll, das Leben zu bewältigen. Denn wie Epiktet darlegt, muß man im Leben ebenso von grundlegenden Sätzen ausgehen wie in der Wissenschaft.[7] Diese grundlegenden Sätze muß man »sich vor Augen halten«, etwa daß, wenn der Tod als ein Übel erscheinen sollte, das Übel und der Tod etwas Notwendiges sind.[8] Oder jene allgemeinen Sätze, welche die Grundlage der stoischen Freiheitslehre darstellen und ohne die man weder schlafen noch aufstehen, weder trinken noch essen, noch mit Menschen zusammensein kann: daß niemand Herr über die Freiheit des anderen ist, daß in dieser allein Gut und Böse liegen, daß folglich niemand von außen mir eigentlich Gutes oder Böses tun kann, daß ich selbst allein in dieser Hinsicht für mich verantwortlich bin usw.[9]

[2] *Epicteti Dissertationes ab Arriani digestae III, 8, 1.4*, hg. von Heinrich Schenkl, Leipzig 1916, ND Stuttgart 1965.

[3] Epictetus IV, 3, 7: »πρόσεχε οὖν ταῖς φαντασίαις, ἐπαγρύπνει.«

[4] Ebd., II, 14, 14.

[5] Ebd., IV, 7, 32: »εἰ μήπω μεμάθηκεν, ὅτι οὐκ ἔστι σὰρξ οὐδ' ὀστᾶ οὐδὲ νεῦρα, ἀλλὰ τὸ τούτοις χρώμενον, τὸ καὶ διοικοῦν καὶ παρακολουθοῦν ταῖς φαντασίαις.«

[6] Ebd., III, 2, 5.

[7] Ebd., I, 25, 11.

[8] Ebd., I, 27, 7.

[9] Ebd., IV, 12, 7: »Τίσιν οὖν δεῖ με προσέχειν; – πρῶτον μὲν ἐκείνοις τοῖς καθολικοῖς καὶ ἐκεῖνα πρόχειρα ἔχειν.« Zum Terminus des Sich-vor-Augen-Haltens vgl. auch Epictetus I, 30, 1; I, 1, 21; das Sich-vor-Augen-Halten ist ein Ausdruck aus dem Bereich der Meditationsübungen: vgl. Benjamin L. Hijmans (jr.): *ΑΣΚΗΣΙΣ. – Notes on Epictetus' Educational System*, Assen 1959, 89. Ähnliches gilt von dem bei Mark Aurel ständig gebrauchten μέμνησο oder ἐπινοεῖν oder anderen Ausdrücken, die die Interiorisierung ausdrücken. Vgl. dazu Robert J. Newman: *Cotidie meditare. – Theory and Practice of the meditatio in Imperial Stoicism*, in: *Aufstieg und Niedergang der Römischen Welt* 36. 3, hg. von Wolfgang Haase, Berlin / New York 1989, 1473–1517, hier: 1507.

Insbesondere Mark Aurel und Seneca haben die Funktion der Phantasie darin gesehen, dem menschlichen Leben im bestimmten Sinne den Charakter des *Als-Ob* zu verleihen.

So kann Mark Aurel sagen: Tu', sag' und denke alles, »als ob« der Tod unmittelbar bevorstünde.[10] Es macht prinzipiell keinen Unterschied, ob das Leben lang oder kurz ist. In dieser Hinsicht ist es, »wie wenn« einer der Götter zu dir sagte, daß du morgen oder spätestens übermorgen sterben wirst.[11] Deswegen muß man den noch ausstehenden Teil des Lebens gemäß der Natur so leben, als ob man schon gestorben sei und die Grenze des Lebens im Augenblick erreicht würde.[12] Deswegen mußt du dir im Augenblick des Schlafengehens sagen: Möglicherweise wirst du nicht wieder aufwachen, und beim Aufwachen: Möglich, daß du nicht wieder zum Schlafen kommst, beim Ausgehen: Du kommst vielleicht nicht mehr zurück, und bei der Heimkehr: Du warst vielleicht zum letzten Mal aus. Sorge deswegen dafür, daß du nicht lange, sondern intensiv lebst.[13]

Das Leben des Menschen in seiner idealen Form, d. h. das Leben des Weisen, vollzieht sich daher so, daß es unter der ständigen Kontrolle des *Als-Ob* steht. Der Weise lebt, als ob er heute oder morgen sterben müßte. Jeder Tag ist daher so einzurichten, als ob er die Nachhut des Lebens bildete und das Leben abschlösse.[14] Nicht als ob er sich das wünschte, sondern der Weise betrachtet jeden Tag, als ob er der letzte sein könnte. Daher ist für ihn jeder Tag wie ein ganzes Leben.[15] Die Sorge um die Zukunft ist deswegen auch ganz unbegründet. Man kann dieser unangemessenen Ausrichtung auf die Zukunft am ehesten entgehen, wenn unser Leben »in sich gesammelt« wird und nicht in Zerstreuungen verteilt ist, wenn es nicht mehr in irgendeines Schuld steht und wenn ein gefestigter Geist weiß, daß kein Unterschied ist zwischen dem Tag und dem Jahrhundert, so daß er von einem überlegenen Standpunkt aus und mit gehörigem Lächeln den Wechsel der Tage und Dinge beobachten kann. Deswegen »mein Lucilius, beeile dich zu leben und die einzelnen Tage für einzelne Leben zu halten«[16]. Der, dem so sein Leben täglich als Ganzes präsent ist, braucht keine Furcht vor dem Tod zu haben. Wer aber ständig auf Hoffnung hin lebt, dem entgleitet die jeweils nächste Zeit, der wird von einer Begierde zur anderen getrieben und erleidet alles Schlimme durch die Todesfurcht. Die Phi-

[10] Marcus Aurelius: *Pensées*, texte établi et trad. par A. I. Trannoy, préf. d'Aimé Puech, Paris 1953, II, 11, »Ὡς ἤδη δυνατοῦ ὄντος ἐξιέναι τοῦ βίου, οὕτως ἕκαστα ποιεῖν καὶ λέγειν καὶ διανοεῖσθαι.«

[11] Ebd., IV, 47.

[12] Ebd., VII, 56.

[13] Seneca: *Epistulae* 49, 10, ed. by Leighton D. Reynolds, Oxford 1965.

[14] Ebd., 12, 8: »Itaque sic ordinandus est dies omnis tamquam cogat agmen et consummet atque expleat vitam.«

[15] Ebd., 61, 1. Vgl. auch *Epistulae* 93, 6: »Non enim ad eum diem me aptavi quem ultimum mihi spes avida promiserat, sed nullum non tamquam ultimum aspexi.«

[16] Ebd., 101, 10.

losophie soll gerade diese innere Sammlung und Konzentration auf sich selbst leisten und damit jenem Mißstand begegnen, daß »niemand von uns sich als ein Eines« denkt.[17] Mark Aurel hat demselben Gedanken Ausdruck verliehen, indem er dazu aufruft, sich ganz einfach zu machen.[18]

Was im Hintergrund dieser stoischen Ansicht von der imaginativen Antizipation des Todes steht, ist eine der Stoa eigene Konzentration auf das Gegenwärtige, ja sogar auf den Augenblick. In diesem Sinne sagt Seneca[19]: »Nur wenn du das Heute voll erfaßt, wirst du kein Sklave des Morgen. Schiebt man auf, so enteilt das Leben. Alles gehört anderen, nur die Zeit ist unser.« Am deutlichsten hat das wiederum Mark Aurel ausgedrückt. Nicht nur, weil er dazu aufruft, sich vor Augen zu halten, daß das Leben mit jedem Tag verrinnt und ein immer kleinerer Teil von ihm übrigbleibt[20] oder daß man nicht so tun dürfe, als ob man tausend Jahre lebe.[21] Vor allem ist das Gegenwärtige das für den Menschen eigentlich Wichtige, weil er dies allein in seiner Verfügungsgewalt hat und deswegen für es auch allein verantwortlich ist. Was wir verlieren können, ist allein das Gegenwärtige. Das Zukünftige und Vergangene ist nicht eigentlich verlierbar, denn wir haben es nicht.[22] »Jeder lebt nur die Gegenwart und diese verliert er.«[23] Es gilt daher, sich bewußt zu machen, daß unser wirkliches Leben sich immer im Augenblick abspielt und daß daher sowohl das Vergangene wie das Zukünftige uns nicht eigentlich betreffen. Deswegen ist es auch ratsam, die erdrückende oder erschütternde Vorstellung von dem Leben in seiner Gesamtheit aufzuteilen in einzelne Momente, so daß das Gegenwärtige, das ja allein eine Belastung darstellen kann, eher erträglich wird.[24] Das Leben ist wie ein Tanz oder ein Gesang in seine Einzelteile aufteilbar, so daß es, wie diese ihren Reiz verlieren, so seinen Schrecken verliert.[25] Im Gegenteil, auf diese Weise, d. h. aufgrund solcher Aufteilung in die Bestandteile, ist es möglich, mit größerer Aufmerksamkeit sich auf den Augenblick zu konzentrieren und das Leben auf diese Weise zu intensivieren[26]: »Und wenn du dich übst, einzig das Leben zu leben, das du lebst, d. h. das gegenwärtige, dann wirst du die bis zum Sterben übrigbleibende Zeit ruhig, wohlgesinnt und heiter in bezug auf deinen Daimon durchleben.« Die Konzentration auf das Gegenwärtige vermittelt somit das uns mögliche Glück, indem es uns innerlich

17 Ebd., 114, 26: »Immo quod nemo nostrum unum esse se cogitat?« Vgl. ebd., 120, 22: »Magnam rem puta unum hominem agere.«

18 Marcus Aurelius IV, 26. Vgl. IV, 37 und VI, 30.

19 Seneca: *Epistulae* 1, 3.

20 Marcus Aurelius III, 1.

21 Ebd., IV, 17.

22 Ebd., II, 14.

23 Ebd., XII, 26.

24 Ebd., VIII, 36.

25 Ebd., XI, 2.

26 Ebd., XII, 3.

frei macht. Mit Recht sagt P. Hadot in diesem Zusammenhang[27]: »Uns der Gegenwart bewußt zu werden, heißt, uns unserer Freiheit bewußt zu werden.«

Wenn der Weise sein Leben so zu einer unteilbaren Einheit gestalten kann, ist er gegen alles Widrige gefeit. Denn er weiß zwar nichts von dem, was geschehen wird, aber kraft seiner gut eingesetzten Imagination kann er sich vorstellen und wissen, was geschehen könnte. Die Phantasie eilt gewissermaßen voraus in alle möglichen Fälle, die denkbar sind. Daher kann ihn nichts Schlimmes unerwartet treffen.[28] Ob es der Tod, die Verbannung oder der Schmerz ist, was ihn überfällt, er weiß, daß er in solches hineingeboren wurde. Deswegen lebt er stets so, als ob es bevorstünde.[29] Und was andere durch langes Leiden erreichen, nämlich eine Erleichterung von den Übeln, das erlangt der Weise durch langes Nachdenken, d. h. durch eine intensive Phantasietätigkeit, die alles, was passiert, schon vorweggenommen hat, so daß er, wenn es passiert, sagen kann: Das wußte ich schon (»sciebam«).[30] Und Epiktet sagt: Tod und Verbannung und alles scheinbar Schreckliche sollen dir jeden Tag vor Augen sein, am meisten aber der Tod.[31] Die wahre philosophische Haltung besteht so darin, sich die gesamte *condition humaine* stets »vor Augen zu halten« und alles, was meistens geschieht, im Geist zu antizipieren.[32] Denn unvorbereitet ist auch das Leichteste schwer zu ertragen. Dagegen kann auch dem Härtesten, wenn es vorher im Geiste vergegenwärtigt wurde (*praemeditata*), widerstanden werden. Ja, Seneca empfiehlt sogar, die Kraft des Vorstellungsvermögens in einer Art Gedankenexperiment einzusetzen, um zur Seelenruhe zu gelangen[33]: »Stell' dir vor, daß das gesamte Unglück, das du befürchtest, tatsächlich eintrete. Dann überlege bei dir selbst, von was für einer Art dieses Übel ist und ›taxiere‹, wie sich deine Furcht dazu verhält. Dann wirst Du sehen, daß der Gegenstand deiner Furcht unbedeutend war.« Die *praemeditatio futurorum malorum* in dieser Art hat sich als fester Topos in der Trostliteratur seit Seneca etabliert, wo er später auch im christlichen Zusammenhang aufgenommen und modifiziert wird.[34] Doch gehört auch dieser Topos der Trostliteratur

[27] Pierre Hadot: *Die innere Burg – Anleitung zu einer Lektüre Marc Aurels,* (aus d. Franz. von Makoto Ozaki und Beate von der Osten), Frankfurt/M. 1997, 190.

[28] Seneca: *Epistulae* 88, 17: »Ego quid futurus sit nescio: quid fieri possit scio. [...] Nam quemadmodum scio omnia accidere posse, sic scio et non utique casura; itaque secunda expecto, malis paratus sum.« Ebd., 91, 4: »Ideo nihil nobis inprovisum esse debet; in omnia praemittendus animus cogitandumque non quidquid solet sed quidquid potest fieri.«

[29] Ebd., 24, 15: »Quid? tu nunc primum tibi mortem inminere scisti, nunc exilium, nunc dolorem? in haec natus es; quidquid fieri potest quasi futurum cogitemus.«

[30] Ebd., 76, 35.

[31] Epictetus: *Enchiridion* c. 21, hg. von Heinrich Schenkl, Leipzig 1916, ND Stuttgart 1965.

[32] Seneca: *Epistulae* 91, 8: »Tota ante oculos sortis humanae condicio ponatur, nec quantum frequenter evenit sed quantum plurimum potest evenire praesumamus animo [...].«

[33] Ebd., 24, 2.

[34] Vgl. dazu Ilsetraut Hadot: *Seneca und die griechisch-römische Tradition der Seelenleitung*, Berlin 1969, 60 ff. und besonders auch die reichen Bemerkungen von Peter von Moos: *Consolatio – Studien zur mittellateinischen Trostliteratur über den Tod und zum Problem der christlichen Trauer*, 4 Bde.,

in die umfassende Konzeption des je nun zur Führung aufgegebenen Lebens. Die Antizipation (*praemeditatio*) ist dabei nur eine besondere Form, durch die das Bewußtsein praktisch werden kann. Genau in diesem Punkt, daß die Philosophie zuerst und zuletzt ein praktisches Anliegen hat und einem praktischen Grund entspringt, waren die Stoiker und die Epikureer – so verschieden sie sonst sind – sich einig.[35]

Die imaginative Übung verhindert gerade in diesem Sinne, daß den Menschen etwas Unerwartetes trifft, das durch seine Neuheit schwer zu ertragen wäre.[36] Die oftmalige Vorstellung der Kürze des Lebens und der Ungewißheit aller Lebensschicksale ist daher die beste Kontrolle aller Dinge. Was immer du tust, tue es deswegen unter der Rücksicht, daß du sterben mußt.[37] Nichts ist törichter, als sich über das vorzeitige Todesdatum zu wundern, wo wir doch wissen, daß es jeden Tag geschehen kann. Niemand weiß freilich, wie nah oder fern jener Tag ist; daher sollte man so leben, als ob man schon zum Äußersten gekommen sei, d. h. nichts aufschieben, sondern täglich dem Leben seine ganze Fülle geben, so daß man nicht der Zeit bedarf. Denn aus diesem Bedürfnis entsteht die Furcht vor dem Tod und die Begierde nach immer mehr Zukunft.[38] Was die Stoa in dieser Weise proklamiert, ist eine neue Deutung der platonischen *meditatio mortis*. Die Todesmeditation ist zwar die Sache der Phantasie, aber sie wird dadurch nicht zu einer unverbindlichen, theoretischen *Prämeditation*. Vielmehr ist sie eine spirituelle Übung, die sich nach den Regeln der *Seelenführung* vollzieht und den ganzen Menschen beansprucht, so daß auch die äußeren Indizien wie Zähneklappern, Schweißausbruch, Fieberanfälle usw. auftreten. Das Ziel solcher Todesübung ist zuletzt die Ruhe des Geistes, die Freiheit von aller Furcht.[39] Seneca beruft sich für diese imaginative Übung der *cogi-*

München 1971/72, Bd. 3, Test. 1159. Zum Hintergrund der senecanischen Lehre vgl. C. E. Manning: *Seneca's 98th Letter and the ›praemeditatio futuri mali‹*, in: *Mnemosyne*, ser. IV, 29 (1976), 301–304.

[35] Vgl. dazu die erhellenden Bemerkungen von Michael Erler: *Einübung und Anverwandlung. Reflexe mündlicher Meditationstechnik in philosophischer Literatur der Kaiserzeit*, in: *Gattungen wissenschaftlicher Literatur in der Antike*, hg. von Wolfgang Kullmann / Jochen Althoff / Markus Asper, Tübingen 1998, 363. 375–377.

[36] Seneca: *Epistulae* 107, 4: »Et duris quoque, si praemeditata erant, obstitit: at contra inparatus etiam levissima expavit. Id agendum est ne quid nobis inopinatum sit; et quia omnia novitate graviora sunt, hoc cogitatio adsidua praestabit, ut nulli sis malo tiro.« Siehe dazu und zur Bedeutung der imaginativen Übungen in der Stoa und bei Epikur Christoph Horn: *Antike Lebenskunst – Glück und Moral von Sokrates bis zu den Neuplatonikern*, München 1998, 38 ff. Zur stoischen Prämeditation und vergleichbaren Übungen in der *Kognitiven Verhaltenstherapie* siehe Burkhard Hoellen: *Stoizismus und rational-emotive Therapie (RET)*, Pfaffenweiler 1986, 162 ff.

[37] Ebd., 114, 27: »Nihil tamen aeque tibi profuerit ad temperantiam omnium rerum quam frequens cogitatio brevis aevi et huius incerti: quidquid facies, respice ad mortem.«

[38] Ebd., 101, 7.

[39] Zur Todesmeditation im Rahmen der Seelenführungsproblematik vgl. bes. Paul Rabbow: *Seelenführung – Methodik der Exerzitien in der Antike*, München 1954, 85 ff. und Karl A. E. Enenkel: *Francesco Petrarca, De vita solitaria*, Buch I: kritische Textausgabe und ideengeschichtlicher Kommentar, Leiden 1990, 502–506.

tatio mortalitatis – »denn keine Sache ist wohl nützlicher als die Vorstellung der Sterblichkeit«[40] – auf Epikur. Denn dessen Maxime der *meditatio mortis* bedeutet die Einübung neuer Freiheit. Wer zu sterben gelernt hat, ist von allen Mächten der Welt frei.[41] Der betrachtet alles, »als ob« es schon im Begriff ist zu vergehen, ja sogar als ein schon Vergehendes. Was er besitzt, das sieht er an, als ob es ihm von dem Urheber aller Dinge nur ausgeliehen sei.[42] Seine Freunde hat er so, als ob er sie eines Tages verlieren werde, und er verliert sie, als ob er sie noch hätte.[43] Das Leben im *Als-Ob* ist daher im gewissen Sinne ein Leben unter ständigem Vorbehalt, unter ständiger Prüfung. Ich führe mein Leben von einem bestimmten Standpunkt aus, aber ich muß stets einen überlegenen Standpunkt als mögliche Korrektur mitbedenken. Das kommt in jenen Sätzen zum Ausdruck, wo die imaginative Übung eines möglichen idealen Beobachters empfohlen wird[44]: »Lebe so mit den Menschen, als ob Gott es sähe, und sprich so mit Gott, als ob die Menschen es hörten.« Auch Epiktet stellt sich einen »Anderen« vor, die Allvernunft, mit der sein Hegemonikon einen Dialog führt[45]: »Wenn du einen Mächtigen aufsuchst, so sei dir dessen bewußt, daß es einen anderen gibt, der von oben zuschaut, was vor sich geht, und daß du besser daran tust, diesem zu gefallen als jenem Menschen.« Daher soll man allgemein so leben, »als ob wir unter Beobachtung lebten, und so denken, als ob jemand ins Innerste des Menschen blicken könnte«[46].

Die Stoa hat aufgrund dieses Gedankens des möglichen Standpunktwechsels bzw. der ständigen Prüfung die alltägliche abendliche Gewissenserforschung empfohlen.[47] Das Leben des Menschen wird am ehesten gelingen, wenn man sich vorstellt, ständig unter der wachsamen Obhut eines Weisen zu stehen, z. B. Epikurs. Deswegen die Aufforderung Senecas: Tu alles, als ob Epikur zuschaute. Das ist bei weitem das Beste für den Menschen, so zu leben, »als ob er unter den Augen eines guten und immer präsenten Menschen« lebte oder als ob jener es sähe.[48] Es ist kein Zufall, daß

40 Seneca: *De ira* III, 42, 2, publ. par Abel Bourgery, Paris 1971.

41 Seneca: *Epistulae* 26, 8 ff.

42 Seneca: *Ad Marciam* 10, 3, publ. par René Waltz, Paris 1961.

43 Seneca: *Epistulae* 63, 7: »Habui enim illos tamquam amissurus, amisi tamquam habeam.« Zur christlichen Rezeption dieses Gedankens vgl. von Moos: *Consolatio* [Anm. 34], Test. 1173.

44 Ebd., 10, 5.

45 Epictetus I, 30, 1. Das bei Epiktet so häufig gebrauchte μέμνησο gehört in den Zusammenhang der Selbstaufmerksamkeitsterminologie, vgl. Hijmans: *ΑΣΚΗΣΙΣ* [Anm. 9], 69 f. 80.

46 Seneca: *Epistulae* 83, 1.

47 Seneca: *De ira* III, 36.

48 Seneca: *Epistulae* 25, 5 = Epicurus fr. 211 in: *Epicurus: Epicurea*, hg. von Hermann Usener, Leipzig 1887, ND Stuttgart 1966: »,Sic fac‹ inquit ›omnia tamquam spectet Epicurus‹. Prodest sine dubio custodem sibi imposuisse et habere quem respicias [...] Hoc quidem longe magnificentius est, sic vivere tamquam sub alicuius boni viri ac semper praesentis oculis [...].« Vgl. Ebd., 11, 8 = fr. 210: »Aliquis vir bonus nobis diligendus est ac semper ante oculos habendus, ut sic tamquam illo spectante vivamus et omnia tamquam illo vidente faciamus.« Das Motiv der Vorstellung idealer Autoritäten als Kontrolle des eigenen Inneren gehört auch in den Zusammenhang der antiken

gerade solche Bemerkungen Senecas, die ein leuchtendes Beispiel sich vor Augen zu halten empfehlen, im Mittelalter, auch in hagiographischem Zusammenhang, aufgenommen wurden.[49]

II.

Das Motiv des imaginären *Als-Ob* ist auch zur Grundlage des christlichen Denkens geworden. Berühmte Verse im 1. Korintherbrief des Apostels Paulus belegen das: »Denn ich sage euch, Brüder: Die Zeit ist kurz. Daher soll, wer eine Frau hat, sich in Zukunft so verhalten, als habe er keine. Wer weint, als weine er nicht, wer sich freut, als freue er sich nicht, wer kauft, als würde er Nichteigentümer, wer sich die Welt zunutze macht, als nutze er sie nicht; denn die Gestalt dieser Welt vergeht« (1. Kor 7, 29–31).

Über diese Verse ist ganz Unterschiedliches als Deutung geschrieben worden. Die einen betonen den stoischen Hintergrund dieser Lehre[50], der in der These von der inneren Freiheit und dem Gelöstsein von den Gütern dieser Welt besteht. Die anderen sagen, im Grunde handele es sich um eine nicht-stoische Theorie, denn nirgendwo in der Stoa werde die ethische Lehre mit dem Hinweis auf das Ende der Welt – wie im Christentum – begründet.[51] Freilich darf man daran erinnern, daß nach der Stoa das Bedenken des Todes die entscheidende Grundlage für die Ethik darstellt. Karl Gerhard Steck scheint dagegen auch den literarischen und philosophischen Topos des *Als-Ob* in diesen Versen erkannt zu haben, wenngleich er diesen fälschlich als Fiktion, Heuchelei oder Ideologie charakterisiert.[52] Über den stoischen Hintergrund der christlichen Lehre kann es keinen Zweifel geben. Nicht nur wegen der Anspielung auf das stoische Thema der Kürze des Lebens muß man das sagen.

Übungen der Selbsterforschung. Vgl. dazu Catharine Edwards: *Self-Scrutinity and Self-Transformation in Seneca's Letters*, in: *Greece and Rome* 44 (1997), 23–38, hier: 30.

49 Vgl. zur Rezeption im Mittelalter Gian C. Garfagnini: *Da Seneca a Giovanni di Salisbury: ›Auctoritates‹ morali e ›Vitae Philosophorum‹ in un ms. trecentesco*, in: *Rinascimento* 20 (1980), 201–247, bes. 204 ff. Ferner: *Liber Senece de copia verborum quem misit Paulo Apostolo*, c. 20, ed. in: Gilles G. Meeresman, *Seneca maestro di spiritualità nei suoi opuscoli apocrifi dal XII al XV secolo*, in: *Italia Medioevale e Umanistica* 16 (1973), 43–135, hier: 107, und Rodney M. Thomson: *William of Malmesbury as Historian and Man of Letters*, in: *The Journal of Ecclesiastical History* 29 (1978), 387–413, hier: 404.

50 Vgl. Herbert Braun: *Die Indifferenz gegenüber der Welt bei Paulus und bei Epiktet*, in: ders.: *Gesammelte Studien zum Neuen Testament und seiner Umwelt*, Tübingen 1962, 159–172; viel Erhellendes zur Paulusstelle auch bei Wolfgang Schrage: *Der erste Brief an die Korinther*, 2. Teilband, Solothurn / Düsseldorf 1995, 170 ff., wenngleich eine Eingliederung in die antike *Als-Ob*-Thematik fehlt. Vgl. auch

Herbert Preisker: *Das Ethos des Urchristentums*, Gütersloh ²1949, 174.

51 Vincent L. Wimbush: *Paul, the Worldly Ascetic: Response to the World and Self-Understanding According to 1 Corinthians 7*, Macon, Ga 1987, 39.

52 Karl Gerhard Steck: *20. Sonntag nach Trinitatis – 24.10.1982*, in: *Pastoraltheologie* 71 (1982) (= *Göttinger Predigtmeditationen* 36), 421–430, hier: 429: »›Haben als hätte man nicht‹ ist ein *Als-Ob*. […] Paulus selbst scheint zur Fiktion, zur Heuchelei, zur Ideologie anzuleiten.«

Das Motiv des *Als-Ob* ist eine zu deutliche Anspielung auf den stoischen Topos, als daß die christliche inhaltliche Nuancierung, auch wenn diese – bedingt durch eine Vorlage des sogenannten 4. Esra – apokalyptischer Natur sein sollte, einen Zweifel über diesen Zusammenhang zulassen könnte. Man braucht nur an Senecas Formulierung im 98. Brief zu denken, in dem an die Unbeständigkeit aller menschlichen Dinge erinnert wird, die erfahrbar ist, wenn man Kinder, Gattin, Hab und Gut so hat, »als ob« man sie nicht immer haben werde und als ob man durch den Verlust nicht unglücklicher würde.[53] Auch die christlichen Schriftsteller bestätigen das.[54] Ambrosius hat sich zum Beleg seiner Lehre von der Notwendigkeit der Weltflucht gerade auf die Verse aus dem Korintherbrief bezogen.[55] In der Gestalt dieser Welt zu sein bedeutet dann aber, von dieser Welt so Gebrauch zu machen, als ob wir uns nicht in ihr niederlassen, sondern an ihr vorübergehen, nicht in Begierde sie zu einem Festen, sondern im Vorübergang sie zu einem Flüchtigen machen.[56] Doch ist diese Deutung der Verse aus dem Korintherbrief lediglich eine Anwendung der allgemeinen christlichen Regel, sich in eine von der Welt befreiende Sicht der Dinge einzuüben, indem man mögliche Ereignisse sich »vor Augen hält« und im Geiste das Einzelne oder auch mögliche Kombinationen von Einzelgeschehnissen vermutet.[57] Noch weiter geht in diesem Punkte der frühmittelalterliche Autor Petrus Damiani. Gerade wenn die weltliche Existenz des Menschen floriert, soll er das Gegenwärtige als schon vergangen ansehen. Was transitorischer Natur ist, erscheint so von einem höheren Standpunkt aus als schon vergangen und als Traum einer täuschenden Illusion, so daß der Sinn für das Unvergängliche entwickelt werden kann.[58] Die im Hintergrund stehende stoische Grundidee hat Johannes Chrysostomus deutlich ausgesprochen: Das Unerwartete ist das eigentlich Schlimme beim Überfall des Übels, deswegen muß man sich vorbereiten und Vorübungen durchführen, die alles, was kommt, erträglich und leicht machen.[59] Wie die Soldaten beim Eintritt des Königs vorherlaufen, um ihn nicht alle auf einmal und unvorbereitet zu empfangen, so müssen auch wir die möglichen Ereignisse vorweg einüben, damit wir nicht von ihnen auf einmal überrascht werden und durch das Unerwartete außer uns geraten.

53 Seneca: *Epistulae* 98, 5.

54 Zur Aufnahme der stoischen *praemeditatio* bei christlichen Schriftstellern vgl. von Moos: *Consolatio* [Anm. 34], Test. 1159–1179.

55 Ambrosius: *De fuga saeculi* c. 8, 46, hg. von Karl Schenkl, 1897, Corpus scriptorum ecclesiasticorum Latinorum (= CSEL) 32, 2, 199, 18.

56 Ambrosius: *Epistulae* XI, 13, hg. von Otto Faller, 1968, CSEL 82, 1, 85, 144.

57 Ambrosius: *De officiis* I, XXXVIII, 189, publ. par Maurice Testard, Paris 1984, 188, 3.

58 Petrus Damiani: *Epistulae*, Patrologiae cursus completus series Latina (= PL) 144, 300 B: »Et jam quasi transactis, quae praesto sunt […] Quaecunque ergo transitoria sunt, altiori consilio jam transisse decernite, et velut ludifactoriae illusionis somnium deputate.«

59 Johannes Chrysostomus: *De Sanctis Bernice et Prosdoce*, Patrologiae cursus completus series Graeca (= PG) 50, 637, 18: »τὰ μὲν γὰρ ἀπροσδόκητα δεινά, ὁποῖα ἂν ᾖ, χαλεπὰ καὶ ἀφόρητα φαίνεται, τὰ δὲ ἐλπισθέντα καὶ προμελετηθέντα κοῦφα καὶ ῥᾴδια γίνεται.«

Das gilt auch und besonders für den Tod. Das Leben ist in diesem Sinne Vorlaufen in den Tod.[60]

Christlich gesehen ist so das gesamte irdische Leben eine *Vorübung* des wahren himmlischen. Was hier im Hintergrund steht, ist die Ansicht, daß die irdische Welt nicht das wahre Vaterland sein kann. Der wahre, d. h. der christliche Philosoph verhält sich in dieser Welt, »als ob« er ein Gast oder ein Pilger sei, da ihm die Dinge dieser Welt fremd und äußerlich sind.[61] Die Welt ist aber deswegen eine Fremde, weil sie nicht eigentlich zu dem gehört, was in seiner Macht steht, d. h. was nicht auf seine Freiheit als Ursache zurückführbar ist. Die Vorstellung von dem Fremden als jenem Bereich, der sich der Freiheit des Menschen entzieht und wofür dieser nicht verantwortlich ist, geht auf die Stoa zurück.[62] Im Lichte dieser Lehre ist so in des Menschen Freiheit – auch nach den christlichen Stoikern – nur das Gegenwärtige gelegt. Unser ist nicht das Vorübergehende, sagt Gregor von Nyssa, sondern allein das Gegenwärtige. Und ähnlich Basilius: Der Mensch ist nur Herr des Gegenwärtigen.[63] Was im Christentum als Spur der gnostischen Weltverachtung und Weltflucht erscheinen könnte, ist so in Wahrheit in der stoischen Freiheitslehre begründet.

Auch das Verhältnis zum Körper ist nach den christlichen Stoikern ein *Als-Ob*-Verhältnis. Der Mensch lebt körperlich, als ob sein Körper einen Kerker darstellte.[64] Auch diese Vorstellungen sind in der stoischen Philosophie zugrunde gelegt. So sagt schon Cicero, daß »ich aus dem Leben scheide, als ob es eine Herberge oder ein

[60] Johannes Chrysostomus: *Non esse desperandum*, PG 51, 367: »[...] ὥστε ἡμᾶς προμελετήσαντας μὴ καταπλαγῆναι ἀθρόον, μηδὲ ἐκστῆναι τῷ παραδόξῳ τοῦ γινομένου. Τοῦτο καὶ ἐπὶ τοῦ θανάτου. Προέδραμεν Ἰωνᾶς, καὶ ἐγύμνασεν ἡμῶν τὴν διάνοιαν.«

[61] Vgl. Cyprian: *De mortalitate* 26, a cura di Manlio Simonetti, 1976, Corpus Christianorum Latinorum (= CCL) III A, 31, 430: »[...] Cogitandum renuntiasse nos mundo, et tamquam hospites et peregrinos hic interim degere.« – Johannes Cassian: *De institutis coenobiorum* IV, 14, hg. von Michael Petschenig, 1888, CSEL 17, 56, 11: »[...] Ita semetipsum a cunctis extraneum, et ex omnibus judicat alienum, ut tamquam peregrinum se gerat [...].« Ebd. VII, 9, ebd. 135, 2: »[...] Et tamquam peregrinum extraneumque se gerens [...].«

[62] Vgl. bes. Simplicius: *Commentaire sur le ›Manuel‹ d'Épictète*, introduction et édition critique du texte grec par Ilsetraut Hadot, Leiden / New York / Köln 1996, hier: III, 13, ebd., 220: »Δῆλον δὲ ὅτι τὰ μὲν ἐφ' ἡμῖν, ἡμέτερα ὄντα ἔργα, ἴδια ἡμῶν ἐστι, τὰ δὲ οὐκ ἐφ' ἡμῖν, ὡς ἐν ἄλλων ἐξουσίᾳ κείμενα, ἀλλότριά ἐστιν.«

[63] Vgl. Gregor von Nyssa: *In Canticum canticorum commentarius*, Gregorii Nysseni Opera (= GNO) VI, hg. von Hermann Langerbeck, Leiden / New York / Köln 1960, 63; vgl. auch *De oratione dominica* V, GNO VII, 2, hg. von John F. Callahan, Leiden / New York / Köln 1992, 10, 6: »σὺ δὲ μόνου τοῦ ἐνεστῶτος εἶ κύριος.« Vgl. auch Basilius: *Enarrationes in prophetam Isaiam* c. 8, s. 221, 3, a cura di Pietro Trevisan, Turin 1939: »μὴ πολυπραγμόνει τὸ μέλλον, ἀλλὰ τὰ παρόντα πρὸς τὸ χρήσιμον διατίθεσο.«

[64] Vgl. Ambrosius: *De bono mortis* II, 5, hg. von Karl Schenkl, Wien 1897, CSEL 32, 1, 706, 11. 16: »Quemadmodum anima decedentis paulatim solvat se vinculis carnis, et ore emissa evolet tamquam carcereo corporis hujus exuta gurgustio [...]. Et ideo tamquam peregrinus ad illam sanctorum communem omnium festinabat patriam.«

Theater, nicht als ob es das Zuhause wäre«[65]. Der Geist fühlt sich im Körper, als ob er in einem fremden Hause sei[66], oder – wie Seneca bemerkt –, als ob er ihn bald verlassen werde.[67]

Es ist insbesondere, ganz im Sinne der stoisch verstandenen *meditatio mortis*, die Vorübung des Todes, welche die Führung eines eigentlich menschlichen Lebens ausmacht. In diesem Sinne hat es Benedikt von Nursia zu einer Regel für die Mönche gemacht, den Tod täglich vor Augen zu haben.[68] Benedikt hat damit im Westen als Mönchsregel aufgestellt, was im Osten aufgrund der vorzeitigen Rezeption antiker, speziell auch stoischer Philosophie geläufig war. So hatte schon Evagrius Ponticus in seiner *Praktischen Abhandlung* für Mönche erklärt[69]: »So muß man immer den Mönch vorbereiten, als ob er morgen sterben würde.« Nach Cassian muß der Mönch so leben, *tamquam cotidie moriturus*.[70] Der Mönch aber ist spätestens vom vierten nachchristlichen Jahrhundert an der Repräsentant der wahren Philosophie, die nicht abstrakte Theorie ist, sondern eine Lebensform darstellt. Das Leben in seiner höchsten Form, d. h. in seiner philosophischen Form, ist die im Sinne der Stoa verstandene *meditatio mortis*. Bei Alkuin heißt es in diesem Sinne: Stelle dir heute vor, daß du morgen sterben wirst. Jeder Tag ist gewissermaßen für den letzten Tag zu halten. Immer muß der Mensch darauf vorbereitet sein, daß der Richter an jedem Tag an sein Tor klopft.[71] Petrus Damiani kleidet dieses Bewußtsein von der möglichen Nähe des Todes in die Worte, die von der Stoa her bekannt sind, wonach er sich täglich den Tod und den Tag des Gerichts zitternd vor Augen hält. Auf diese Weise wird noch einmal daran erinnert, daß es sich um eine imaginative Übung handelt, durch die so die für das Leben wichtigste zukünftige Stunde des Todes antizipiert wird.[72] Zugleich kann daraus aber auch abgelesen werden, daß das Ziel der

[65] Cicero: *Cato maior de senectute* 42, 4, hg. von K. Simbeck, Leipzig 1917, ND Stuttgart 1980, Editio stereotypa editionis prioris. Vgl. *De finibus bonorum et malorum* 1, 15, 49, hg. von Theodor Schiche, Leipzig 1915, ND Stuttgart 1976, 21, 30.

[66] Cicero: *Tusculanae Disputationes* I, 22, 51, hg. von Max Pohlenz, Leipzig 1918, ND Stuttgart 1965, 243, 5. Vgl. auch später Gregor von Nyssa: *Oratio funebris in Flacillam imperatricem*, GNO IX, 485, 14: »Καὶ οἶκον ἀλλότριον ὀνομάζει τὸν ὧδε βίον. ὄντως γὰρ ἀλλότριος οἶκος καὶ οὐχ ἡμέτερος, ὅτι οὐκ ἐφ᾽ ἡμῖν ἐστιν.«

[67] Seneca: *Epistulae* 70, 17.

[68] Benedictus de Nursia: *Regula* c. 4, 47, publ. par Adalbert de Vogüé / Jean Neufville, Paris 1972, Sources Chrétiennes (= SC) 181, 460.

[69] Evagrius Ponticus: *Traité pratique ou Le moine* c. 29, publ. par Antoine Guillaumont / Claire Guillaumont, Paris 1971, SC 171, 566.

[70] Johannes Cassian: *De institutis coenobiorum* V, 41, hg. von Michael Petschenig, Wien 1888, CSEL 17, 113, 9.

[71] Alcuin: *Epistulae*, PL 100, 453 B.

[72] Petrus Damiani: *Apologeticus ob dimissum episcopatum*, PL 145, 449 C: »Enimvero quotidie mortem prae oculis teneo, et jam tribunali tremendi judicis quodammodo praesentatus assisto. Jam sub quadam mentis imaginatione perversi spiritus truci vultu […].« Vgl. auch Pseudo-Anselm von Canterbury: *Exhortatio ad contemptum temporalium et desiderium aeternorum*, PL 158, 679 B: »Habeto prae oculis diem mortis. Pertracta qualiter statuendus sis ante conspectum judicis.«

Todesmeditation im christlichen Gewande sich vermindert hat. War nach stoischer Lehre die Freiheit des Geistes das Ziel der prämeditativen Übung, so scheint die christliche *meditatio mortis* das Schreckliche des letzten Gerichtes vor Augen zu führen und dem armen Menschen die Kleinheit und Hinfälligkeit seiner Existenz bewußt machen zu wollen.[73]

Auch die andere aus der Stoa bekannte Vorstellung von der ständigen Gegenwart Gottes, vor dem nichts geheim bleiben kann, ist in das Selbstverständnis der christlichen Einstellung übernommen worden, allerdings mit einer charakteristischen Nuancierung. Es ist nicht mehr die alles sehende Allvernunft, von der mein Hegemonikon einen Teil darstellt und die auf den Einzelnen herabschaut, sondern das alles sehende Auge Gottes, des Richters. So weist schon Ambrosius darauf hin, daß alles, was wir tun, so geschehen muß, »als ob wir vor den Augen des Richters stünden«, so daß es auch allen sonst offenbar werden können muß.[74] Diese Vorstellung von der Gegenwart des alles sehenden Gottes ist eine Sache unserer ›Aufmerksamkeit‹. Der Mensch soll sich aufmerksam vor Augen halten, daß die Augen Gottes über uns sind.[75] Das Bewußtsein von der Allgegenwart Gottes, besonders auch im Hinblick auf die geheimen Gedanken des Menschen, kann nach dieser Philosophie der Aufmerksamkeit dazu führen, daß der Mensch sich selbst aufmerksamer ansieht und umsichtig auf der Hut vor den Gefahren sich um sich selbst sorgt, indem er sich selbst ständig prüft.[76] Hier zeigt sich, in welchem Rahmen die Lehre von den imaginativen Übungen auch innerhalb der christlichen Entfaltung steht: Es ist das Konzept der Philosophie, verstanden als die umsichtige Sorge des Menschen um sein Selbst, die sich durch geistige Übungen, zu denen auch die imaginativen gehören, ein innerlich befreites Verhältnis zur Welt gewinnt.

Gleichwohl darf dieses Kapitel mit einer kritischen Frage beendet werden. Hat so die Philosophie im christlichen Rahmen dieselbe Funktion wie in der Stoa? Seneca hatte als letztes Ziel des Philosophierens und das heißt auch der imaginativen Übungen insgesamt die Erhebung aus dem irdischen Sumpf angegeben, die er die Ruhe des Geistes (*tranquillitas animi*), ja sogar die – nach Vertreibung aller Irrtümer – *absolute Freiheit* genannt hatte. Auf die Frage, was das denn sei, hatte er gesagt[77]:

[73] Zu diesem Unterschied vgl. wiederum Enenkel: *Petrarca* [Anm. 39], 503 f.

[74] Ambrosius: *De officiis* II, 2, 19, 96, publ. par Maurice Testard, Paris 1992, 53, 5.

[75] Hugo von St. Viktor: *Expositio in regulam Beati Augustini*, PL 176, 901 A: »Si vis Deum timere, illum cogita omnia videre. Titillat te mala conscientia, cogita quia Deus videt te. Quidquid in te malum fuerit, pensa quia Deus totum conspicit. Quidquid egerimus, aut dixerimus, aut mente tractaverimus, semper attendamus super nos oculos Dei.« Vgl. auch Rhabanus Maurus: *Homiliae*, PL 110, 116 D.

[76] Gregorius Magnus: *Dialogorum libri* IV, II, 3, 7, publ. par Adalbert de Vogüé / Paul Antin, Paris 1979, SC 260, 144: »[...] quia in sua semper custodia circumspectus, ante oculos conditoris se semper aspiciens, se semper examinans, extra se mentis suae oculum non deuulgauit.« Zur Geschichte des Begriffs »Umsicht« s. vom Verf. »Umsicht«, in: *HWPh* Bd. 11, hg. von J. Ritter / K. Gründer / G. Gabriel, Basel 2001, 94–97.

[77] Seneca: *Epistulae* 75, 18; nach *Epistulae* 8,7 ist es die »wahre Freiheit«, der Philosophie zu dienen.

»Nicht die Menschen und nicht die Götter zu fürchten, nichts Schändliches zu wollen und in sich die größte Macht zu besitzen.« Freiheit im Sinne der Autarkie – das ist nach der Stoa der Sinn der imaginativen Übungen. Ist das im Christentum auch noch so? Vielleicht muß man diese Frage mit Blick auf die griechischen Väter mit Ja beantworten. Aber die oben dargelegten Belege für die christlichen imaginativen Übungen aus späterer Zeit, aus der Zeit der Karolinger und des Frühmittelalters, zeigten auch, daß solche Übungen inzwischen einen anderen Zweck verfolgten als den, das Selbstbewußtsein des Menschen zu stärken. Die Imagination ist zum Instrument des Schreckens und der Furcht geworden, die Perversion ihrer ursprünglichen Bestimmung.

III.

Der Befund ist eindeutig: In der Stoa und auch in weiten Teilen des Christentums bis in das Mittelalter ist die philosophische Haltung des *Als-Ob* nachweisbar. Was aber ist ihr Sinn und ihre Funktion? Haben wir es hier vielleicht mit einer antiken Variante der sogenannten hypothetischen Existenz zu tun, die paradigmatisch in dem Roman *Der Mann ohne Eigenschaften* vorgestellt wird? Der Mensch, der hypothetisch lebt, kann danach, wenn er seine Empfindungen überwacht, zu nichts ohne Vorbehalt ja sagen; er »sucht die mögliche Geliebte, aber weiß nicht, ob es die richtige ist; er ist imstande zu töten, ohne sicher zu sein, daß er es tun muß«. Für einen solchen hypothetisch Lebenden gibt es kein festes Ding, keine feste Ordnung, keinen Grundsatz, alles ist in Wandlung begriffen, die Zukunft ist das Unfeste und »die Gegenwart ist nichts als eine Hypothese, über die man noch nicht hinausgekommen ist«[78].

Doch die stoische Theorie vom *Als-Ob* hat eine ganz andere Stoßrichtung und Grundlage als diese neuzeitliche Vorstellung von einer hypothetischen Existenz. Die imaginative Übung des *Als-Ob* soll nicht vom realen Leben wegführen hin zu einer fiktiven, entlasteten Existenz, sondern im Gegenteil den Ernst der *condition humaine* vor Augen führen. Die Wahrheit der Dinge wird erst offenbar durch die Imagination, welche die Dinge von allen täuschenden Zurechtmachungen durch den Menschen entblößen kann. So muß man sich nach Mark Aurel beim Verzehren der ausgefallensten Speisen die Vorstellung bilden, daß das da nur toter Fisch, d. h. Tierkadaver, das Purpurgewand nur Schafswolle, die ins Blut einer Muschel getaucht ist, der Geschlechtsverkehr nur ein Reiben im Unterleib ist usw. Und Mark Aurel fügt hinzu[79]: »Wie diese Vorstellungen sind, welche die Sache selber treffen und durch sie hindurchgehen, so daß man sieht, von welcher Art sie eigentlich sind, so muß man überhaupt im Leben verfahren und da, wo die Dinge allzu vertrauenswürdig erscheinen, sie entblößen und ihre Geringwertigkeit durchschauen.«

[78] Robert Musil: *Der Mann ohne Eigenschaften*. Erstes und Zweites Buch, hg. von Adolf Frisé, neu durchgesehene und verbesserte Ausgabe, Reinbek bei Hamburg 1978, 249 f. (1. Buch, Kap. 62).

[79] Marcus Aurelius VI, 13.

Es ist somit gerade und nur der herbe, nichts beschönigende Blick der Imagination, durch die die Wahrheit der Dinge und auch die Wahrheit der menschlichen Existenz erkannt werden können. Besonders in einer von den Stoikern favorisierten Perspektive kann die Wahrheit des Lebens aufscheinen. Das ist die Perpektive des Todes, in der die Bedeutung des ganzen menschlichen Lebens klar und deutlich, unbarmherzig und unverstellt, hart und unverfälscht aufscheint.

Die imaginative Einübung in die Perspektive des Todes, nach der man alles tun, reden und denken muß, als ob es jetzt schon möglich wäre, aus dem Leben zu scheiden[80], hat Mark Aurel in verschiedenen Zusammenhängen geschildert. Sie können wohl nach der stoischen Einteilung der Philosophie in die Physik, Ethik und Logik unterschieden werden. An einer Stelle bemerkt Mark Aurel, daß bei den Phantasien die Physik, Ethik und Logik praktiziert werden solle. [81] Alle drei Disziplinen bezeichnen ja nicht Teile einer abstrakten Lehre, sondern müssen als Ausgestaltungen der einen Lebensform betrachtet werden, so daß sie alle einen praktischen Charakter haben. Die Physik ist nicht mehr eine Form der Theorie, wie bei Aristoteles, sondern *gelebte Physik*, durch die wir uns als Teil eines Ganzen bewußt werden. Die Ethik ist *gelebte Ethik*, welche die Disziplinierung des Handelns durchführt. Die Logik schließlich ist weder formale Logik im Sinne der ersten, noch Schlußlogik im Sinne der zweiten Analytiken des Aristoteles, sondern vielmehr so etwas wie *gelebte Logik*, in der die rechte Zustimmung zu den Vorstellungen geübt wird. Der rechte *Gebrauch der Vorstellungen* ist aber nun nach der stoischen Lehre das, was in die eigentliche Kompetenz menschlicher Freiheit (ἐφ' ἡμῖν) gegeben ist. Mögen Reichtum, Gesundheit, Tod, Krankheit ganz außerhalb unserer Macht und daher auch außerhalb menschlicher Verantwortung liegen, so daß sie uns eigentlich nichts angehen, so ist doch gerade die Vorstellung das unserer Verantwortung Anheimgegebene. Es ist, genauer gesagt, nicht der Inhalt der Vorstellung, für den die menschliche Freiheit verantwortlich ist, sondern es ist vielmehr die Zustimmung zu ihr, die in des Menschen Freiheit liegt. In diesem Sinne sagt Aulus Gellius[82]: »Diese von den Philosophen *phantasiai* genannten Vorstellungen der Seele, durch welche der Geist der Menschen augenblicklich, bei dem ersten Anblick des Dinges, das sich der Seele zeigt, bewegt wird, hängen nicht vom Willen ab und sind nicht frei, sondern stürzen sich durch eine gewisse, ihnen eigene Kraft auf die Menschen, um zur Kenntnis genommen zu werden. Demgegenüber sind die Zustimmungen, die man *synkatatheseis* nennt und dank derer jene Vorstellungen erkannt und beurteilt werden, willentlich und vollziehen sich durch die Freiheit des Menschen.« Der Mensch kann sich also in ein affirmatives oder ablehnendes Verhältnis zu den auf ihn einstürmenden Bildern der Dinge setzen. Es ist, als ob die Phantasien ihm Fragen stellten, besonders

[80] Ebd., II, 11.

[81] Ebd., VIII, 13: »Διηνεκῶς καὶ ἐπὶ πάσης, εἰ οἷόν τε, φαντασίας φυσιολογεῖν, παθολογεῖν, διαλεκτικεύεσθαι.«

[82] Aulus Gellius: *Noctes Atticae* XIX, 1, 15 f., hg. von Carl Hosius 1903, ND Stuttgart 1967.

die Frage, ob sie selbst zu dem gehören, was innerhalb oder außerhalb seiner Freiheit liegt.[83] Deshalb sagt Epiktet[84]: »In der Weise, wie wir uns üben, um den sophistischen Fragestellungen entgegenzutreten, so sollten wir uns auch üben, um den Vorstellungen zu begegnen, denn auch sie stellen uns Fragen.« Die Frage, ob etwas zum Bereich der menschlichen Freiheit gehört oder nicht, ist die alles entscheidende Frage, denn der Mensch ist nach Epiktet wesentlich nicht Fleisch, nicht Haare oder so etwas, sondern Freiheit.[85]

Die imaginativen Übungen gehören nun ohne Zweifel auch zu diesen Phantasien, die von verschiedenen Standpunkten aus in unterschiedlicher Weise durchgeführt werden können, und zwar im Hinblick auf die einzelne Handlung. So soll, bevor ein Werk angepackt oder eine Handlung durchgeführt wird, diese vorher in Gedanken durchgegangen werden. »Wenn du also zum Baden gehst, dann stelle dir die Vorgänge im Bad vor, die Leute, die sich bespritzen, balgen, beschimpfen und bestehlen. Und so bei jeder Handlung.«[86] Simplicius, der spätantike Kommentator des Epiktet, gebraucht an dieser Stelle die Begriffe des »Vorüberlegens« (προλογίζεσθαι) und des *Vorübens* (προμελετᾶν), durch die die Vorbereitung auf das bevorstehende Werk, seinem Wesen und seinen beiläufigen Bestimmungen nach, am besten durchgeführt werden kann.[87] Der Grundgedanke ist bei Epiktet und seinem Kommentator derselbe: Solches Vorherdenken und Vorüben ist eine Weise der Sicherung unserer Freiheit.[88]

Doch die einzelne Handlung ist nicht nur als solche in ihrem Verlauf durchzudenken. Vor allem muß sie auch aus der für die Stoiker schlechthin beherrschenden Perspektive des Todes geprüft werden. Marc Aurel sagt[89]: »Frage dich bei jeder Handlung: In welchem Verhältnis steht diese zu mir? Werde ich sie nicht bereuen? Bald schon werde ich gestorben sein und alles verschwunden sein. Was suche ich mehr, wenn ich im gegenwärtigen Augenblick als intelligentes Wesen handele, welches sich in den Dienst der menschlichen Gemeinschaft stellt und Gott gleichgestellt ist?«

[83] Epictetus III, 3, 14: »εὐθὺς ὄρθρου προελθὼν ὃν ἂν ἴδῃς, ὃν ἂν ἀκούσῃς, ἐξέταζε, ἀποκρίνου ὡς πρὸς ἐρώτημα. τί εἶδες; καλὸν ἢ καλήν; ἔπαγε τὸν κανόνα. ἀπροαίρετον ἢ προαιρετικόν.«

[84] Ebd., III, 8, 1.

[85] Ebd., III, 1, 40: »ὅτι οὐκ εἶ κρέας οὐδὲ τρίχες, ἀλλὰ προαίρεσις.«

[86] Epictetus: *Enchiridion* c. 4.

[87] Simplicius: *In Epictetum*. Zu »προλογίζεσθαι« vgl. IX, 7. 49, ebd. 238. 240; ferner auch Simplicius: *In Physicorum* II, 8, hg. von Hermann Diels, Berlin 1882, Commentaria in Aristotelem Graeca (= CAG) IX, 378, 31 ff. (προλογισμός); Simplicius: *In Epict*. IX, 19 ff. und bes. X, 95–97, ebd. 239. 246.

[88] *Enchiridion* c. 4: »[...] θέλω καὶ τὴν ἐμαυτοῦ προαίρεσιν κατὰ φύσιν ἔχουσαν τηρῆσαι.« Simplicius: *In Epict*. X, 95–97, ebd. 246: »[...] καὶ διὰ τοῦ προμελετᾶν αὐτὰ καὶ προελπίζειν, ἅπερ πάντα τῶν ἐφ᾽ ἡμῖν ἐστιν.«

[89] Marcus Aurelius VIII, 2.

Die Prüfung der einzelnen Handlung findet statt, indem der Mensch den baldigen Tod imaginiert, antizipiert und im Angesicht des Todes nach dem Wert der Handlung fragt. Die antizipatorische Perspektive des Todes kann aber auch unser mögliches falsches Urteil über das, was ein wirkliches Übel ist, korrigieren, so, wenn Mark Aurel empfiehlt, man solle, wenn man sein Kind liebhat, sich innerlich sagen[90]: »Morgen bist du vielleicht schon tot.« Ähnlich hatte schon Epiktet die Einübung in jene Einstellung empfohlen, nach der es nichts Unentreißbares gibt. Deswegen muß man sich, wenn man sich an etwas freut, die entgegengesetzten Vorstellungsbilder vorstellen (τὰς ἐναντίας φαντασίας σαυτῷ πρόβαλε), so bei dem Kind seinen möglichen Tod, bei einem Freund, der dich besucht, seine morgige Abreise und endgültigen Abschied usw.[91]

Die imaginative Antizipation bestimmter Situationen im Alltag kann mir selbst zu Bewußtsein bringen, was wirklich gut und wirklich schlecht ist. So z. B. sagt Mark Aurel[92]: »Bei Tagesanbruch zu sich selber sagen: Es wird mir ein Neugieriger, ein Undankbarer, ein Unverschämter, ein Falscher, ein Mißgünstiger und ein Ungeselliger begegnen. All diese Eigenschaften ergeben sich für diese aus der Unkenntnis dessen, was gut und was schlecht ist.« Aber die imaginative Übung solcher Art kann nicht nur vom ethischen Standpunkt mit Blick auf einzelne Handlungen für die rechte Einschätzung nützlich sein. Die gelebte Physik, die das Leben der Natur und den Kosmos betrachtet zum Zweck der angemessenen Selbsteinschätzung, vermittelt unter der Perspektive des Todes das Sicheinpassen in die Natur. Imaginativ kann ich mich über diese Welt erheben und durch einen Seelenflug in die Unermeßlichkeit des Alls einen Blick von oben auf diese Welt und mich selbst gewinnen. »Du wirst dir Weiträumigkeit schon jetzt dadurch verschaffen, daß du die ganze Welt in deinem Geist umfaßt hältst und die unendliche Ewigkeit überdenkst und den raschen Wechsel jeder der Einzeldinge bedenkst [...]«[93]. Die imaginativen Übungen solcher Art, durch die der Einzelne sich mit in die Kreisbewegungen der Gestirne einreihen und die Metamorphosen der Elemente für sich selbst neu bedenken kann, bezeichnet Mark Aurel ausdrücklich als Reinigung vom Schmutz des irdischen Lebens.[94] Aus dieser imaginativen kosmischen Höhe betrachtet, erscheint das menschliche Leben, die Dinge des Alltags und der Tod als das, was sie wirklich sind: ein unbedeutend Kleines, das eingetaucht ist in ein zwar endliches, aber sich endlos wiederholendes und periodisch wiedergebärendes Universum. »Winzig ist also die Zeit, die jeder lebt, winzig das Fleckchen Erde, worauf er lebt; winzig auch der weitreichendste Nachruhm, und dieser beruht auf der Überlieferung durch Menschen, die bald sterben werden und nicht einmal sich selber kennen, geschweige denn den vor Zei-

90 Ebd., XI, 34.
91 Epictetus: Epicteti Dissertationi [Anm. 2], III, 24, 84–88.
92 Marcus Aurelius II, 1.
93 Ebd., IX, 32.
94 Ebd., VII, 47.

ten Gestorbenen«[95]. Es ist allein dieser imaginative Blick von oben auf die Welt der Natur, der dir vermitteln kann, wie es wahrhaft um dich steht, »daß du nach nicht langer Zeit niemand und nirgends sein wirst«, und »daß die Zeit nahe ist, da du alle vergißt und alle dich vergessen«[96]. Und überhaupt erinnere dich daran, »daß binnen kürzester Frist du und auch der Mensch dort sterben werden und daß kurz darauf nicht einmal euer Name übrig sein wird«[97]. Es ist das ewig gleiche Spiel der Natur, in das du mit hinein gehörst. Die ewige Wiederkehr des Gleichen, ohne Geschichte, ohne Fortschritt, ohne Sinn, ohne Endziel – niemand vor Schopenhauer und Nietzsche hat das so eindrücklich dargestellt wie Mark Aurel. Wenn du in Gedanken, d. h. imaginativ an die Zeit unter Vespasian und Trajan zurückdenkst – die Menschen von damals mit ihren jeweiligen besonderen Umständen des Lebens, sie sind nicht mehr.[98] Und wenn du dir vorstellst die Höfe des Hadrian, des Antoninus, Philipps und Alexanders und all die Szenen und Dramen jener Zeiten – es war immer dasselbe wie das von heute ist, nur die Schauspieler haben gewechselt.[99] Der imaginative Blick von einem höheren Standpunkt kann auch deutlich machen, wie rasch Dinge und Ereignisse an uns vorbeizogen und wie nah uns der unermeßliche Abgrund der Vergangenheit und Zukunft ist, in den alles verschwindet.[100] Auf diese Weise führt die imaginative Übung zur wahren Sicht der Bedeutung meiner Existenz im Gesamtkosmos[101]: »denke an die Gesamtsubstanz, an der du zu einem kleinen Teil partizipierst, und die gesamte Zeit, von der dir ein kurzes Intervall zugeteilt ist, und an das Schicksal, von dem du ein Bruchteil bist.« Auf vielfache Weise können so die menschlichen Angelegenheiten zum Übungsfeld jener Vernunft werden, die das menschliche Leben aus der Sicht der Physik imaginativ sieht und so seine Nichtigkeit und Bedeutungslosigkeit erkennt.[102]

Was sich somit als das eigentliche Ziel imaginativer Übungen überhaupt und auch der besonderen Einstellung des *Als-Ob* ergibt, ist nicht irgendeine Lust an einer vorgespiegelten alternativen Lebensweise, nicht die Flucht in ein anderes Leben, ist nicht ein Spiel mit zukünftigen Möglichkeiten, ist nicht die Hypothetisierung und Relativierung des jetzigen Zustandes, sondern im Gegenteil: Das Leben im *Als-Ob* hat die Funktion, die Wahrheit der Dinge zu ergründen. Das Leben im *Als-Ob* ist der absolute Ernst, es ist die absolute Vergegenwärtigung, die Vergegenwärtigung des Todes. Die Wahrheit der Dinge zu ergründen bedeutet aber nach stoischer Lehre vor allem herauszufinden, was von dem Seienden in unserer Macht steht und

95 Ebd., III, 10.
96 Ebd., XII, 21.
97 Ebd., IV, 6.
98 Ebd., IV, 32.
99 Ebd., X, 27.
100 Ebd., IV, 50; V, 23; XII, 7.
101 Ebd., V, 24; vgl. X, 17.
102 Ebd., X, 31.

was nicht, was also Sache unserer Freiheit ist und was sich dem entzieht.[103] Die Antworten Epiktets und Mark Aurels auf diese Frage sind klar und einfach. In die Verantwortung unserer Freiheit ist nur eines gegeben, nämlich darauf aufmerksam zu sein, daß wir einen richtigen Gebrauch von unseren Vorstellungen machen. In unserer Macht liegt dies allein, der Gebrauch unserer Vorstellungen und das, was wir wollen. Darin allein liegen Gut oder Böse. Alles andere liegt außerhalb des Verantwortungsbereichs unserer Freiheit und – da wir nach Epiktet wesentlich Freiheit sind – betrifft uns somit nicht eigentlich. Erst wenn wir dies wahrhaft begriffen haben, daß Reichtum, Ruhm, Familie, Vaterland usw. nicht zu dem gehören, was im eigentlichen Sinne gut oder schlecht genannt werden kann, können wir nach der stoischen Lehre Freiheit erlangen. Die imaginativen Übungen, selbst schon eine bestimmte Weise des Gebrauchs der Phantasien, führen uns also zur Freiheit des Weisen.

Simplicius ist in seinem Epiktet-Kommentar bei der Beschreibung der dem Weisen eigenen Freiheit am weitesten gegangen. Sie stellt eine direkte Verbindung zwischen dem *Als-Ob* und der Freiheit her. Denn der Weise kann sogar jene äußeren Dinge, die nicht in unserer Macht stehen, so benutzen, als ob sie in unserer Macht stünden, also als ob sie in den Gegenstandsbereich unserer Freiheit gehörten. Um das obengenannte Beispiel vom Tod des Kindes aufzugreifen: Es liegt nicht bei uns, den physischen Tod des Kindes zu verhindern. Aber sich vor Augen zu halten, daß es sterblich ist und deswegen sein Tod ebenso wie sein Leben erwartet werden können, so daß man durch das Faktum des Todes nicht verwirrt wird, sondern sich so verhält, als ob es nicht gestorben wäre, das liegt in unserer Macht. Die ständige Erinnerung an das vergängliche Wesen des Kindes und aller Dinge dieser Welt ist – wie Simplicius sagt – eine Übung ihres Verlustes.[104] Ein Weiser mag sagen, mir ist das Kind nicht gestorben oder besser: auch wenn es gestorben ist, ich bewahre mich besser, mein Inneres ruhig, als ob es nicht gestorben wäre. Es sind niemals die äußeren Dinge und Ereignisse selbst, die den Menschen verwirren oder verzweifelt machen. Es sind immer unsere Meinungen über diese Ereignisse, die das bewirken. Die Meinungen über die Dinge aber stehen in unserer Macht. Deshalb muß der, der die Verzweiflung oder Verwirrung vermeiden will, sich die richtige Meinung über die Dinge und Geschehnisse bilden. Auf diese Weise widerfährt aber dem Menschen etwas Großes, indem er das, was nicht in seiner Macht steht, behandelt, als ob es in seiner Macht stünde. Es gibt nichts Unerwartetes mehr. Das größtmögliche Unglück ist durch die Phantasie, durch die Kraft der imaginativen Übung gebändigt. Denn sie ist es, die alles als gewohnheitsmäßig erscheinen läßt. Oder wie Simplicius wört-

[103] Vgl. *Epictetus* I, 22, 10: »τῶν ὄντων τὰ μέν ἐστιν ἐφ᾽ ἡμῖν, τὰ δὲ οὐκ ἐφ᾽ ἡμῖν. ἐφ᾽ ἡμῖν μὲν προαίρεσις καὶ πάντα τὰ προαιρετικὰ ἔργα, οὐκ ἐφ᾽ ἡμῖν δὲ τὸ σῶμα, τὰ μέρη τοῦ σώματος, κτήσεις, γονεῖς, ἀδελφοὶ, τέκνα, πατρίς.« Vgl. auch Enchiridion c. 1, 1.

[104] Simplicius: *In Epictetum* VIII, 35 ff., ebd. 236: ῾ἡ ἡ γὰρ συνεχὴς τῆς φύσεως αὐτῶν ἀνάμνησις μελέτη τῆς ἀφαιρέσεως αὐτῶν ἐστιν.«

lich sagt[105]: »ὁ δὲ διὰ τῆς φαντασίας συνεθισμὸς φυσιοῖ πως ἡμᾶς οὕτω πρὸς αὐτὰ ἔχειν ὡς πρὸς συνήθη«.

Die Angewöhnung durch die Phantasie macht es uns zur Natur, daß wir uns zu den Dingen wie zu Gewöhnlichem verhalten. Mit anderen Worten: Der προλογισμός ist es, der uns überraschungsresistent macht, und, was wichtiger ist, uns vor der Verzweiflung (ἀνελπίζειν) bewahrt.

105 Ebd., *In Epictetum* XXIX, 50, ebd. 300.

Imagination und Spirituelle Erziehung im spätmittelalterlichen Spanien

Alfonso de la Torres *Visión deleytable*

Von Franz Lebsanft

I. Einleitung

Man möchte glauben, daß das moderne Urteil über Alfonso de la Torres *Visión deleytable* auf der Grundlage der von Frankreich ausgehenden vernichtenden Spanienkritik des 18. Jhd.s gefällt ist. Ausgerechnet an diesem Text demonstrierte vor über 50 Jahren Ernst Robert Curtius, und zwar zwischen den Exkursen über den »Affen als Metapher« und »Gott als Bildner«, das, was er »Spaniens kulturelle ›Verspätung‹« nannte.[1] Die *Visión*, so stellte Curtius unter Berufung auf die quellengeschichtlichen Untersuchungen von J. P. Wickersham Crawford fest,[2] sei »eine Enzyklopädie in Form eines allegorischen Romans. Behandelt werden die sieben freien Künste, dann Logik, Naturlehre, Ethik, Politik, Ökonomik«. Das Werk stelle nicht mehr als eine »geschickte Kompilation« dar, dessen Quellen spätantik und früh-, allenfalls hochmittelalterlich seien. Dieser Befund veranlaßte Curtius zu dem trockenen Resümee[3]: »[...] ein Autor, der 1440 schreibt und 1480 gedruckt wird, kann in Spanien Leser finden (und zwar bis in das 17. Jhd. hinein), obwohl er so gut wie alles ignoriert, was die europäische Literatur, Wissenschaft und Philosophie seit 1200 produziert hat – also nicht nur den Thomismus, sondern auch den Humanismus und die italienische Frührenaissance.« Das alles ist richtig und wahr, hat man seitdem Curtius konzediert, jedoch ihm zugleich entgegengehalten, die *circunstancia de ser*, d. h. die historischen und kulturellen Lebensumstände des Autors nicht angemessen gewürdigt zu haben, nämlich die Curtius durchaus bekannte Tatsache, daß Alfonso de la Torre ein *converso judaizante* war.[4]

In der Tat scheint es mir heute, nachdem wir dank neuerer Arbeiten die breite Überlieferung der *Visión deleytable* und Alfonsos vor allem direkte und indirekte

[1] Ernst Robert Curtius: *Europäische Literatur und lateinisches Mittelalter*, Bern / München [8]1973, 524 ff.

[2] James Pyle Wickersham Crawford: *The Seven Liberal Arts in the ›Visión delectable‹ of Alfonso de la Torre*, in: *Romanic Review* 4 (1913), 58–75; ders.: *The ›Visión delectable‹ of Alfonso de la Torre and Maimonides's ›Guide of the Perplexed‹*, in: *Publications of the Modern Language Association* 28 (1913), 188–212.

[3] Curtius: *Europäische Literatur* [Anm. 1], 525.

[4] María Rosa Lida de Malkiel: *Perduración de la literatura antigua en Occidente*, in: *Romance Philology* 5 (1951–1952), 99–131, hier 109; vgl. zum jüdischen Hintergrund auch Américo Castro: *La realidad histórica de España*, México D.F. 1954, 550 f.

ZÄK Sonderheft · Jahrgang 2002 · © Felix Meiner Verlag 2002 · ISSN 1439-5886

Quellen weit besser kennen, lohnend, sein Werk im Blick auf die *circunstancia de ser* des Autors, also in seiner Zeit und für seine Zeit zu interpretieren. Ich werde zunächst den Autor und sein Werk im Überblick vorstellen (Abschnitt II) und dann erläutern, welcher Status der Imagination darin zukommt (Abschnitt III). Für Alfonso ist die Imagination kaum ein produktives, sondern weit mehr ein destruktives, ein gefährliches Vermögen, das es mit den Mitteln des Verstandes zu bändigen gilt. Dazu soll die als spirituelle Übung inszenierte Lektüre der *Visión deleytable* einen Beitrag leisten. Entsprechend gering ist der Spielraum, den Alfonso der Imagination – man möchte sagen: widerwillig – einräumt. Ich will diesen Spielraum ausloten, weil Alfonso trotz seiner Skepsis gegenüber diesem Vermögen einen Faden spinnt, der von der frühneuzeitlichen Moralistik aufgenommen werden wird. Darauf will ich, wenigstens in Form eines Ausblicks (Abschnitt IV), hinweisen und damit für die historische Interpretation eine Richtung andeuten, die es vielleicht lohnt, weiter verfolgt zu werden.

II. Autor, Text, Überlieferung

Curtius bescheinigt der *Visión deleytable* zu Recht, daß sie viel gelesen worden ist. Aber erst seit einigen wenigen Jahren kennen wir die äußerst reiche Überlieferung des Werks in Handschriften und Drucken genauer.[5] Eine westliche und eine östliche Version lassen sich jeweils den beiden großen politischen Zentren des heterogenen Landes, im Westen Kastilien, im Osten Aragonien, zuordnen. Die östliche Version wird im 16. Jhd. nach Italien getragen, dort ins Italienische übersetzt und gelangt dann im 17. Jhd. nach Deutschland und weiter bis in die Niederlande, wo sie von Francisco de Cáceres – übrigens entgegen der bisherigen Meinung sehr wohl in Kenntnis des Originals – ins Spanische rückübertragen wird.[6] Im 18. Jhd. kommt die *Visión* schließlich auf den Index. Der aus Burgos stammende Alfonso de la Torre, ein Bakkalaureus der Theologie, hatte das Werk vielleicht schon um 1440 während seines Studiums in Salamanca verfaßt, und zwar im Colegio de San Bartolomé, das im 15. Jhd. zahlreichen *conversos* Zuflucht bot, mit größerer Wahrscheinlichkeit je-

[5] Alfonso de la Torre: *Visión deleytable,* edición crítica y estudio de Jorge García López, 2 Bde., Salamanca 1991. Die *editio princeps* ist die katalanische Übersetzung von Mateu Vendrell, Barcelona 1484. Der erste kastilische Druck Burgos 1485 (Fadrique de Basilea) liegt der Transkription in ADMYTE II (Archivo Digital de Manuscritos y Textos Españoles, CD-ROM, Madrid 2000) zugrunde, für deren systematische lexikologische Auswertung ich Stefanie Zaun danke. Im Spanien des 15. und 16. Jhd.s bilden Handschriften und Drucke gleichberechtigte Modi der öffentlichen Kommunikation, s. Hans Ulrich Gumbrecht: *»Eine« Geschichte der spanischen Literatur*, 2 Bde., Frankfurt/M. 1990, hier I, 180.

[6] Vgl. die italienische Ausgabe Venedig 1556 sowie die spanische Rückübersetzung in den Drucken Frankfurt 1626 und Amsterdam 1663, s. die Ed. García López [Anm. 5], I, 33; das nach Curtius so verspätete Werk fand also nicht nur in Spanien seine Leser. S. Isabel Muñoz Jiménez: *La version de la »Visión deleitable« hecha por Francisco de Cáceres*, in: *Los judaizantes en Europa y la literatura castellana del Siglo de Oro*, ed. por Fernando Díaz Esteban, Madrid 1994, 303–312.

doch erst um 1450 am Hof von Navarra.[7] Auftraggeber und Adressat ist Juan de Beamonte (Beaumont), Kanzler der Hofkapelle des Fürsten von Viana. Das Werk richtet sich demnach an ein adliges Laienpublikum, das – so Alfonso – an den freien Künsten und der praktischen Philosophie, d. h. Ethik, Ökonomik, Politik interessiert sei.[8]

Eingebettet in den aus Widmungs- und Abschiedsbrief bestehenden Rahmen ist das Werk eine auf den ersten Blick traditionell erscheinende allegorische Traumvision des Erzählers, in der die als Kind erscheinende Person des Verstandes (Entendimiento) in Begleitung von Natural Yngenio sich auf den Weg macht, um den Berg der Erkenntnis zu erklimmen. Der mühsame Weg führt über einzelne Stationen, d. h. über die Häuser der einzelnen als »doncellas« personifizierten Wissenschaften der *artes liberales*. Es sind das nacheinander zunächst die Disziplinen des Triviums – Grammatik, Rhetorik, Logik – und des Quadriviums, also Arithmetik, Geometrie, Musik und Astronomie bzw. Astrologie. Es ist die Astrologie, die den Verstand weiterreicht an die gestandenen »señoras« der Wahrheit (Verdad), der Vernunft (Razón), der Weisheit (Sabieza) und der Natur (Naturaleza). Mit ihnen erörtert Entendimiento zunächst Fragen der Naturphilosophie und der Metaphysik. Das alles macht den ersten, theoretischen Teil des Werks aus, die »parte especulativa«. Der zweite Teil gilt dann der Erörterung von Fragen der »philosofía moral«, nunmehr allein zwischen Entendimiento und Razón.[9]

Dieser Inhalt knüpft in der Tat an die Tradition der mittelalterlichen, auch volkssprachlichen Enzyklopädien an[10], aus deren Stofffülle die *Visión deleytable* allerdings nur einen kleinen Ausschnitt bietet. Während jedoch Enzyklopädien als Bibliotheksersatz eine Vielzahl von Interessen bedienten[11], geht es Alfonso ganz ausschließlich um die immer wieder thematisierte Hinführung des Adressaten zur Gottesschau und zur Glückseligkeit, und zwar allein durch begründetes Wissen. So

7 Concepción Salinas Espinosa: *Poesía y prosa didáctica en el siglo XV – La obra del bachiller Alfonso de la Torre*, Zaragoza 1997, 29–32.

8 Ed. García López [Anm. 5], I, 324. 50–544: »E vido cómo los fijos de los omnes pobres era bueno deprender desde la juventud ofiçios e artes mecánicas [...] e los fijos de los nobles en las artes liberales e morales çiençias [...].«

9 Ebd., I, 245. 280–282. Die Vernunft (Razón) ist also dem erst auszubildenden Verstand (Entendimiento) übergeordnet; vgl. zur Geschichte der Hierarchisierung der beiden Vermögen Alberto Burgio: *Vernunft/Verstand*, in: *Enzyklopädie Philosophie*, hg. von Hans Jörg Sandkühler, 2 Bde., Hamburg 1999, hier II, 1692–1698.

10 Christel Meier: *Grundzüge der mittelalterlichen Enzyklopädik – Zu Inhalten, Formen und Funktionen einer problematischen Gattung*, in: *Literatur und Laienbildung im Spätmittelalter und in der Reformationszeit. Symposium Wolfenbüttel 1981*, hg. von Ludger Grenzmann / Karl Stackmann, Stuttgart 1984, 467–500. Zur Einordnung der *Visión deleytable* in die Texttradition der Enzyklopädie s. Karl Kohut: *La posición de la Literatura en los sistemas científicos del siglo XV*, in: *Iberoromania* 7 (1978), 67–87.

11 S. paradigmatisch, anhand des (auch ins Spanische übersetzten) *Liber de Proprietatibus Rerum*, Heinz Meyer: *Die Enzyklopädie des Bartholomäus Anglicus – Untersuchungen zur Überlieferungs- und Rezeptionsgeschichte von »De Propietatibus Rerum«*, München 2000, 22–40, 261–280.

läßt Alfonso Gott durch den Mund der Weisheit sagen, es möge Menschen geben, die ihn durch den Verstand erkennen.[12] Die Erörterung des Verhältnisses von Wissen zu Glauben ist natürlich auch ein christliches Thema; für Alfonso, den *converso judaizante*, ist es jedoch ein besonders willkommenes Thema, denn der Gott des Neuen Bundes, der Glaube an die Menschwerdung Gottes und die Errettung des Menschen durch die Gnade sind für ihn völlig unerheblich. Dafür gibt es ein ziemlich deutliches und vielleicht sogar sarkastisches Indiz. Als die Wahrheit in ihrem Spiegel Entendimiento den dreieinigen Gott und das Heilsgeschehen des Neuen Bundes, von der Geburt Jesu über sein Wirken und den Opfertod bis hin zur Auferstehung schauen läßt, erblickt er nicht etwa diejenigen, denen die göttliche Gnade zuteil geworden ist, sondern die Ungläubigen. Sie werden von der Wahrheit auf die Knie gezwungen und anschließend zum rechten katholischen Glauben »konvertiert«, wie Alfonso zweifellos mit Bedacht formuliert.[13]

Es ist eine dreifache, durchgängige Analogie, die der *Visión deleytable* und ihrem Anliegen eine Struktur gibt. Ihren Schlüssel bildet das Wort *orden*. Die Welt ist nach dem Willen Gottes, des »dador de las formas« (wie Alfonso in deutlicher Anlehnung an Avicenna sagt)[14], geordnet; ihr korrespondiert eine Ordnung des Wissens, die von dem Autor schließlich in eine entsprechende Ordnung der Darstellung und der Vermittlung gebracht wird. Es ist allein der Mensch, der sich aus Mangel an Einsicht der Ordnung widersetzt, sagt der gelehrige Verstand, nachdem die Wissenschaften, die sich seiner angenommen hatten, seine Fragen und Zweifel »por orden« ausgeräumt haben.[15]

Die Verfahren der ordnenden und der Ordnung widerspiegelnden Vermittlung sind äußerst vielfältig. Im Hinblick auf das adlige Laienpublikum sind für Alfonso zwei Gesichtspunkte leitend, und zwar die beiden Modi der Veranschaulichung und

[12] Ed. García López [Anm. 5], I, 183. 101–104: »e quiero que aya omnes que tengan razón e usen de aquélla, e que tengan entendimiento con el qual me conoscan, me obedescan e me syrvan.«

[13] Ebd., I, 330. 101–105: »E díxoles la Verdat que aquél era el camino de salvaçión e la creençia verdadera, e mandóles que se omillasen e sojuzgasen a estas cosas. E ellos tanto estavan terrestidos de las mutaçiones del espejo que fueron convertidos a creer lo que les dezía la Verdad [...].« Die massiven Konversionen von Juden zum Christentum setzten in Spanien 1391 angesichts des rapide anwachsenden Antijudaismus ein; mit dem 1449 in Toledo erlassenen ersten Statut zur *limpieza de sangre* wandelt sich der Antijudaismus zum Antisemitismus, s. Albert A. Sicroff: *Les controverses des statuts de »pureté de sang« en Espagne du XVe au XVIIe siècle,* Paris 1960, und die Einleitung des Übersetzers in: *Alonso de Cartagena y el »Defensorium Unitatis Christianae«.* Introducción histórica, traducción y notas de Guillermo Verdín–Díaz, Toledo 1992.

[14] Ed. García López [Anm. 5], I, 129. 23; vgl. noch I, 202. 143. Zu Avicennas *dator formarum* vgl. Kurt Flasch: *Das philosophische Denken im Mittelalter – Von Augustin zu Machiavelli*, Stuttgart 1986, 278.

[15] Ed. García López [Anm. 5], I, 250. 35–40: »E eso mesmo sé bien que todas las cosas del mundo han seýdo fechas e ordenadas por él e non pasan la orden que Natura les ha puesto, e son uniformes e non mudables en sus operaçiones. E veo que sólo el omne exçede las reglas e derecho de la Natura e los quebranta, e no ay cosa en ellos bien ordenada nin bien regida, nin ay cosa en ellos firme nin estable.«

der Vereinfachung. Vermittlung, so belehrt die Grammatik Entendimiento, ist natürlich als Mitteilung stets und zuerst an Sprache gebunden; Sprache aber – so fährt sie fort – ist immer schon begrifflich und anschaulich zugleich. Darauf zielt die Grammatik, wenn sie in aristotelischer Diktion das Wort als »boz [...] sygnificativa de alguna cosa, la qual sea inpremida en el coraçon del oyente«[16] definiert. Die Grammatik lehrt, das besagt im Grunde bereits ihr Name, das Lateinische, dessen Überlegenheit über die aus Sprachmischung hervorgegangenen Volkssprachen Alfonso sie rühmen läßt.[17] Als Sprache der Vermittlung an ein Laienpublikum wählt der Autor aber natürlich dennoch die Volkssprache. Zwar vergröbere der »lenguaje vulgar« die darzustellenden Sachverhalte, denn er sei nicht immer in der Lage, dieselben Differenzierungen wie das Latein vorzunehmen[18]; andererseits aber bringe, wie Alfonso mit der entsprechenden Lichtmetaphorik verdeutlicht, die Volkssprache die Dunkelheit der undurchschauten Sachverhalte in das klare Licht der unmittelbaren Verständlichkeit.[19]

Die Disposition des Stoffes zielt vollständig auf Vermittlung. Die *Visión deleytable* versteht sich als komprimierender Extrakt aus den behandelten Wissenschaften.[20] Dabei wechseln Exposition und vorgestellte Mostration, d. h. mit sprachlichen Mitteln evozierte Bilder. Die personifizierte Grammatik etwa, mit dem *titulus* »Vox literata et articulata debito modo pronunciata«[21] in der rechten und der unvermeidlichen Peitsche in der linken Hand[22], erläutert im Dialog mit Entendimiento ihr Wissensgebiet. Anschließend schreitet sie zusammen mit dem Schüler ihr Haus ab, auf dessen Wänden der Wissensgegenstand bildlich dargestellt ist. Alfonso bedient sich hier der seit der Antike bekannten mnemotechnischen Verfahren, indem er Begriffsbereiche vorgestellten Räumen zuordnet, wie das dann ja auch für die allegorische Reise als Progression der Erkenntnis insgesamt gilt.[23] Hinzu kommt, daß die Mostration mit der bloßen Nennung von Sachverhalten sich nicht selbst genügen kann und daher nach zusätzlicher Erläuterung verlangt, die es in Form eigener

16 Ebd., I, 109. 81 f.; vgl. zu den aristotelischen Grundlagen (*De Interpr.* 16a, 3–4) die Erläuterungen von Eugenio Coseriu: *Die Geschichte der Sprachphilosophie von der Antike bis zur Gegenwart – Eine Übersicht*, 2 Bde., Tübingen 1975, hier I, 75 f., 82 f.

17 Ed. García López [Anm. 5], I, 111–114.

18 Ebd., I, 187. 2 f.; 278. 77 f.

19 Ebd., I, 185. 184–186. 3: »Dios [...] nos dio a conosçer esta materia tan trasçendente e tan delgada e tan escura en palabras tan planas e tan familiares e tan claras, ca por çierto agora veo clara mente que lo non entendería por mí en millares de años.«

20 Ebd., I, 101. 21.

21 Ebd., I, 107. 24 f.

22 Vgl. Vf.: *Die eigene und die fremden Sprachen in romanischen Texten des Mittelalters und der frühen Neuzeit*, in: *Schreiben in einer anderen Sprache – Zur Internationalität romanischer Sprachen und Literaturen*, hg. von Wolfgang Dahmen / Günter Holtus / Johannes Kramer / Michael Metzeltin / Wolfgang Schweickard, Tübingen 2000, 3–20, hier 9.

23 Salinas Espinosa: *Poesía y prosa didáctica* [Anm. 7], 157–176.

Lektüre und darauf aufbauender, in zahlreichen Handschriften überlieferter Glossierung[24] oder vermutlich auch mündlicher Unterweisung gegeben hat.

Die *Visión deleytable* verwendet noch weitere textuelle Verfahren der Belebung und Veranschaulichung des Stoffes. Das sinnlichste Verfahren entlehnt Alfonso der seelsorgerischen Praxis, wenn er systematisch begriffliche Zusammenhänge mit den Mitteln des Exemplums verdeutlicht. Dabei greift er, wenn es um das Wirken Gottes als des »movedor, fazedor e ordenador de las cosas« geht[25], ausgiebig auf die Handwerke der *artes mecánicas* zurück. Grundlage ist stets die möglichst erfüllte »symilitud« zwischen den in Beziehung gesetzten Bereichen, die damit eine von der ordnenden göttlichen Hand bewirkte reale Korrespondenz entschlüsselt. Das ist im besten Fall stimmig bis ins kleinste sprachliche Detail, wenn z. B. Gottes Schöpfung und seine Mühen mit der unvollkommenen, weil körperlichen *materia* veranschaulicht werden durch das »enxemplo« des Zimmermanns, der sich an dem krummen und mit Astlöchern durchsetzten Stück Holz (»madero«) abmüht, um einen ordentlichen Balken (»viga«) daraus zu machen. Wenn Alfonso dabei sagt, daß das Holz wie die Materie sei, dann wird er sich der *figura etymologica* bewußt gewesen sein.[26]

III. Imagination und Anthropologie

Die Ursache der vom Menschen verschuldeten Unordnung in der Welt, die es durch die Ausbildung von Entendimiento zu bekämpfen gilt, liegt nun nach Alfonso im Wirken der Imagination. Sie ist in der *Visión deleytable* die unpersonifizierte Gegenspielerin der personifizierten Wissenschaften, denn sie behindert die Einsicht in die Ordnung des Wissens. Zugrunde liegt eine Theorie der Seele oder des Bewußtseins[27], durch die Imagination und Entendimiento zueinander ins rechte Verhältnis gesetzt werden. Alfonso de la Torre bringt diese Theorie eher beiläufig ein, nicht expositorisch und systematisch, sondern in der Art des bereits beschriebenen Verfahrens der Mostration, denn die (fragmentarische) Darstellung der Konstruktion der Seele bebildert das Haus der Natur, mit dessen Darstellung der erste Teil der »spekulativen« Wissenschaften schließt.[28] Nimmt man diese und weitere, über das Werk verstreute Passagen in den Blick, dann untergliedert sich nach Alfonso das

24 Vgl. den Abdruck wichtiger Glossen in der Ed. García López [Anm. 5], II, 15–215.

25 Ebd., I, 193–197, speziell 193. 3 f.

26 Ebd., I, 190. 39–191. 60; 190. 54: »el madero es asý como la materia«. *Madero* ist eine Ableitung von *madera*, das seinerseits das erbwörtliche Ergebnis von lat. *materia* darstellt.

27 Vgl. die Übersicht von Burkhard Mojsisch / Udo Reinhold Jeck / Olaf Pluta: *Seele*, in: *Historisches Wörterbuch der Philosophie* [im folgenden: *HWPh*], hg. von Joachim Ritter / Karlfried Gründer, Bd. 9, Basel 1995, Sp. 1–89, hier »II. Mittelalter«, Sp. 12–22; J. M. Cocking: *Imagination – A Study in the History of Ideas*, London / New York 1991, 141–167 (»The Western Middle Ages«).

28 Ed. García López [Anm. 5], I, 241 f. Hier ist nur von der vegetativen und der sensitiven Seele die Rede.

Bewußtsein in für das Mittelalter traditioneller Weise in die drei Teile der vegetativen, der sensitiven und der intellektiven oder rationalen Seele.[29] Die Imagination findet ihren Platz innerhalb der im Gehirn lozierten sensitiven Seele, in der die Eindrücke der fünf äußeren Sinne durch den inneren Gemeinsinn verknüpft und an die übrigen inneren Sinne weitergeben werden[30], während der Verstand (Entendimiento) zur intellektiven Seele gehört, die keinem abgegrenzten Körperraum zugeordnet werden kann.[31]

Wenn Alfonso die Imagination kritisiert, dann folgt er – wie man seit langem weiß – den Argumenten, die Maimonides gegen ihr Wirken in seinem *Führer der Unschlüssigen*, den Pedro de Toledo erst wenige Jahre zuvor ins Kastilische übersetzt hatte, vorbringt.[32] Es sind drei Momente, die Alfonso mit Maimonides immer wieder aufgreift: Die Fähigkeit der Imagination sei – erstens – körpergebunden und richte sich auf Körperliches, sie schaffe – zweitens – Anschauungen, ohne deren Realitäts- und Wahrheitsgehalt prüfen zu können, mit der Folge, daß – drittens – diese Anschauungen sich bei den unwissenden Menschen durch die Macht der Tradition und Gewohnheit zu Meinungen verfestigten, die der Einsicht in die wahre

29 Ebd., I, 290. 84: »[...] el anima vegetable e la sensytiva e la yntelectiva.« Die *anima vegetable* wird auch *vegitativa* genannt (I, 290. 86), die *sensytiva* auch *sensyble* (I, 171. 63), die *yntelectiva* auch *ánima raçional* (I, 202. 140 f.). Den drei Teilen der Seele werden funktional zugeordnet die »fuerças e virtudes naturales [...] e las animales e yntelectuales (I, 224. 305 f.).« Glossen systematisieren das Wissen über den Aufbau der Seele, s. z. B. die Hs. Juans de Ferreras, ebd., II, 26, 47–51, 58–60.

30 Ebd., I, 241. 176–178: »E vido la cabsa del seso común e de la ymaginaçión e de la estimatyva natural, e de los otros sesos ynteriores, asý como memoria e fantasýa [...].« Eine sich hier andeutende Unterscheidung von Imagination und Phantasie, wie man sie bei anderen Autoren findet, hält der Text allerdings nicht durch. Man vgl. auch Irmgard Müller: *Seelensitz*, in: *HWPh* [Anm. 27], 9, 1995, Sp. 105–110; Walther Sudhoff: *Die Lehre von den Hirnventrikeln in textlicher und graphischer Tradition des Altertums und Mittelalters*, in: *Archiv für Geschichte der Medizin* 7 (1914), 149–205; exzellente Illustrationen auch in Edwin Clarke / Kenneth Dewhurst: *Die Funktionen des Gehirns – Lokalisationstheorien von der Antike bis zur Gegenwart*, München 1973, 15–50.

31 Ed. García López [Anm. 5], I, 160. 35 f., 201. 105 f.

32 Maimonides: *Guide for the Perplexed (Mostrador e Enseñador de los Turbados) – A 15th Century Spanish Translation by Pedro de Toledo (Ms. 10289, B.N. Madrid)*, ed. by Moshe Lazar, Culver City 1989. Pedro de Toledo übersetzte das arabische Original nach der (zweiten) hebräischen Übersetzung Jehudas Al-Harizi, und zwar Teil I und II vor 1419 (ebd., 263), Teil III 1432 (ebd., 370). Im Mittelalter wirksam wurden auch lateinische, von der christlichen Scholastik benutzte Übersetzungen, die auch die Grundlage bilden für die 1520 in Paris publizierte Ausgabe von Augustinus Iustinianus (Augustino Giustiniano): *Rabi Mossei Aegyptii Dux seu Director dubitantium aut perplexorum*, Nachdruck Frankfurt/M. 1964. Alfonso de la Torre war offenbar sowohl die hebräische wie die kastilische Übersetzung zugänglich, s. Salinas Espinosa: *Poesía y Prosa didáctica* [Anm. 7], 37 f. Moderne spanische Übersetzung mit fundierter Einleitung: Moše ben Maimon (Maimónides): *Guía de perplejos*, ed. [= traducción] de David Gonzalo Maeso, Valladolid 1994. Zur Behandlung der Imagination bei Maimonides s. Giuseppe Sermoneta: *La fantasia e l'attività fantastica nei testi filosofici della scuola del Maimonide*, in: *Phantasia~Imaginatio – Vo Colloquio Internazionale, Roma 9–11 gennaio 1986*. Atti a cura di Marta Fattori / Massimo Bianchi, Roma 1988, 185–204.

Ordnung der Welt konträr seien. Die ganze Welt, erklärt Razón dem gelehrigen Entendimiento, folge der Gewohnheit, so daß sich schließlich Gewohnheit in Natur verwandle.[33] Die Macht der wiederum durch Alfonso begründeten Sprachgewohnheit strukturiert im übrigen auch die von der Fach- in die Gemeinsprache einsikkernden Bedeutungen des altspanischen Ausdrucks *ymaginaçion*, der entsprechend seinen Ausführungen dreierlei bedeutet, als *virtud ymaginativa* die Fähigkeit der inneren Vorstellung und Anschauung, sodann den entsprechenden Ort im Gehirn, an dem diese Fähigkeit wirkt, und schließlich – zumeist in der Pluralform – die destruktiven Vorstellungskomplexe der falschen und vergeblichen Meinungen.[34]

Den negativen Befund über den Status und die Funktion der Imagination macht das pädagogische Programm deutlich, das Alfonso demjenigen vorschlägt, der durch die Einsicht in die Ordnung der Dinge zur Gottesschau und damit zur Glückseligkeit vordringen möchte. Es komme vor allem darauf an, die Imagination der Kontrolle des Verstandes zu unterwerfen und die Seele von den falschen und vergeblichen Meinungen zu reinigen.[35] Es ist die Logik, die Entendimiento auf seiner Reise mit Al-Gazzali darauf aufmerksam macht, daß sie ihm dabei helfe, die von der Imagination vorgestellten Sachverhalte auf ihren Wahrheitsgehalt zu prüfen.[36] Die Weisheit (Sabieza) weist andererseits darauf hin, daß umgekehrt die Menschen – wenigstens der *nesçio* – ihr Urteil der Imagination unterwerfen, deren Bindung an die körperliche Vorstellung ihnen gerade die Erkenntnis des Göttlichen verwehre.[37] Die Natur wiederholt denselben Gedanken bei der Erörterung der Unsterblichkeit der (rationalen) Seele, denn deren unkörperliche Existenz werde von denen geleugnet, die nur ihrer Imagination vertrauten.[38] Die notwendige Voraussetzung, um die Imagination zu beherrschen, ist nach Alfonso allerdings die Verknüpfung des Ver-

33 Ed. García López [Anm. 5], I, 144–145. Vgl. Maimonides: *Mostrador* [Anm. 32], 56 f.; vgl. dazu bereits Crawford: *The ›Visión delectable‹* [Anm. 2], 194.

34 Man vgl. dazu einzelne (bei weitem nicht alle!) Belege in den folgenden Anmerkungen. Alfonso de la Torre diskutiert die gerade heute in den Kognitionswissenschaften gestellte Frage nicht, inwiefern die Vorstellungskomplexe der Einbildungskraft bildlich und/oder diskursiv sind, während Maimonides: *Mostrador*, [Anm. 32], 288 f. das Problem benennt: »[...] si ay alguna cosa que departa la virtud maginatiua dela yntellectiua. E si es algo fuera de amos o conel entendimiento departen entre lo jntellectiuo e lo ymaginado, e estos todos han menester esquadriñallos mucho.«

35 Ed. García López [Anm. 5], I, 116. 29–117. 30: »[...] que sea alinpiada el alma de las engañosas opiniones e torpes fantasýas [...]«; I, 251. 27–252. 30: »[...] el primero bien del omne es que su entendimiento sea purgado e alinpiado de las torpes fantasýas e sea alunbrado de la çertidumbre de la verdad [...]«, I, 331. 23 f.: »[...] qu'el entendimiento sea purgado e alinpiado de las torpes fantasýas e falsas ymaginaçiones [...].«

36 Ebd., I, 122. 209–123. 214: »La quarta manera de proposiçiones son todas falsas, pero paresçen verdaderas por razón de la ymaginaçón [...]. E éstas son falsas, mas la ymaginaçión non puede resçebir otra cosa fasta qu'el entendimiento la costriñe por la fuerça de la demostraçión.« Vgl. dazu Crawford: *Seven Liberal Arts* [Anm. 2], 69, und Salinas Espinosa: *Poesía y prosa didáctica* [Anm. 7], 33.

37 Ed. García López [Anm. 5], I, 139. 35–52.

38 Ebd., I, 232. 26–28: »[...] como ellos no ymaginan synon cosas corporales piensan que no ay otras cosas synon las que tienen cuerpo.« Vgl. noch ebd., I, 235. 97–101.

standes mit dem Willen zur wahren Erkenntnis, und deswegen wird Entendimiento auf seiner Reise auch die *voluntas* als Begleiter mitgegeben – Alfonso nennt sie, wie eingangs erwähnt, Natural Yngenio oder Natural Deseo.[39]

Im Grunde – so Alfonso – sei es den Menschen nicht vorzuwerfen, daß sie durch die vegetative und die sensitive Seele der Welt der äußeren Sinne ausgeliefert sind. Denn es entspreche ihrem Wesen, daß sie aus Körper und Geist bestehen. Es gelte eben nur, beides ins rechte, d. h. hierarchisierte Verhältnis zu setzen. Dazu muß, so die Vernunft zum Verstand, der Mensch nur dem natürlichen Wissensdrang folgen, denn das Wissen vollende sein Wesen wie die Seele den Körper.[40] Wenn der Mensch das tue, dann erkenne er auch die Analogie zwischen dem *mundo menor* des Einzelnen und dem *mundo mayor* des Kosmos.[41]

Aus der »spekulativen«, d. h. theoretischen Konzeption der Seele leitet Alfonso die praktische Philosophie des zweiten Teils, also Ethik, Ökonomik und Politik, ab. In Entsprechung zur vegetativen, sensitiven und rationalen Seele gilt es, die drei Lebensformen der »vida bestial«, der »vida humana« und der »vida angélica« zu bestimmen.[42] Mit den verschiedenen, insgesamt zwölf Vermögen der Seele korrespondieren die verschiedenen Leidenschaften[43], deren Mäßigung den zur Erlangung des Guten und des Wahren notwendigen Tugenden (es sind wiederum zwölf, die aber nicht alle aufgeführt werden) aufgetragen wird. Alfonso fokussiert die *vida humana* und auch die *vida angélica*, insoweit der Mensch an ihr teilhaben kann, und knüpft dabei an die Kardinaltugenden der christianisierten antiken Tradition an, also Klugheit (Prudençia), Gerechtigkeit (Justiçia), Tapferkeit (Fortaleza) und Maß (Tenperança).[44]

Ganz offensichtlich spielt dabei die Klugheit die Rolle der Leittugend, und hier kommt die Imagination in positiver Weise ins Spiel.[45] Prudençia, sagt Alfonso, verfüge über ausgebildeten Verstand und die Fähigkeit, diesen Verstand auf den Einzelfall zu applizieren. Dazu dienten ihr Gedächtnis und – im wörtlichen Sinn – »Vor-sicht« (»providençia«), denn sie nutze die Vergangenheit, um daraus Schlüsse für die Zukunft zu ziehen.[46] Alfonso formuliert in diesem Zusammenhang Verhaltensmaximen, die er zweifelsohne den *Formulae vitae honestae* des Martins von Braga ver-

39 Ebd., I, 105. 51; 107. 7.

40 Ebd., I, S. 142. 8–12: »Deseo de las tales cosas natural es al omne, [e] saber aquello porque su naturaleza es conplida, ca syn saber el omne es asý como cuerpo syn alma, ca asý como el alma es perfecçión final del cuerpo, asý el saber es perfecçión del ánima [...].« Vgl. noch ebd., I, 171. 62–64.

41 Ebd., I, 215–229; vgl. dazu Francisco Rico: *El pequeño mundo del hombre. – Varia fortuna de una idea en la cultura española*, Madrid ²1986, 101–107.

42 Ed. García López [Anm. 5], I, 210. 74 f.; I, 273–274.

43 Ebd., I, 276–278.

44 Ebd., I, 294.

45 Vgl. dazu auch den Beitrag von Theo Kobusch: *Leben im Als-Ob. – Zur Funktion der imaginativen Übungen in der Philosophie der Antike* in diesem Band.

46 Ed. García López [Anm. 5], I, 295. 7–10: »[Prudençia] tenía grant memoria de lo pasado e grant providençia en lo por venir, ca avía visto muchas espiriençias en el mundo e avía fecho conclusyones a los contingentes casos.«

dankt[47], die er aber ganz anders als Martin dezidiert in den Rahmen einer Theorie der Imagination stellt. Man solle die Klugheit auf die Zukunft richten und die Dinge, die sich möglicherweise ereignen können, »vorstellen« (»ymaginar«), wie etwa den Verlust von Stand, Ruhm, Reichtum, Kindern oder Gunst des Herrn oder der Herrin. Die Pfeile, die man auf sich zukommen sehe, böten wenig Gefahren, und wer die Anfänge aufspüre, der könne sich das Ende vorstellen.[48] Allerdings beeilt sich Alfonso hinzuzufügen, daß sich die Imagination an dem Vorhandenen orientieren solle, sonst baue man eine Wand ohne Fundament in die Luft oder setze Pflanzen ohne Wurzeln. Auf die Möglichkeiten des vernünftigerweise denkbaren Lebens solle man Handeln und »Vorstellungen« richten.[49] So werde der Kluge sein Leben einrichten können, indem er nicht sagt: »ich wusste das nicht«, sondern »ich hatte es schon gesehen« und »so dachte ich mir, daß es sein mußte«[50].

Aufgrund der Verbindung von Seele und Körper ist nach Alfonso die Teilhabe des Menschen am göttlichen Wahren und Guten nur beschränkt. Immerhin, wenn sein Verstand in den Wissenschaften ausgebildet sei, könne er, gereinigt von phantastischen Vorstellungen, Gott erkennen und schauen, ja es könne sogar in seinem Verstand die Vorstellung des ewigen Lebens wie ein heller Blitz wenigstens kurz aufleuchten.[51] Alfonso greift erneut Maimonides' *Führer der Unschlüssigen* auf, wenn er die Propheten des Alten Bundes dank ihrer besonderen Imagination noch wesentlich näher an Gott reichen läßt.[52] In ihren sich später bewahrheitenden Träumen offenbare sich eine »sehr gute« Imagination[53], die auf der Tatsache beruhe, daß Gott – wie schon bei Moses – die Form seines Willens unmittelbar auf deren Einbildungskraft wirken ließ.[54] Gott, so Alfonso, konnte Moses mit den Augen des Verstandes schauen.[55] Die reinste Imagination soll jedoch Gott selbst besitzen, denn die Welt, die ihm gleicht, sei ihr entsprungen.[56] Diese Imagination hat schöpferische Qualität; sie muß jedoch – was Alfonso

[47] Salinas Espinosa: *Poesía y prosa didáctica* [Anm. 7], 69.

[48] Ed. García López [Anm. 5], I, 296. 37–43: »Todas las cosas que son posybles de ymaginar que serán el que tiene el estado, fama, riquezas o fijos piense que lo puede perder, o graçia de señor o señora, ca loco es el que entra en la mar e no consydera que ha de pasar alguna fortuna. A asý non verná al tal omne cosa súbita que le faga mal aventurado, ca los dardos que vemos venir poco peligro ay en ellos; quando fallare los comienços, ymaginen los fines.«

[49] Ebd., I, 297. 61: »las acçiones e las ymaginaçiones«.

[50] Ebd., I, 298. 111 f.: »Ca el prudente non ha de dezir ›non lo sabía‹, mas ha [de] dezir ›ya lo avía visto‹ e ›asý me pensava que avía de ser‹.«

[51] Ebd., I, 341. 231.

[52] Crawford: *The ›Visión delectable‹* [Anm. 2], 203; s. Maimonides: *Mostrador* [Anm. 32], 239–258. Vgl. Hans-Ulrich Lessing: *Prophetie*, in: *HWPh* [Anm. 27] 7, 1989, Sp. 1473–1481, besonders Sp. 1475 f. zu Avicenna und Maimonides.

[53] Ed. García López [Anm. 5], I, 337. 111–341. 216, hier 338. 130.

[54] Vgl. auch ebd., I, 202. 149–203. 150

[55] Ebd., I, 339. 164–167: »[...] veýalo con los ojos del entendimiento e representávanse a él las palabras en el órgano de la virtud ymaginativa, e eran allí enprentadas las formas de la voluntad de Dios e de sus secretos e sus maravillas [...].« Vgl. auch ebd., I, 203. 170–173.

[56] Ebd., I, 182. 90 f.: »Él tenía ymaginado en sý mesmo, e quiso que aquel mundo paresçiese a Él

nicht sagt und wohl auch nicht erkennt – von einer völlig anderen, nämlich von der körperlich–menschlichen (und auch animalischen) Imagination grundsätzlich verschiedenen Art sein.[57]

IV. Rhetorik. Ausblick

So traditionell das Verfahren sein mag, so ist doch die Darstellung dieser spirituelle Ziele verfolgenden Enzyklopädie als Vision dem Anliegen des Werks keineswegs äußerlich. In dem als Einleitungsbrief gestalteten Prolog dankt Alfonso de la Torre dem Auftraggeber und Adressaten Juan de Beamonte, daß dieser sich den Willen zur Gotteserkenntnis bewahrt habe, obwohl er in den Wogen der irdischen Welt segle, in denen nicht nur die äußeren und äußerlichen Sinne, sondern auch alle inneren untergehen und ertränkt würden.[58] Der Wille des Autors, der dem Willen des Auftraggebers entspricht, reißt den verzagten Verstand mit sich, so daß die körperlichen Sinne ausgeblendet werden und im tiefen und schweren Schlaf die »folgenden Dinge«, also die zur Gotteserkenntnis führende Ordnung der Welt, klar geschaut werden können.[59] Die Vision ist daher nichts anderes als das darstellerische Äquivalent der Schau mit den »inneren Augen« (»ojos ynteriores«) oder den »Augen des Verstandes« (»ojos del entendimiento«) der Propheten.[60] Wenn der Mensch die Augen schließt, werde er von der Blindheit der Welt erlöst und in die Klarheit der Erkenntnis geführt.[61]

Die Spielräume, die Alfonso de la Torre der Imagination einräumt, sind, wie man sieht, begrenzt. Entendimiento hatte im Haus der Geometrie deren Tochter, die Perspektive, kennengelernt und war in der »Kunst der Spiegel« unterwiesen worden.[62] Wenn der Verstand in den Spiegel der Wahrheit schaut, dann soll der jedoch die Ordnung der Dinge als Harmonie widerspiegeln. Vor nichts graut dem Autor mehr als vor den Illusionen des Zerrspiegels, der etwa den Daumen dicker scheinen

lo más que ser pudiese [...].«; vgl. ebd., I, 195. 69–71: »[...] lo que se faze es primero en la ymaginación e es postrimero en la execuçión, e asý fue de Dios.«

57 Maimonides: *Mostrador* [Anm. 32], 185–187, ist sich des Problems natürlich bewußt, das er mit der metaphorischen Redeweise der Tora lösen möchte: In der kastilischen Übersetzung Pedros de Toledo erscheint der Begriff der »ynfluençia«; die lat. Übersetzung Giustinianis [Anm. 32], Lib. II, Cap. XIII, spricht von »largitas« (›Überfluß‹): »Hoc autem nomen largitas, lingua Hebraica attribuit creatori quia similis est fonti aquae manantis, sicut praediximus: quoniam non inuenit nomen quod conuenientius possit attribui actioni separati. Non enim possumus inuenire veritatem nominis quod conueniat veritati rei.« Die metaphorische Begrifflichkeit zeigt die Nähe von biblischer Kreation und letztlich neuplatonischer Emanation, s. R. Specht: *Einfluß*, in: *HWPh* [Anm. 27] 2, 1972, Sp. 395 f.; K. Kremer: *Emanation*, ebd., Sp. 445–448, hier 446.

58 Ed. García López [Anm. 5], I, 102. 57–60: »[...] vós, que en las fluctuaçiones e periclitaçiones mundanas navegáys, las quales non sola mente los sentydos forínsicos e estraños, mas todos los ynteriores sumergen e afogan.«

59 Ebd., I, 103. 74–77.

60 Ebd., I, 128. 148; 339. 164.

61 Ebd., I, 185. 185.

62 Ebd., I, 134. 39.

läßt, als er ist.[63] Gibt es Gefährlicheres, als die Vorstellung vom Ochsen, der fliegt, oder dem Huhn, das den Pflug oder den Karren zieht?[64] Die Gedanken und Vorstellungen sollen die Kategorien Tempus, Kasus und Modus berücksichtigen, sagt Alfonso, und entsprechend verficht er eine Rhetorik, die das *aptum* über alles stellt.[65] Noch die gerade genannte, als Abschreckung gemeinte Evokation einer verkehrten Welt beschränkt sich auf eine wahrlich brave gedankliche Umstellung. Pointen sind erlaubt, wie das Alfonsos paradoxes Spiel mit der Lichtmetaphorik zeigt (das Helle ist dunkel, das Dunkle hell), aber die immerhin im Ansatz ingeniösen Formulierungen müssen durch gedankliche Schwierigkeit gerechtfertigt sein.

Curtius konnte der eingangs in Erinnerung gerufenen These von der »Rückständigkeit« Spaniens im Spätmittelalter durchaus einen Sinn abgewinnen; denn er war überzeugt, daß sie »der spanischen Blütezeit den reichen Gehalt des Mittelalters zugeführt und insofern produktiv geworden« sei.[66] Das ist, bezogen auf Alfonso de la Torre, zu relativieren und zu spezifizieren. Es trifft am ehesten zu, wenn man an den Konzeptismus denkt, der das *perspicuitas*-Ideal der Renaissance zwar transformiert, aber nicht aufgibt. Grob gesprochen lehrt der Konzeptismus, daß das gedanklich Schwierige, um in seiner ganzen Schwierigkeit klar zu werden, gegebenenfalls schwierig ausgedrückt werden muß. Dabei ist natürlich die Moralistik ein bevorzugtes Feld des Konzeptismus. All dem hätte Alfonso de la Torre vielleicht folgen können. Und so nimmt es nicht wunder, daß bei Alfonso ein für diese Fragen wichtiger, bereits mittelalterlicher Begriff auftaucht ohne allerdings bei ihm prominent zu werden, und der eben im Konzeptismus des Siglo de Oro eine große Zukunft vor sich hat, nämlich der Begriff der *discreción*, der »Gescheitheit« als dem unterscheidenden Vermögen, dessen sich auch Entendimiento bedient, wenn es darum geht, das Gute zu wählen und vom Schlechten abzulassen.[67] Alfonso hat den denkbaren Zusammenhang zwischen *discreción* und Imagination nicht eigens erörtert. Es wird sich aber im 17. Jhd. erweisen, daß die *discreción* als Mittel der Klugheit ohne die Imagination nicht auskommt, wenn sie sich Probleme zukünftigen Handelns vornimmt. Ganz anders als in der Moralistik steht es allerdings mit der Imagination als Quelle der als Schöpfung sich verstehenden Dichtung. Wenn Garcilaso de la Vega im frühen 16. Jhd., nicht viel mehr als fünfzig Jahre nach Alfonso de la Torre, die Liebescogitatio zum Gegenstand der Lyrik macht, dann knüpft er an spanische Traditionen nicht an. Sein Blick richtet sich nach Italien, wo das schon ein altes Thema ist, und damit auf diejenigen geistigen Strömungen, deren Unkenntis bei Alfonso de la Torre Curtius so schonungslos benannt hatte.[68]

63 Ebd., I, 296. 57 f.: »[...] el dedo no es tan gordo como paresçe en el espejo de azero.«

64 Ebd., I, 296. 50–53.

65 Ebd., I, 126. 74–90.

66 Curtius: *Europäische Literatur* [Anm. 1], 525.

67 Ed. García López [Anm. 5], I, 284. 33–37.

68 S. Guillermo Serés: *El concepto de »fantasía« desde la estética clásica a la dieciochesca, in: Anales de Literatura Española* 10 (1994), 207–236.

Elisabethanische Imaginationen

Von Eckhard Lobsien und
Verena Olejniczak Lobsien

I. Imaginationsbegriffe

In der 125. Ausgabe der Zeitschrift *The Rambler* vom 28. Mai 1751 formuliert Dr. Samuel Johnson einen fundamentalen Einwand gegen das verbreitete Bestreben, Erkenntnisse in Definitionen festzuhalten. Im Prozeß des Erkennens nämlich verändern sich die Dinge; das Wissen, das wir bereits erworben haben, schlägt sich modifizierend in unseren geistigen Operationen nieder; objektive und subjektive Faktoren bilden ein komplexes und labiles Tableau, das durch Definitionen nur unterboten werden kann.[1] Dieses Definitionsverbot gilt nun insbesondere für unsere Erkenntniskräfte und unter diesen wiederum vor allem für die Imagination[2]: »Imagination, a licentious and vagrant faculty, unsusceptible of limitations, and impatient of restraint, has always endeavoured to baffle the logician, to perplex the confines of distinction, and burst the inclosures of regularity«. Man muß die ›wilde‹ Imagination gewähren lassen, um sich lediglich den Resultaten ihrer Arbeit kritisch zuzuwenden. Der Grund, aus dem diese Resultate stammen, muß undurchsichtig, jedenfalls undefiniert bleiben, wiewohl er dem, was aus ihm herausgesetzt ist, einbeschrieben bleibt. Diese Einsicht, so scheint es, faßt die Funktion und Position der Imagination auch in der elisabethanischen Kultur in trefflicher Weise. Produkte oberster Imaginationstätigkeit prägen das Profil dieser Epoche – so die generelle Meinung seit dem 18. Jhd. –, und doch hat sie es offenkundig nicht unternommen, einen Begriff von Imagination zu definieren, der diesen Produkten auf deren Anspruchs- und Wirkungsniveau entspricht.

Diese Bestimmungslücke hat vor allem die Romantiker herausgefordert. Sie identifizierten in Shakespeare die höchste Leistung der kreativen Imagination überhaupt. An Shakespeare konnten sie deshalb einen Imaginationsbegriff entwickeln, der alle früheren Bestimmungen in sich aufhob und zugleich seinem Werk in evidenter Weise adäquat war. Man muß sich diesen historischen Befund deutlich vergegenwärtigen, um nicht insgeheim einer undurchschauten Applikation eines romantischen Imaginationskonzepts auf die Renaissance anheim zu fallen. Das methodische

[1] »It is one of the maxims of the civil law, that ›definitions are hazardous.‹ Things modified by human understandings, subject to varieties of complication, and changeable as experience advances knowledge, or accident influences caprice, are scarcely to be included in any standing form of expression, because they are always suffering some alteration of their state. Definition is, indeed, not the province of man; every thing is set above or below our faculties«; Samuel Johnson: *The Rambler* II, ed. by Walter Jackson Bate and Albrecht B. Strauss, New Haven 1969, 300.

[2] Ebd., 300.

ZÄK Sonderheft · Jahrgang 2002 · © Felix Meiner Verlag 2002 · ISSN 1439-5886

Problem ist eben genau das einer anachronistischen Rückprojektion des Imaginationskonzepts von 1800 auf die Situation um 1600. Will man diesen Anachronismus vermeiden und doch der Einsicht treu bleiben, daß etwa in der Definition der Imagination bei S. T. Coleridge oder im Begriff der ästhetischen Idee bei Kant eine unaufgebbare Einsicht in das festgehalten ist, was wir bei Spenser, Sidney oder Shakespeare am Werk sehen und was sich in der 400jährigen Rezeptionsgeschichte dieser und anderer Autoren in überwältigender Evidenz erwiesen hat, dann bleibt nur, die Bestimmung der Imagination von 1800 auf ihre Kernelemente zu reduzieren und danach zu fragen, welches ihre Entsprechungen im elisabethanischen Diskurs waren und worin die wesentlichen Differenzen bestehen. Die Elemente der romantischen Imagination fungieren als Sonde, mit der im Diskursfeld des 16. Jhd.s – in Poetiken, Lehrbüchern der Rhetorik und Logik, in theologischen, pädagogischen oder politischen Traktaten, medizinischen und geographischen Abhandlungen, aber natürlich und vor allem auch in jeder Art von Literatur – gefahndet werden kann nach Begriffen, Denkfiguren, deskriptiven Einkreisungen oder Paraphrasen dessen, was dann transhistorisch Imagination zu nennen ist. Wir skizzieren deshalb stichpunktartig Momente der romantischen Imagination, so wie sie von S. T. Coleridge entworfen wurde.

Coleridge, der romantische Shakespeare-Leser par excellence, hat Shakespeares Werk als Inbegriff romantischer Poesie bezeichnet. Romantische Poesie zielt im Kern ab auf eine dreifache Synthesis: (1) die vollkommene emotionale Selbstvermittlung des Selbst (empirisch: des Rezipienten), das davon entbunden wird, das im Kunstwerk dargebotene Geschehen nach den Maßstäben der Vernunft zu beurteilen; (2) die vollkommene Integrierung aller noch so disparaten Momente des Werks in ein Ganzes, das wie ein organisches System funktioniert; und (3) die Verschmelzung beider, also unseres emotional intensivierten Selbst und des imaginativ synthetisierten Werks, so daß eine neue, nicht-diskursive, genuin poetische Wahrheit aufscheint. In einer typischen Bestimmung der romantischen Imagination verortet Coleridge diese in einem zweistufigen Prozeß. Shakespeares Kunst ist keine kopierende Wiederholung einer vorgegebenen Natur, sondern deren freie Nachahmung. Dies erfordert (1) die propädeutische Tätigkeit einer elementaren, nicht gänzlich freien Form von Imagination, der *fancy*, eines sammelnden, ordnenden Vermögens, das Einfälle, Gedanken, Bilder unter dem Kriterium von Ähnlichkeit und Unähnlichkeit arrangiert[3]; (2) die darauf aufstufende Arbeit der *imagination*, einer Modifikations- und Verschmelzungskraft.[4] Die Phantasie also stellt Bilder, Konzepte, Themen zusammen unter Rücksicht auf ihre Tauglichkeit zur Herstellung eines in sich

[3] »[T]he aggregative Power [...] the bringing together Images dissimilar in the main by some one point or more of Likeness – distinguished« (Vorlesung vom 30. März 1808); Samuel Taylor Coleridge: *Lectures 1808–1819 On Literature* I, ed. by Reginald A. Foakes, Princeton 1987, 67.

[4] »[T]he power by which one image or feeling is made to modify many others, & by a sort of *fusion to force many into one*« (Vorlesung vom 1. April 1808); ebd., 81.

austarierten, letztlich synthetisierten Ganzen. Die Imagination nun überformt die so vorbereitete Konstellation, zwingt die Pluralität in eine Einheit zusammen, läßt die kontrastiv arrangierten, jedenfalls selegierten Elemente so konvergieren, daß sie umgekehrt wie die Emanationen einer nur als Einheit zu denkenden Fülle erscheinen.[5] Die Imagination organisiert das Kunstwerk strukturell so, daß durch seine heterogenen Momente hindurch sich ein oberster Vereinheitlichungspunkt geltend macht, undefinierbar, unsagbar, und doch mit unabweislicher Evidenz. Dieser neuplatonisch grundierte Gedanke hat sein Äquivalent in elisabethanischen Poetiken in der Doppelbestimmung des Dichters als eines Imitators und eines freien Schöpfers und im Gedanken, in Kunstwerken werde eine perfekte ›goldene‹ Welt vorgestellt.

Die berühmteste Definition der Imagination schließlich, die Coleridge formuliert hat, ist die Doppelbestimmung von primärer und sekundärer Imagination. Die primäre Imagination ist nichts Geringeres als die im endlichen menschlichen Geist sich unablässig ereignende Wiederholung jenes Schöpfungsaktes, der sich im unendlichen und ewigen Sein Gottes vollzieht[6]; empirisch gewendet: das spontane Synthetisierungsvermögen in unserer Wahrnehmung, das uns statt der rohen Sinnesempfindungen immer schon höherstufige, sinnvolle Gestalten liefert. Die primäre Imagination synthetisiert uns eine Welt, die unseren Bedürfnissen und geistigen Kräften entgegenkommt; sie schafft die Welt so, als ob sie unseren Erkenntnismöglichkeiten entspräche. Darin wiederholt dieses subjektive Kreativitätsprinzip die in der Natur weiterwirkende göttliche Schaffensenergie, die Transformation des Chaos in Gestalten. Die sekundäre Imagination ist die gezielt betätigte Wiederholung der primären (die ihrerseits eine Wiederholung der göttlichen Synthetisierungsenergie ist). Sie zielt methodisch ab auf eine Einbindung der ihr verfügbaren Materialien in ein kohärentes Ganzes.[7] Ist die primäre Imagination ein spontanes Vermögen, so agiert die sekundäre willentlich. In der Betätigung der sekundären Imagination wird der Geist seines kreativen Potentials inne, er vermag auf die immer schon erfolgte Synthesearbeit der primären Imagination zu reflektieren – also sich auf der Stufe einer Imagination der Imagination zu orientieren. Das zeigt sich vor allem in der Arbeit der poetischen Imagination, der ausgezeichneten Form der sekundären. Sie operiert so, daß im Kunstwerk das Ganze und seine Teile untrennbar ineinander

5 »[…] it acts chiefly by producing out of many things […] a oneness/even as Nature, the greatest of Poets, acts upon us when we open our eyes upon an extended prospect«; ebd., 81.

6 »The IMAGINATION then I consider either as primary, or secondary. The primary IMAGINATION I hold to be the living Power and prime Agent of all human Perception, and as a repetition in the finite mind of the eternal act of creation in the infinite I AM«; Samuel Taylor Coleridge: *Biographia Literaria or Biographical Sketches of My Literary Life and Opinions* I, ed. by James Engell and Walter Jackson Bate, Princeton 1983, 304.

7 »The secondary [imagination] I consider as an echo of the former, co-existing with the conscious will, yet still as identical with the primary in the *kind* of its agency, and differing only in *degree*, and in the *mode* of its operation. It dissolves, diffuses, dissipates, in order to re-create; or where this process is rendered impossible, yet still at all events it struggles to idealize and to unify […]«; ebd., 304.

verschränkt sind, in doppelter Richtung: In jedem Teil ist das Ganze repräsentiert, und im Ganzen sind alle Teile aufgehoben. Das Ganze (Eine) und die Teile (Vielen) sind vollständig durch eine Wirkkraft vereint, in eins gesetzt: Die Imagination ist für Coleridge diese In-eins-Setzungskraft, *esemplastic power*. Sie prägt in die Teile eine Energie ein, die diese nicht nur auf das Ganze hin orientiert, sondern sie selber schon zu Ganzen macht. Genau so wiederholt der künstlerisch-imaginative Schöpfungsakt die göttliche *creatio*: Der bei sich seiende Geist (das Ich) verhält sich zu sich (im Urteil ›Ich bin‹) und überträgt dann dieses Prinzip der Gegenübersetzung auf die erscheinende Natur (›es gibt‹). Die materielle Welt tritt aus der Selbstbewegung des Geistes heraus, bleibt jedoch an ihn zurückgebunden, ist von ihm durchwirkt. Der kreative Impuls prägt sich in das Geschaffene derart ein, daß dieses eine Tendenz zur Rückkehr in seinen Ursprung erkennen läßt. Daraus folgt, daß diese kreative Gestaltungs- und In-Eins-Setzungs-Kraft auch jenes vor-kreative Bewußtsein (›Ich [bin]‹) mit umgreift. In der poetischen Einbildungskraft sind bewußtes Ich und Natur als Eines gesetzt; sie ist das schlechterdings höchste Vermögen.

In diesen Bestimmungen treten die neuplatonischen Grundfiguren in Coleridges Denken besonders deutlich heraus, sie sind hier auf einen historisch letzten Höhepunkt getrieben. Die Doppelseitigkeit der elisabethanischen Imagination als einer einerseits thematisch entfalteten, andererseits symptomatisch produktiven wäre von ihnen her systematisch zu erschließen. Allerdings: Die entscheidende Differenz zum romantischen Denken ist in dem von Coleridge vorausgesetzten Subjektivitätskonzept zu sehen, das unter keinen Umständen in den Renaissancediskurs rückprojiziert werden darf.[8] Wie aber vermag dann das romantische Imaginationsverständnis jenes der Renaissance angemessen zu perspektivieren?

II. Elisabethanische Poetik

Die beiden bedeutendsten Beiträge der Elisabethaner zur Renaissance-Poetik sind Sir Philip Sidneys Verteidigung der Poesie von etwa 1579/80, also der Entstehungszeit sowohl von Edmund Spensers bahnbrechendem Eklogenzyklus *The Shepheardes Calender* wie Sidneys großem Pastoralroman *Arcadia* und George Puttenhams Werk *The Arte of English Poesie* von 1589. Natürlich enthalten diese Schriften die für das 16. Jhd. übliche Versammlung topischer Argumente zu Rang und Herkunft der Dichtung oder zur Funktion der einzelnen Gattungen, so wie sie sich auch etwa bei Scaliger oder Minturno finden. Aber darüber hinaus prägen Sidney und Puttenham Formulierungen, die uns – von der Romantik herkommend – die Konturen eines eigentümlichen Imaginationskonzepts erkennen lassen.

[8] Vgl. zum Problemzusammenhang Eckhard Lobsien: *Kunst der Assoziation – Phänomenologie eines ästhetischen Grundbegriffs vor und nach der Romantik*, München 1999, Kap. 3.

Alle menschlichen Geistesbeschäftigungen, so führt Sidney aus, haben die erschaffene reale Welt zu ihrem Gegenstand und bewegen sich in ihrem Horizont. Einzig die Poesie überschreitet die Grenzen des Gegebenen[9]: »Only the poet, disdaining to be tied to any such subjection, lifted up with the vigour of his own invention, doth grow in effect another nature, in making things either better than nature bringeth forth, or, quite anew, forms such as never were in nature, as the Heroes, Demigods, Cyclops, Chimeras, Furies and such like: so as he goeth hand in hand with nature, not enclosed within the narrow warrant of her gifts, but freely ranging only within the zodiac of his own wit. Nature never set forth the earth in so rich tapestry as divers poets have done; neither with so pleasant rivers, fruitful trees, sweet-smelling flowers, nor whatsoever else may make the too much loved earth more lovely. Her world is brazen, the poets only deliver a golden.«

Im Kontrast zur idealen poetischen Natur erscheint die wirkliche defizitär, unvollkommen, durchzogen von den Spuren der Erbsünde. Dieser postlapsarischen Welt gehört auch der Dichter an; aber er vermag sie vermöge seiner Imagination zu transzendieren auf eine ideal mögliche hin. Diese ideale Welt ist unserer Erfahrung, unseren Sinnen nicht mehr erschlossen – sie müssen sich mit der bloß ›bronzenen‹ Natur begnügen; aber in einer obersten Leistung des Geistes gelingt es doch, sich eine Vorstellung jener ersten, ›goldenen‹ Welt zu verschaffen, und genau dies ist die Funktion der Dichtung. Der Dichter überschreitet die mangelhafte Natur in dem Maße, wie es sein »wit« zuläßt; dieser definiert zwar die Grenze der poetischen Erfindung, aber diese reicht – als genuin poetische – aus, um den abgefallenen Zustand der »brazen world« zurückzuverwandeln in die ursprüngliche »golden world« des idealen Anfangs. Deshalb ist nicht das ausgearbeitete Werk, sondern die es ermöglichende und in ihm sich manifestierende Idee der eigentliche Ausweis poetischer Imagination[10]: »[...] the skill of each artificer standeth in that *idea* or fore-conceit of the work, and not in the work itself. And that the poet hath that *idea* is manifest, by delivering them forth in such excellency as he had imagined them«.

Diese Bestimmung von Dichtung fügt sich nun auch gut in die christliche Heilsgeschichte ein: Gott hat den Menschen als ein ihm ähnliches Wesen geschaffen und ihn als Herrn der Schöpfung eingesetzt; diese Position wiederholt der Dichter, insofern er sich der Natur, der postlapsarischen »second nature«, gegenübersetzt; »when with the force of a divine breath he bringeth things forth surpassing her [nature's] doings«[11]. Der Dichter vermag aus der »second nature« die ursprüngliche ideale Schöpfung imaginativ wiederzugewinnen; er setzt sich – als »maker« – so in eine privilegierte Beziehung zu dem »heavenly Maker« – und läßt doch nur schmerzlich die faktische Unerreichbarkeit jener Idealität vor dem Fall deutlich

9 Sir Philip Sidney: *Miscellaneous Prose of Sir Philip Sidney*, ed. by Katherine Duncan-Jones and Jan Van Dorsten, Oxford 1973, 78.

10 Ebd., 79.

11 Ebd.

werden[12]: »since our erected wit maketh us know what perfection is, and yet our infected will keepeth us from reaching unto it«. Poesie geht hinter »that first accursed fall of Adam« zurück und beweist so die fortbestehende Gottähnlichkeit des menschlichen Geistes – aber doch nur, um in der Kluft zwischen der Kraft der Imagination und der Schwäche des Willens die praktische Irreversibilität des Falles spürbar werden zu lassen. Sie erschließt ineins das Ideal einer goldenen Zeitlosigkeit und die Fatalität des auf ein Ende hin temporalisierten menschlichen Lebens.

Es wäre ein folgenreiches Mißverständnis, wollte man die von Sidney bezeichnete Dichotomie zwischen der Ideal-Fähigkeit der Imagination (als höchster Form menschlicher Vernunfttätigkeit) und der Schwäche des Willens auf die Kunst so anwenden, als ob das materielle Werk der defizitären ›bronzenen‹ Natur zugehörte, die in ihm repräsentierte Welt aber kontrastiv dazu die ›goldene‹ Perfektion vorspiegelte. Ganz im Gegenteil: Wenn das Artefakt die Artikulation der goldenen Welt ist, so muß es selber eine Dimension dieses Ideals sein, sonst bliebe dieses eine bloße Chimäre. Die poetische Fähigkeit, eine goldene Idealwelt zu konzipieren, muß einhergehen mit der Fähigkeit, das Artefakt innerhalb der realen Welt mit Attributen der Perfektion auszustatten, so daß es selber schon in den Geltungsbereich der Imagination eintritt. Dazu zählt Sidney neben herkömmlichen Merkmalen – wie der formalen Qualität, ja sinnlichen Schönheit der poetischen Sprache – vor allem die Wahrheitsneutralität poetischer Aussagen. Jeder Satz in einem literarischen Werk genießt das Privileg vollkommener Unbetroffenheit hinsichtlich der Frage, ob er wahr sei oder nicht[13]: »[...] I think truly, that of all writers under the sun the poet is the least liar, and, though he would, as a poet can scarcely be a liar. [...] Now, for the poet, he nothing affirms, and therefore never lieth. For, as I take it, to lie is to affirm that to be true which is false. So as the other artists, and especially the historian, affirming many things, can, in the cloudy knowledge of mankind, hardly escape from many lies. But the poet (as I said before) never affirmeth. The poet never maketh any circles about your imagination, to conjure you to believe for true what he writes. He citeth not authorities of other histories, but even for his entry calleth the sweet Muses to inspire into him a good invention; in truth, not labouring to tell you what is or is not, but what should or should not be. And therefore, though he recount things not true, yet because he telleth them not for true, he lieth not [...].«

Die Poesie macht das Ideal einer goldenen Welt dadurch vorstellbar, daß sie sich nicht durch Behauptungen an die Gegebenheiten der defizitären realen Welt bindet, sondern immer schon von ihnen emanzipiert ist. Jeder Satz, jede rhetorische Aktion ist dann bereits die Eröffnung einer imaginativen Einstellung auf ein Ideal. Der leitende Gedanke, daß ein Artefakt Anteil haben könne an irgendeiner Form von Idealität, trägt in einen neuplatonisch grundierten Kontext ein aristotelisches Moment ein – ein typisches Beispiel für die im 16. Jhd. üblichen Synkretismen,

12 Ebd.
13 Ebd., 100.

die nicht auf systematische Kohärenz, sondern auf produktive Denkbewegungen abzielen.

Coleridges Opposition von *imagination* und *fancy* findet ihr Äquivalent im poetologischen Diskurs der englischen Renaissance bei Puttenham, und zwar gleich zu Beginn seines Traktats. Er stellt den Dichter nämlich in zwei vollkommen gegensätzlichen Rollen vor[14]: »A poet is as much to say as a maker. And our English name well conforms with the Greek word, for of *poiein*, to make, they call a maker *poeta*. Such as (by way of resemblance and reverently) we may say of God; who without any travail to his divine imagination made all the world of nought, nor also by any pattern or mould, as the Platonics with their Ideas do fantastically suppose. Even so the very poet makes and contrives out of his own brain both the verse and matter of his poem, and not by any foreign copy or example, as doth the translator, who therefore may well be said a versifier, but not a poet. The premises considered, it giveth to the name and profession no small dignity and preeminence, above all other artificers, scientific or mechanical. And nevertheless, without any repugnancy at all, a poet may in some sort be said a follower or imitator, because he can express the true and lively of every thing is set before him, and which he taketh in hand to describe: and so in that respect is both a maker and a counterfeiter: and poesy an art not only of making, but also of imitation. And this science in his perfection cannot grow but by some divine instinct – the Platonics call it *furor*; or by excellency of nature and complexion; or by great subtlety of the spirits and wit; or by much experience and observation of the world, and course of kind; or, peradventure, by all or most part of them.«

Wie aber kann der Dichter sowohl ein göttlicher Schöpfer sein, der ohne jeden Rekurs auf ein Modell oder eine vorgängige Konzeption sein Werk ins Sein setzt, wie auch ein bloßer Imitator, der sich an der Faktizität der Welt orientiert, um sie zur wahren Gestalt zu steigern? Im Gegensatz zu Coleridge, der alle kreativen Akte aus einem höchsten synthetischen Punkt – der göttlichen Selbstsetzung und -identifikation – herleitet, versucht Puttenham, den Gegensatz durch einen Vermögenskatalog zu überbrücken. Damit aber werden der freie kreative Akt und die mimetische Tätigkeit zu Aspekten ein und derselben Handlung. Mal dominiert der »divine instinct«, dann wieder die natürliche Begabung, die Bildung oder die Erfahrung. Die Imagination – gar die »divine imagination« – fügt sich ein in ein Ensemble verschiedener Kräfte. Der Schöpfer ist gottähnlich, insofern er eben über die Fähigkeit des freien kreativen Entwurfs gebietet; er ist aber ein Nachahmer, insofern er einen derartigen Entwurf immer nur zu den Bedingungen dieser Welt, nur in Orientierung an dem schon Geschaffenen (auch den geschaffenen Kunstwerken) zu realisieren vermag.

14 George Puttenham: *The Arte of English Poesie*, in: *English Renaissance Literary Criticism*, ed. by Brian Vickers, Oxford 1999, 191 f.

Die Verortung der Imagination wird im 8. Kapitel noch deutlicher vorgenommen. Hier verwandelt Puttenham die beiden gegensätzlichen Rollen des Dichters, die er im 1. Kapitel so markant herausstellte, in eine Duplizität der Phantasie selber. Wie nämlich, so das Argument, ist es zu erklären, daß die Dichter und ihre Werke im Altertum hochgeschätzt wurden, heute aber als leere Phantasten verachten werden?[15] »For as the evil and vicious disposition of the brain hinders the sound judgment and discourse of man with busy and disordered fantasies, for which cause the Greekes call him *phantastikos*, so is that part, being well affected, not only nothing disorderly or confused with any monstrous imaginations or conceits, but very formal, and in his much multiformity uniform, that is, well proportioned, and so passing clear, that by it, as by a glass or mirror, are represented unto the soul all manner of beautiful visions, whereby the inventive part of the mind is so much helped as without it no man could devise any new or rare thing [...]. And this phantasy may be resembled to a glass, as hath been said, whereof there be many tempers and manner of makings, as the perspectives do acknowledge, for some be false glasses and show things otherwise than they be indeed, and others right, as they be indeed, neither fairer nor fouler, nor greater nor smaller. There be again of these glasses that show things exceeding fair and comely; others that show figures very monstrous and ill-favoured. Even so is the fantastical part of man (if it be not disordered) a representer of the best, most comely, and beautiful images or apparances of things to the soul and according to their very truth. If otherwise, then doth it breed chimeras and monsters in man's imaginations, and not only in his imaginations, but also in all his ordinary actions and life which ensues. Wherefore such persons as be illuminated with the brightest irradiations of knowledge and of the verity and due proportion of things, they are called by the learned men not *phantastici* but *euphantasiotoi*; and of this sort of fantasy are all good poets [...].«

Negativ macht sich die Phantasie bemerkbar, wenn sie die in ihr gespeicherten, aus der äußeren Sinneswahrnehmung stammenden Bilder nicht der Vernunft unterordnet, sondern sie frei kombiniert zu Trugbildern und Chimären. Die Phantasie wird in einem ruinösen Sinn autonom. Positiv ist die Phantasie (im Zusammenspiel mit der sie disziplinierenden Vernunft) ein Ordnungsvermögen und ein verzerrungsfreier Spiegel solcher Idealgestalten, ohne die nichts Neues ersonnen werden könnte. Wenn aber die Imagination ein Spiegel ist, dann eben ein solcher, der die Dinge nicht einfach getreulich reproduziert, sondern der sie steigert, ein Zerrspiegel mit positivierender Perspektive. So gelangen die Dinge in ihre wahre Gestalt (die nicht schon in ihrer Normalerscheinung sichtbar ist). Der Spiegel wird in dieser Funktion zur Wiedergabe nicht des Sichtbaren, sondern des ideal Möglichen, also letztlich zur Abspiegelung des Göttlichen. Im Spiegel der positiven, positivierenden Phantasie spiegelt sich die Gottesebenbildlichkeit des Menschen. Mit diesem Argument hat Puttenham seine emphatische Bestimmung des Dichter-Schöpfers legiti-

15 Ebd., 200 f.

miert, ohne die Grundbestimmung von Kunst als Mimesis preisgeben zu müssen. Platonische und aristotelische Denkformen treten zu einem für das späte 16. Jhd. höchst repräsentativen Verbund zusammen.

III. Kunstwerk und Welten

Sidneys Beitrag zur Bestimmung der poetischen Imagination ist in den 1960er Jahren von Harry Berger in ein bei uns viel zu wenig bekanntes Modell umgesetzt worden, mit dessen Hilfe das Verhältnis von empirischer Natur, Kunstwerk und vorgestellter Welt operationalisiert werden kann. Berger fragt nach der *period imagination* der Renaissance, die sich in den Werken dieser Epoche manifestiert. Welchen Aufschluß geben die Werke hinsichtlich des epochalen Verständnisses von Realität und Erkenntnis? Als Grundeinsicht der Epoche diagnostiziert Berger die in die Unzulänglichkeit der Sinne. Was diese von der Welt erfassen, bedarf fortwährend der Korrektur, der vernunft- oder imaginationsgeleiteten Berichtigung, der hypothesengestützten Steigerung zur Kohärenz. In den sinnlichen Erscheinungen ist keine Wahrheit verbürgt; deshalb werden sie erst in einem Akt der Re-Imaginierung wahrheitsfähig. Anders formuliert: Die Epochenimagination der Renaissance ist fokussiert im Gedanken einer zweiten Welt, die hervortritt, sobald die erscheinende erste Welt logisch konsistent gemacht oder imaginativ in perfekte Bilder übersetzt wird, sobald sie in ein geistiges (imaginatives) Konstrukt verwandelt wird[16]: »It may be the world of play or poem or treatise, the world inside a picture frame, the world of pastoral simplification, the controlled conditions of scientific experiment. Its essential quality is that it is an explicitly fictional, artificial, or hypothetical world«.

Nun muß allerdings sorgfältig unterschieden werden zwischen »the second world *in* a fiction and the second world *as* a fiction«. Ist also das fiktionale Werk vermöge seiner Fiktionaliät selber jene zweite Welt, die die Defizite der ersten ausgleicht, weil sie sich unabhängig von ihr macht, oder muß dieser Begriff eingeschränkt werden auf die in dem Werk repräsentierte ideale Welt, in welche man sich aus der – wiederum repräsentierten – ersten zurückzieht? Diese Alternative, so Bergers These, wird in der Renaissancediskussion nicht entschieden, sondern bewahrt – was zu den aufgezeigten synkretistischen Fügungen verleitet –, und dies kann als eine genuine Leistung begriffen werden. Es läßt sich darin nämlich die doppelte Einsicht erkennen, (1) daß die Fiktion (qua gemachtes Werk oder Heterokosmos) sich aus dem Kontinuum der ersten Welt herausnimmt und einen weit höheren Grad geistig-formaler Vollkommenheit erreicht, als ihn jene erste Welt zu erkennen gibt, und (2) daß sich diese Konstitution in der Fiktion (qua idealer repräsentierter Welt) wie-

[16] Harry Berger Jr.: *The Renaissance Imagination – Second World and Green World*, in: H. B.: *Second World and Green World – Studies in Renaissance Fiction-Making*, ed. by John Patrick Lynch, Berkeley 1988, 11.

derholt, daß sich im konstruierten Spiegel jetzt eine Natur reflektiert, die zur idealen Form gesteigert ist. Man kann sich das gut am Beispiel der Perspektive verdeutlichen, die sowohl die Gegenstände auf der Fläche organisiert wie auch die ganze Fläche einem Betrachterstandpunkt zuordnet, den sie selber definiert. Das in sich geschlossene System garantiert eine Ordnung nach rein geistigen (geometrischen) Regeln und ist der diffusen ersten Welt überlegen. Auch das literarische Werk etabliert sich als perspektivisch organisierter Heterokosmos; die von Aristoteles definierte Logik von Anfang, Mitte und Ende liefert das genaue Analogon zur malerischen Perspektive. Das perfekte Werk kann in sich Welten entwerfen, die von gleicher oder anderer formaler Beschaffenheit sind, also einen vergleichbaren oder anderen Grad geistiger Perfektion aufweisen. Das Werk kann sich in sich selber spiegeln, seine Konstitutionsbedingungen in sich reflektieren, auch abwandeln. Der Heterokosmos Werk beglaubigt immer schon die Möglichkeit des Heraustretens und des Sich-Zurückziehens aus dem Kontext der ersten Welt, die dann auf der Sujet-Ebene in den grünen und goldenen Welten vervielfältigt wird. Während diese aber durchaus auch düster ausfallen können, bleibt die Positivität der zweiten Werk-Welt ungetrübt.

Das Werk *als* Heterokosmos, *als* zweite Welt, ist die unerläßliche Bedingung dafür, *in* ihm grüne oder goldene Idealwelten (also dritte Welten) entwerfen zu können. Dazu muß sich das Werk als Welt konstituieren, was bedeutet, sich nicht nur von der primären, sondern auch von allen anderen je schon bestehenden sekundären Welten radikal abzugrenzen. Jedes Werk (als zweite Welt) gewinnt sich so die Möglichkeit freier, unvordenklicher hypothetischer Aussagen; und diese sind die Bedingung der Möglichkeit des Entwurfs idealer dritter Welten. Daß im Renaissancediskurs diese beiden systematischen Ebenen nicht auseinander gehalten wurden, wofür Sidney ein repräsentatives Beispiel lieferte, ist kein Mangel, sondern Indikator eines eminent produktiven Problembewußtseins. Denn so bleiben alle denkbaren Transfers zwischen den drei Welten erhalten. Man kann ganz grob zwei Möglichkeiten unterscheiden:

1. Das Werk als zweite Welt definiert sich durch strikte Grenzziehung und autonome Regelung seines Aufbaus und seiner Verfahren. Dadurch etabliert es sich als Modell einer Perfektion, und eben diese Perfektion leiht es der in ihm repräsentierten dritten Welt. Die formale Perfektion des Werkes (Diskurses) reproduziert sich in sich selber, so daß eine imaginativ geschlossene, vollständige goldene Welt entsteht, die – über die semiotische Grenze des Werkes wieder rückübersetzt in die empirische Welt – zu dieser in einen spürbaren Kontrast tritt. Ein instruktives Beispiel hierfür liefern die elisabethanische Kartographie und die Reiseliteratur.

2. Das Werk setzt sich in Opposition sowohl zur imperfekten Welt der Erscheinungen wie auch zu der in ihm sich konstituierenden Welt, die unter die Vorzeichen des Scheiterns, der Negativität, der Undurchschaubarkeit gestellt wird. Das Artefakt setzt sich also – in seiner Perfektion – sowohl der empirischen wie der fiktiven Welt entgegen, indem es einen Transfer zwischen ihnen einrichtet. Die mögli-

che imaginative Vollkommenheit der goldenen Welt wird in Form und Verfahren des Werkes so gebrochen, daß sie sich der Erfahrung der realen Welt annähert; die Imagination wirkte in diesem Fall als methodisch gelenkte Depotenzierung von Idealität; das ist beobachtbar an der elisabethanischen Version der Sonett- wie der Pastoraldichtung.

Dieses Modell scheint uns in ausgezeichneter Weise geeignet, Imagination und Welten in der elisabethanischen Kultur aufeinander zu beziehen. Der gleichermaßen historisch wie methodisch brisante Punkt betrifft dabei die Verknüpfung der als defizitär erachteten Welt (W 1) und der ihr kontrastiv entgegengestellten goldenen Idealwelt (W 3) durch das Artefakt (W 2). Einerseits ist die Beziehung zwischen erster Welt und Artefakt durch das Prinzip des Kontrastes reguliert; das Werk definiert sich durch eine strikte Grenzziehung und autonome Regelung seines Aufbaus und seiner Verfahren. Andererseits ist das Verhältnis zwischen Artefakt und goldener Imaginationswelt offener; das Werk kann, muß aber keinesfalls, auf seiner Darstellungsebene Welten ähnlich autonomer Geschlossenheit, formaler Selbstregelung und intellektueller Perfektion einrichten, durch die es selber ausgezeichnet ist. Diese Welten (W 3) bedürfen nun aber wesentlicher Kenntnisse aus W 1, der Diskurs (W 2) muß also ganze Wissensbestände abrufen, um ideale Welten entstehen zu lassen. Wie fungiert die Diskursebene des Werkes (W 2) als Transformator unseres Wissens aus W 1 in W 3 (und umgekehrt)? Über die Elemente und Prozeduren von W 2 brauche ich vorher nichts zu wissen – sie zeigen sich in der Performanz des Diskurses von selbst und explizieren sich hinlänglich (die Poetiken und Rhetoriken halten das zudem lehrbuchhaft fest). Aber was sich jeweils als grüne/goldene Welt (W 3) darbietet, kann nicht ohne ein Vorwissen verständlich werden: Vorwissen über lebensweltliche Parameter jeder Art wie Affekte, *gender*-Konstrukte, Religion, Magie, Aberglauben, historisch-geographisches Weltwissen, Naturgesetze. Dieses Wissen kann nur durch die Strategien des Diskurses (W 2) abgerufen und in die Konstitution der goldenen Welt (W 3) kontrolliert eingebracht werden.

Das Kunstwerk operiert also doppelseitig: es aktiviert Erfahrung und Wissen über die wirkliche Welt und produziert mit dieser Aktivierung sogleich eine Differenz zwischen der W 1-Orientierung und der neu sich aufbauenden imaginativen Idealwelt W 3; und diese Differenz muß wiederum als ›technische‹ Leistung von W 2 aufgewiesen werden können. W 2 muß also eine dreifache Leistung erbringen – und eben dies wäre die ganz neuartige Funktion der Imagination in der Renaissance:

(1) W 2 muß sich aus der empirischen Welt W 1 abgrenzen, zurücknehmen, sich autonom konstituieren. Aber als Artefakt, in dessen Geltungsbereich sich autonom eine ideale Imaginationswelt aufbaut, gehört es selber den Fakten von W 1 an. Wird dieser paradoxe Zustand jedenfalls symptomatisch reflektiert?

(2) W 2 muß die Fähigkeit besitzen, auf der Seite des Rezipienten Wissensbestände aus W 1 abzurufen. W 2 muß die Grenze, kraft derer sie sich konstituiert, ständig überschreiten können. So wird der Status dieser Grenze ambiguisiert, ironisch-skeptisch relativiert.

(3) W 2 muß eine naive Identifizierung seiner Materialien als W 1-Gegebenheiten unterbinden, indem sie sich als Form, unter deren Bedingungen ein Vorwissen über W 1 überhaupt nur virulent werden kann, bemerkbar macht. Der Geltungsbereich der Kunstverfahren muß strikt limitiert sein. Anders gewendet: W 3 muß in ironischer Gleichzeitigkeit als Variante von W 1 und doch als etwas gänzlich anderes rezipiert werden. Wie weit aber kann die Unähnlichkeit mit W 1 durch Intervention von W 2 getrieben werden? Gibt es hier eine Skala, anhand derer die Verformungsenergie von W 2 und damit deren Autonomie abzulesen wäre? Dies sind Fragen, die deutlich über die Reichweite dieses Aufsatzes hinauszielen und die in den nachfolgenden Skizzen zum Fungieren der Imagination in Kartographie und Reisebeschreibung sowie der Pastoraldichtung allenfalls gestreift werden können.

IV. Die kartographische Imagination

Zunächst zur Kartographie, einer Art Modewissenschaft des 16. Jhd.s (nicht nur) in England.[17] Wie wird in den Karten die reale Welt, der real wahrnehmbare Raum angeeignet? Wie behandeln die Karten das Verhältnis von repräsentierter Fläche und deren Umgebung? Was für eine spezifische Imagination des Raumes schlägt sich in den Karten – und den ihnen parallelen topographischen Schilderungen – nieder? Wie übersetzt die Darstellung die lebensweltlich vertraute leibzentrierte Raumorientierung in eine neuartige Orientierung in der mathematisch konstruierten Fläche? Von woher ist der kartographische Raum erschlossen, welche fingierten Wahrnehmungen also sind möglich?

Der Anspruch der Kartographen auf Exaktheit, der Ausschluß jeder Art von Imaginationstätigkeit wird sehr schön in der Schrift *The Surveyor* von Aaron Rathborne (1616) deutlich. Auf dem Titelblatt sieht man den Landvermesser, den Blick auf den vor ihm stehenden Theodoliten fixiert, auf zwei kauernden Figuren stehen: einem Narren und einem Faun. Die allegorische Botschaft ist unzweideutig: Die alte illusionäre phantastische Vorstellung von der Welt ist besiegt; lokale Mythen, Aberglauben, folkloristische Momente werden durch die neue geometrische Exaktheit ersetzt. Der gelebte, mit reichen Assoziationen belegte Raum wird verdrängt durch einen Raum, der kodiert ist durch intersubjektiv nachvollziehbare Zeichen und Verfahren (und der gleichermaßen ›objektiven‹ Zwecken verfügbar gemacht wird: vor allem dem ökonomischen Interesse des Landbesitzers). Entgegen dieser Intention meldet sich freilich die Imagination in der Geometrie zurück, sieht sich das mathematisch fundierte Bild des Landes umstellt von emblematischen Sinnangeboten, historischen Reminiszenzen, kurzum von Produkten der Imagination.

[17] Wir beziehen uns in diesem Abschnitt durchgängig auf die ausgezeichnete Frankfurter Dissertation von Bernhard Klein: *Shifting Ground – Maps, Texts, and the Construction of Space in Early Modern England and Ireland*, 1998; publ. London 2001.

Allein die Projektion des vermessenen Raumes auf die Kartenfläche erzeugt noch kein befriedigendes sinnvolles Ganzes; deshalb werden zwar die erhobenen Meßdaten übersetzt in ein Bild des Landes, aber das Kartenformat fordert doch zwingend imaginative Supplemente, damit in ihm eine ›goldene‹ Welt erscheinen kann. Man kann das Problem auch so formulieren: Die Karte ist auf einen subjektiven Blickpunkt hin angelegt; das in der Karte repräsentierte Land hingegen entzieht einem jeden möglichen Blickpunkt den Boden, es ist gleichsam von nirgendwoher und von niemandem so gesehen. Diese Spannung wird nun in der Karte, im Artefakt, ausgeglichen, indem die mathematische Konstruktion ergänzt wird mit Wahrnehmungsangeboten, die an das Wissen und die Vorstellungskraft appellieren. Die im Kartenformat der Möglichkeit nach hinterlegte Perfektion macht sich als normativer Anspruch gegenüber der repräsentierten Welt geltend, was zu einer Limitierung des neuen geometrischen Verfahrens führt, das aus sich selber heraus eine derartige Perfektion nicht zu erzeugen vermag.

Welchen Eindruck von Perfektion vermitteln die Karten? Primär den einer in sich geschlossenen Ganzheit, die zugleich eine unüberbietbare Fülle (*copia*) ist. Jedes dargestellte Gebiet präsentiert sich als eine Metapher der Harmonie, Ordnung, Stabilität und Integrität, das zugleich vollständig angefüllt ist – die Namen auf der Karte dokumentieren dies. Die Karte konstruiert einen Ausschnitt aus der Welt, der selber als ein Ganzes aufgefaßt werden soll (so wie dann im 18. Jhd. in der Perspektive des subjektiven Betrachters sich die Natur als Landschaft darbietet). Was wir in der Karte sehen, ist eine bessere, wahrere Welt als die, die sich unserem empirischen Blick erschließt. Diese imaginative Steigerung eines Teils zu einem Ganzen kann nun durchaus unterschiedlich pragmatisiert werden; die durch das Artefakt ermöglichte und motivierte Vollkommenheit tritt in ganz heterogene Beziehungen zur Realität ein. Zwei Beispiele mögen dies andeuten:

Für die elisabethanische Zeit ist eines der brisanten politischen Probleme die nicht gelingende Pazifizierung (Kolonisierung) Irlands. Jede Karte Irlands ist deshalb die Artikulation eines Wunsches, der Appell zu einer Aktion, der Vorschlag einer Lösung. Laurence Nowell stellt in seiner *General Description of England and Ireland* (1564/65)[18] England als ein halbkreisähnliches, nach Westen geöffnetes Gebilde dar, das die irische Insel umfängt, sie im Griff hat; seine Karte macht eine schöne Balance wahrnehmbar. Ergänzt wird sie durch die Darstellung von sieben Schiffen – fünf davon um Irland postiert – und von zwei Figuren, die in den beiden unteren Ecken postiert sind: der eine links, den Kopf in die Hand gestützt – ein Porträt des Kartographen –, wird von einem Hund wütend angekläfft; der andere rechts, ein Bild des Ministers William Cecil, hat die Arme auf seiner Brust verknotet und blickt starr und offenbar mißgelaunt in Richtung Westen. Beide Figuren präsentieren sich in klassischen Melancholieposen: Die über ihnen schwebende Doppelfigur Irland/

18 Sie ist auch reproduziert in Susan Brigden: *New Worlds, Lost Worlds – The Rule of the Tudors 1485–1603*, London 2000 (hinteres Vorsatzblatt).

England bietet sich zwar formal harmonisch dar, ist aber doch auch ein Gegenstand ernster, potentiell aporetischer Betrachtungen, die nun ihrerseits, als Inwendigkeit der äußeren Topographie, dazu beitragen, daß dem Kartenbetracher ein gehaltvolles Ganzes entgegentritt.

Wie kann Irland als ein Land, das nur partiell kartographisch zu bewältigen ist, das sich also einem vereinheitlichenden Zugriff entzieht, dennoch als ein Ganzes, als eine perfekte Welt dargeboten werden? Zwei Karten von Baptista Boazio (*Irelande*, 1599) und von John Speed (*The Theatre of the Empire of Great Britain*, 1611) geben eine übereinstimmende Antwort. Beide zeigen die widerspenstige Insel als ein mit einem Blick erfaßbares Ganzes, umgeben von Wasser, Schiffen, Flaggen, dessen Fläche dicht mit Orts- und Familiennamen gefüllt ist – mit der Ausnahme des äußersten Nordwesten, der sich als *terra incognita* darbietet. Die der Darstellung zugrundeliegenden Fakten mutieren an dieser Stelle zur reinen Fiktion, die Küste nimmt entsprechend einen phantastischen Verlauf. Beide Kartographen bieten nun aber verschiedene Lösungen zur imaginativen Behebung dieses Problems an. Bei Boazio läuft die unbekannte Küste parallel zur oberen linken Kartenecke: das Artefakt leiht seine Qualität dem in ihm Repräsentierten; die Evidenz des Signifikanten schlägt direkt auf das Signifikat durch (oder mit dem Berger-Modell gesprochen: W 2 reproduziert in sich qualitativ W 3). Speed gelingt es, die Fläche des Landes ziemlich homogen mit Namen auszufüllen – dafür setzt er das Problem, das Irland den Tudors bietet, aus der Topographie heraus: Links neben Irland finden sich in drei übereinanderstehenden Doppelarkaden sechs Figuren: oben *The Gentleman of Ireland* und *The Gentlewoman of Ireland*, in der Mitte *The Civill Irish Woman und The Civill Irish man*, in der unteren Reihe *The Wilde Irish man* und *The Wilde Irish Woman*. Die Insel Irland ist so rechts (östlich) eingefaßt durch England und Wales, links durch dieses soziale Problemtableau, das nicht mehr (optisch) dem Land innewohnt. Die Karte zeigt kein politisches Problem, sondern eine ›goldene‹ Lösung.

Das bedeutendste Kartenwerk der elisabethanischen Zeit ist Christopher Saxtons Darstellung der Grafschaften von England und Wales von 1579. Die beiden Länder werden auf der Gesamtansicht unter dem Namen *Anglia* als ein in sich geschlossenes Ganzes dargestellt. Die Karten zeigen dann die *counties* in völlig einheitlicher Darstellung; jede Grafschaft wird als dicht gezeichnete, also je vollkommene Einheit dargeboten, um die herum sich leere Flächen ausbreiten. Jede Grafschaft blendet also gleichsam die anderen aus, jedes Einzelblatt muß in die Gesamtansicht eingetragen werden, um im Ensemble der anderen seinen Ort zu finden. Saxton betreibt damit eine Rhetorik der Vereinheitlichung, der Nivellierung, der Wiederholung und Similisierung. Das Land insgesamt, das eher topographische Differenzen verheißt, breitet sich sukzessiv in vollständiger Homogenität aus. Das Kartenformat egalisiert die faktischen Unterschiede. Nun läßt Saxton die leeren Flächen nicht einfach leer: er trägt etwa um die schmale Grafschaft Staffordshire Wappen, Kartuschen oder einen Kompaß ein. Sein Nachfolger Speed – der die Topographie mehr oder weniger unverändert übernimmt – ergänzt dies 1611 duch Stadtpläne, genealogische Tabellen, Hinweise auf bemerkenswerte historische Schauplätze u. a. Damit wird das Eigengewicht der Detailkarten über die homogene Darstellung hinaus weiter erhöht – und es entfaltet sich die Vorstellung eines Landes, das seine Identität nicht vertikal im Bild des Monarchen verankert, sondern horizontal im Landadel, der sich Grafschaft um Grafschaft zeigt und nur in der fiktiven Geste einer Auflösung der Detailkarte in der Gesamtansicht verschwinden könnte. Die Sequenz der Karten, die Gleichförmigkeit der Semiose, generiert ein Idealbild Englands, das in einer politisch hochbrisanten Spannung zu dem realen der Tudors und Stuarts steht.

V. Imaginationen des Reisens (1): Melancholie

Reisen ist Bewegung zwischen Welten. Imagination ist Bewegung zwischen den Welten. Werden in Texten der Renaissance Reisen thematisiert, Reisende vorgeführt, so finden wir darin zugleich eben den vieldeutigen Wechsel zwischen werkumschließender Welt, Heterokosmos des Werkes und ›grüner‹ Welt präsentiert, der Bergers Reformulierung Sidneyscher Poetik zufolge Grundzug der epochentypischen Imagination ist und der sich als strukturelles Merkmal frühneuzeitlicher Literatur abzeichnet. Darüberhinaus aber ist im Reisen als Element und Thema literarischer Texte nicht nur die Performanz dieses Wechsels, sondern auch seine Exposition und potentielle Reflexion verbürgt. Die Reise ist also nicht nur Praxis, sondern überdies metaphorische Gestalt und Allegorie jener Übergängigkeit zwischen den Welten, mithin der Renaissance-Imagination selbst. Umgekehrt bietet das metaphorische Modell der Reise Möglichkeiten unterschiedlicher Inszenierung und Selbsterkundung des Literarischen. An zwei Beispielen aus den neunziger Jahren des 16. Jhd.s sei dies kurz dargelegt: Shakespeares Drama *As You Like It* (1599) und Thomas Nashes Erzählung *The Unfortunate Traveller or The Life of Jack Wilton* (1594).

Figurenbewegungen zwischen den Welten des Hofes und des »Forest of Arden« sind Hauptmovens der Handlung in *As You Like It*. In der Deutlichkeit, in der diese Welten voneinander abgegrenzt sind, und in der Ausdrücklichkeit, mit der ihre Differenzen markiert werden – etwa durch An- und Ablegen von Verkleidungen im Übergang zwischen ihnen –, ist dieses Stück im Shakespeareschen Œuvre allenfalls noch vergleichbar mit *A Midsummer Night's Dream*. Im Unterschied zu diesem läßt die deutlicher ausgeprägte pastorale Qualität von *As You Like It* und die ihr strukturell zugrundeliegende Tendenz zum ›lyrischen‹ Arretieren der interaktiven Dynamik jedoch wiederholt Ruhepausen eintreten, die als Reflexionsräume fungieren: Situationen mit einer Neigung zum Tableau, gelegentlich zusätzlich gerahmt durch Lieder und Gedichte, in denen Dialoge von bravourösem Witz und höchster Pointendichte eben diese Interaktion zugleich inszenieren, bedenken und zelebrieren. Der Plot, in der Hauptsache übernommen aus Thomas Lodges Prosaromanze *Rosalynde – Euphues Golden Legacie* (1590), erscheint zugespitzt auf den Kontrast (aber auch die überraschenden Symmetrien) zwischen den Welten und den Ortswechsel, insbesondere die katalysatorische Funktion der ›grünen‹ Welt. Zwei Brüderpaare geraten in Zwist: Der rechtmäßig herrschende ältere Herzog wird von seinem jüngeren Bruder Frederick ins Exil getrieben; Orlando, der jüngste Sohn des Rowland de Boys, überwirft sich mit seinem älteren Bruder Oliver und muß vor dessen Mordabsichten fliehen. Rosalind, am Hofe des Usurpators als enge Freundin seiner Tochter Celia zunächst noch geduldete Tochter des vertriebenen Herzogs, verliebt sich in Orlando und fällt in Ungnade. Verkleidet – Rosalind als Knabe Ganymed, Celia als Schäferin Aliena – fliehen auch die beiden Frauen in den Wald von Arden. Dort werden sich alle Parteien wiederbegegnen; dort finden sich die Liebenden, deren Füreinanderbestimmtsein allerdings auch zuvor schon außer Frage stand. Durch das Experiment, das Rosalind in ihrer Verkleidung mit Orlando anstellt, wird ihre Beziehung kaum kompliziert, eher amüsant pointiert und komisch intensiviert als je ernsthaft gefährdet. Diese Liebeshandlung und noch drei weitere, die sich im Wald dazugesellen und zum Teil mit ihr verschränkt sind, kommen rasch zu einem guten Ende (wenn auch mit unterschiedlich optimistischen Prognosen für das eheliche Zusammenleben der Paare). Oliver, von Orlando aus Lebensgefahr gerettet, versöhnt sich mit seinem Bruder; Duke Frederick hat ein Konversionserlebnis und schließt sich einem Einsiedler an, so daß sein Bruder mit seinem Gefolge wieder an den Hof zurückkehren kann. Ebenso zügig wie das Stück die Protagonisten in den Wald befördert – binnen eines Aktes –, ebenso rasch und im Wortsinne undramatisch wird am Ende auch der Plot abgewickelt.

Wir sehen die Figuren nie auf dem Weg zur Exilwelt oder aus ihr zurückkehrend; wirklich unterwegs sind sie nur im »Forest of Arden«. Dennoch gibt es in dieser »green world«, die mal spöttisch, mal affirmativ als »golden world«[19] ausgegeben wird, einen Reisenden: Jaques, Höfling und Gefolgsmann des Duke Senior. Diese Figur wird in der Regel als Typus des *melancholy man* behandelt. Als solcher wird er eingeführt (2.1.26), und so bezeichnet er sich auch selbst: »I can suck melancholy out of a song, as a weasel sucks eggs« (2.5.11 f.). Die humoralpathologische Etikettierung unterschlägt indes die Ursache der Verstimmung. Gewiß ist dem Melancholiker jeder Anlaß – wie an dieser Stelle ein fröhliches Lied – recht, um seine Schwarzgalligkeit zu bekräftigen und zu vertiefen. Auch ist die Pointe der selbstironischen Bemerkung Jaques' nicht nur diese ›Gefräßigkeit‹ der Melancholie, die sich aus allem und jedem zu regenerieren versteht. Er stellt auch das eigentümlich Versessene an der melancholischen Disposition heraus: Wie ein Wiesel, das gierig und wie im Rausch ein Ei nach dem anderen ausschlürft, kann der Melancholiker nicht

19 William Shakespeare: *As You Like It*, ed. by Agnes Latham, London 1975; so beispielsweise der Ringer Charles: »They say he [i.e. the old Duke] is already in the Forest of Arden, and a many merry men with him; and there they live like the old Robin Hood of England. They say many young gentlemen flock to him every day, and fleet the time carelessly as they did in the golden world« (1.1.114–120; im folgenden so direkt im Text angegeben).

ablassen von der Richtung, die seine schwermütige Imagination genommen hat. Der Wiesel-Vergleich stellt die melancholische Imagination nicht nur als eine vor, die ihre Gegenstände verwandelt, ihnen etwas entnimmt, was auf den ersten Blick nicht in ihnen zu liegen schien, sie betont auch sowohl deren Dynamik und Aktivität als auch den lustvollen Charakter dieser Bewegtheit. Zum einen ist dies gut aristotelisch gedacht.[20] Zum anderen und vor allem aber verweist die melancholische Bewegtheit von Jaques' Phantasie auf den Grund seiner Schwarzgalligkeit. Offenkundig hat diese etwas mit seinem Reisen zu tun; mit dem, was er anderswo gesehen und erlebt hat.

Nun wird uns auch Jaques auf der Bühne nicht als Reisender gezeigt; paradoxerweise erscheint er am Schluß sogar ausgesprochen reiseunwillig: Als einziges Mitglied der Hofgesellschaft zieht er es vor, im Wald zu bleiben, um sich dem zum Einsiedler gewordenen Duke Frederick anzuschließen.[21] Aber gerade der vermeintliche Widerspruch läßt sich als Verweis auf die allegorische Dimension des Reisens lesen. Sein Reisen ist gleichsam ein ›perfektisches‹: Es hat stattgehabt in seiner unmittelbaren Vergangenheit und reicht als Erinnerung hinein in seine Gegenwart. Die Bewegung, die es gleichsam in Form der Anders-Rede bezeichnet, ist die seiner Phantasie.

Den besonderen Zuschnitt der Phantasie Jaques' charakterisieren andere, noch bevor er selbst auf das Reisen als Melancholiegrund anspielt. Von »melancholy Jaques«[22] wird berichtet, wie er – statt wie die übrigen Gefolgsleute des Duke Senior dem Wild nachzusetzen – tatenlos zuschaut, wie der bereits waidwunde und in die Enge getriebene Hirsch Tränen vergießt, und diesen Anblick sarkastisch kommentiert. So sieht er in den fliehenden Tieren der Herde, die den verwundeten Gefährten – »that poor and broken bankrupt there« (2.1.57) – zurücklassen, hartherzige Bürger (»fat and greasy citizens«, 2.1.55), die es nicht kümmert, wenn einer der ih-

20 In den Schriften des Aristoteles wird an einer Reihe von Stellen und in ganz unterschiedlichen Kontexten die Imagination des melancholischen Menschen als ein Seelenvermögen charakterisiert, das zum einen bestimmte Hypertrophien bzw. Tendenzen zum Extremismus aufweist, zum anderen, einmal in Bewegung versetzt, nicht mehr aufzuhalten ist. Die Einbildungskraft des Melancholikers folgt unbeirrbar und weder durch Willen noch durch Vernunft steuerbar der Richtung, die sie eingeschlagen hat. Hieraus wird auch die mantische Begabung des Melancholikers erklärt; seine Empfänglichkeit für bestimmte Eindrücke wie die angespannte Hartnäckigkeit, ja Sturheit, mit der er die von ihnen ausgelösten Vorstellungen und Erinnerungen verfolgt. Vgl. *De memoria et reminiscentia*, 453a 14 ff., *De divinatione per somnum*, 464a 29 – 464b 5, *Eudemische Ethik*, 1248a 40, *Nikomachische Ethik* VII, 1150b 25 ff. – Affinitäten des pseudo-aristotelischen *Problems XXX, 1,* des berühmtesten antiken Programmtexts der Melancholie, zu diesen Passagen sind augenfällig; vgl. die verschiedenen Hinweise bei Raymond Klibansky, Erwin Panofsky und Fritz Saxl: *Saturn und Melancholie – Studien zur Geschichte der Naturphilosophie und Medizin, der Religion und der Kunst*, übers. von Christa Buschendorf, Frankfurt 1990.

21 Diesem nähert er sich wieder in ausgesprochen ›wiesel‹-hafter Absicht – welcher Art die auszutrinkenden Eier sind, ist dem Melancholiker einerlei: »To him will I. Out of these convertites, / There is much matter to be heard and learn'd« (5.4.183–4).

22 So 2.1.26, 41 u. ö.

ren ins Elend geraten ist. Und die Tränen, die der Hirsch überflüssigerweise ins Wasser eines Flüßchens vergießt, veranlassen ihn zu dem Kommentar: »Poor deer [...] thou mak'st a testament / As worldlings do, giving thy sum of more / To that which had too much« (2.1.47–49). Das regt ihn nicht zum Mitleid an. Vielmehr löst es in ihm »a thousand similes« (2.1.45) aus. Es veranlaßt ihn dazu, das Gesehene in eine ganze Serie von anderen Vorstellungen zu verwandeln, es zu allegorisieren, indem er es schwarzgallig transformiert und sich zuletzt, nachdem der Hirsch schon längst fort und erlegt ist[23], mit seinen eigenen Betrachtungen selbst zum Weinen bringt. Nicht nur die übrigen Höflinge finden dies höchst amüsant. Auch der Duke Senior erwartet genau dieses ingeniöse Moralisieren[24] von Jaques: »I love to cope him in these sullen fits, / For then he's full of matter« (2.1.67–8).

Einerseits scheint der Melancholiker hier nicht viel anders als ein Hofnarr[25] zu fungieren. Andererseits aber scheint der exilierte Herzog, dessen imaginative *copia* auch deshalb zu schätzen, weil er selbst über die Fähigkeit verfügt, die sie motiviert. So preist er vor seinem Gefolge die Vorzüge des Lebens in der ›grünen‹ Welt: »Now my co-mates and brothers in exile / Hath not old custom made this life more sweet / Than that of painted pomp? Are not these woods / More free from peril than the envious court? / Here feel we not the penalty of Adam, / The seasons' difference, as the icy fang / And churlish chiding of the winter's wind, / Which when it bites and blows upon my body / Even till I shrink with cold, I smile, and say / ›This is no flattery. These are counsellors / That feelingly persuade me what I am‹. / Sweet are the uses of adversity, / Which like the toad, ugly and venomous, / Wears yet a precious jewel in his head; / And this our life, exempt from public haunt, / Finds tongues in trees, books in the running brooks, / Sermons in stones, and good in everything.« (2.1.1–17)

Nicht zuletzt in der Art und Weise, wie diese Rede in einer Allegorisierung der – insgesamt offenbar keineswegs amönen – Waldwelt gipfelt, die »trees« als mit »tongues«, »brooks« mit »books« und »stones« mit »Sermons« ausgestattet sieht und in solcher Alliteration eben die signifizierende Kraft poetisch nochmals ausstellt, die sie in den Dingen als (durchaus topischen) Buchstaben im Buch der Natur zu entdekken vorgibt, legt sie eben das Talent an den Tag, das der Herzog an Jaques schätzt. Beide verfügen über eine ›translative‹[26] Imagination. Eben diese preist der Höfling Amiens auch sogleich in seiner (beflissenen? ironischen?) Entgegnung auf den pastoralen Enthusiasmus seines Fürsten: »I would not change it. Happy is your Grace, / That can translate the stubbornness of fortune / Into so quiet and so sweet a style« (2.1.18–20). Während jedoch die Gabe, eines in ein anderes zu ›übersetzen‹, den

23 »[...] being there alone, / Left and abandon'd of his velvet friend« (2.1.49–50).

24 »Did he not moralize this spectacle?« (2.1.44).

25 Was dieser eingestandenermaßen auch gern wäre; vgl. 2.7.12–61.

26 So bestimmt Puttenham die Allegorie: »[...] allegory is when we do speak in sense translative, and wrested from the own signification [...]« (Puttenham: *Arte* [Anm. 13], 247).

Herzog befähigt, noch in den eisigen Winden eine herzerwärmende Lektion zu lesen und »good in everything« zu sehen, und ihn so nicht nur den Übergang in die ›grüne‹ Welt, sondern diese selbst, das heißt die Exilsituation und ihre Unbilden mit Fassung und einiger Würde tragen läßt, scheint im Falle Jaques' die Bewegung seiner Imagination weder höfisch gezügelt, noch in ihrer Richtung festgelegt zu sein.

Die Gründe seines melancholischen Extremismus werden im Drama eher angedeutet als ausgeführt, als Jaques später Rosalind begegnet:

»*Ros*. They say you are a melancholy fellow.

Jaques. I am so. I do love it better than laughing. [...] I have neither the scholar's melancholy, which is emulation; nor the musician's, which is fantastical; nor the courtier's, which is proud; nor the soldier's, which is ambitious; nor the lawyer's, which is politic; nor the lady's, which is nice; nor the lover's, which is all these; but it is a melancholy of mine own, compounded of many simples, extracted from many objects, and indeed the sundry contemplation of my travels, in which my often rumination wraps me in a most humorous sadness.

Ros. A traveller! By my faith, you have great reason to be sad. I fear you have sold your own lands to see other men's. Then to have seen much and to have nothing is to have rich eyes and poor hands.

Jaques. Yes, I have gained my experience.« (4.1.3–24)

Nicht so sehr das Reisen selbst, oder gar die dabei erworbene ›Erfahrung‹ erscheint hier als melancholieverursachend. Vielmehr ist Jaques' traurige Stimmung eine imaginativ vermittelte, insofern sie in deren Vergangensein bzw. den Reminiszenzen an sie gründet. Sie wird ausgelöst durch die ›Betrachtung‹ der Residuen, die das Reisen in der Erinnerung hinterlassen hat, und durch die allzu häufigen Reprisen dieser Operation; denn diese erweisen das Erinnerte nur immer aufs Neue als etwas nicht Gegebenes. Die aus dem Gedächtnis heraufgerufenen Vorstellungen sind ähnlich reduzierte Überbleibsel wie ein trockener Schiffszwieback – »the remainder biscuit / After a voyage« (2.7.39 f.).[27] So kann die Imagination des Reisenden als fortgesetzte melancholische Selbstenteignung erscheinen, die ihn, wie Rosalind scharfsinnig bemerkt, mit leeren Händen dastehen läßt: mit »rich eyes« und »poor hands«.

Über Andeutungen dieser Grundstruktur geht der Text allerdings nicht hinaus. Zwar entspricht Jaques damit auch dem elisabethanischen Stereotyp des *malcontent*: des Mannes also, der angesichts von allem, was ihm begegnet, unzufrieden und gelangweilt ist, vielleicht, weil er auf seinen Reisen alles schon (und besser) gesehen hat. Aber wir erhalten weder nähere Auskunft über Jaques' Reisen, noch über die

27 So trocken wie das Gehirn des Narren, der Jaques gern wäre – und, traditionell, wie das des trocken-kalten Melancholikers. – Jaques erkennt sich in dieser Passage in Touchstone wieder; wie dessen *memoria* ist auch die seine angefüllt mit Topoi und Beobachtungen, die als Signifikanzen für seine ungefragt ausgestreuten allegorischen Weisheiten dienen können: »And in his brain, / Which is as dry as the remainder biscuit / After a voyage, he hath strange places cramm'd / With observation, the which he vents / In mangled forms. O that I were a fool!« (2.7.38–42).

Erfahrung, die er angeblich auf ihnen gesammelt hat und die seine Bitterkeit plausibilisieren könnte. Auch die in der Figur des Jaques aktualisierte Zirkularität von Reisen und Melancholie wäre kaum mehr als die affirmative Evokation jenes topischen Zusammenhangs, den schon Seneca in der Formel »tecum fugis« auf den Punkt gebracht hatte[28], rückte Shakespeares Drama nicht so insistent die Arten und Weisen, in denen sich das *taedium vitae* als Anlaß und Folge der Reise reproduziert, in den Vordergrund. Diese aber sind Modi der Imagination. Und Jaques' eigene, lediglich angedeutete, Wandlung vom Reisenden zum Bleibenden ist vielleicht weniger ein Festhalten an der eigenen Schwarzgalligkeit als ein Bekenntnis zur Faszinationskraft des poetischen *ingenium* als genau jener Möglichkeit, endlos neue, zeichenhafte ›Materie‹ (»matter«) zu erfahren und aus dem Erfahrenen zu produzieren. Melancholie würde damit nur zu einer weiteren Allegorie der literarischen Einbildungskraft als innerer Bewegtheit. Das Stück scheint zu bedenken zu geben, daß Bedingung solchen Einfallsreichtums das Verharren in einer Position der Uneigentlichkeit, im Alibi des Exils ist. Die bereiste wie die ›grüne‹ Welt erscheinen mithin zutiefst ambivalent: utopische Orte, die nach vorübergehendem Aufenthalt verlassen werden müssen, aber zugleich jenes Anderswo, in dem man »rich eyes« gewinnt.

In der Ambiguität von Exil und Utopie[29] scheint nun auch der Heterokosmos von *As You Like It* als ganzer zu stehen.[30] Denn ›translative‹ Imagination bildet den Fokus der Leistungen, die dieses Stück seinem Publikum abverlangt, und sie ist Hauptquelle des dramatischen Vergnügens, das es bietet. Formuliert in den Schematisierungen, die das Bergersche Modell nahelegt: Dies ist das zentrale Strukturprinzip von W 2; weiterhin wird das Verhältnis zwischen W 2 und W 1 ebenso wie das zwischen W 2 und W 3 durch die Figur des Reisenden Jaques in einzigartiger, zugleich für die Renaissance-Imagination charakteristischer Weise nach diesem Prin-

[28] Der Topos geht mindestens auf Lukrez, *De rerum natura*, Seneca, *De tranquilitate animi* und *Ad Lucillium epistulae morales*, und Horaz, *Epistulae*, zurück. Das melancholische Selbst, dem der Reisende zu entkommen hoffte, bleibt durch die Reise unverändert: »caelum, non animum mutant, qui trans mare currunt« (Horaz: *Epistulae* I, 11, l. 27). Roland Lambrecht hat die entsprechenden *loci* zusammengestellt und kommentiert; vgl. *Melancholie – Vom Leiden an der Welt und den Schmerzen der Reflexion*, Hamburg 1994, 106–113.

[29] Auch Berger hebt diese Ambiguität der »green world« hervor: »[...] it is ambiguous: its usefulness and dangers arise from the same source. In its positive aspects it provides a temporary haven for recreation or clarification, experiment or relief; in its negative aspects it projects the urge of the paralyzed will to give up, escape, work magic, abolish time and flux and the intrusive reality of other minds« (Berger: *Second World* [Anm. 15], 36)

[30] Und erweist damit – auf dieser Generalisierungsebene – das Drama als paradigmatisch für seine Epoche: »Simply as a pattern of withdrawal and return, the shuttling between normal and green, or brazen and golden, worlds is of too widespread an incidence to be identified with the genius of a particular age and culture. The significant Renaissance contribution lies in the doubling of this pattern so that the second world, or heterocosm, assumes the status of a green world in relation to the first world of the audience« (ebd., 36).

zip variiert. Wichtigster Handlungsstrang des Spiels ist die Liebe zwischen Rosalind und Orlando; komische Wirkungen (*delectare*) ebenso wie Einsichten in die Variabilität der Geschlechterdifferenzen und der aus ihnen resultierenden Muster des Begehrens (*docere*), modellierende Kräfte der zweiten Welt also[31], ergeben sich aus der mehrfach gestaffelten Doppelbödigkeit von Rosalinds *gender*-Performanz: Gespielt von einem *boy-actor*, verkleidet sich die Fürstentochter Rosalind als Schäferjunge Ganymed, um – unter dem Vorwand, Orlando von seiner Liebe kurieren zu wollen –, dem Geliebten seine ›Rosalind‹ in allen Spielarten weiblicher Launenhaftigkeit vor Augen zu führen. Bis zum äußersten werden hier die Wirkungspotentiale konventionalisierter, strategischer und spontaner Dissimulation ausgereizt. Die Grenze dieses experimentellen Überspielens von Geschlechtergrenzen, das das Publikum fortwährend nötigt, nicht nur eines im anderen zu sehen, sondern zudem anderes im (mehrfach verstellten) einen, ist auf der Bühne erreicht, als ›Ganymed‹, ›Rosalind‹ spielend, von Oliver ein Taschentuch überbracht erhält, getränkt mit dem Blut Orlandos (das dieser vergoss, als er seinen Bruder vor einer angreifenden Löwin rettete) (4.3.92–182). Rosalind fällt daraufhin unverstellt (also gleichsam als sie selbst) in Ohnmacht, sucht diese »passion of earnest« aber als bloße Schauspielerei auszugeben – und in diesem falschen Zeichen zugleich eine wahre Botschaft an den Geliebten zu übermitteln: »I pray you tell your brother how well I counterfeited« (167 f.).[32] Damit aber ist einmal mehr das Prinzip der translativen Imagination benannt.

Mehr noch: mit dem Wortspiel, das dieses Stück durchzieht, indem es den in den phonetischen Ähnlichkeiten von »fainted/fainting«,[33] »feigning«[34] und »counterfeited/counterfeiting«[35] verkleideten Gegensatz von Spiel und Ernst, Fiktion und Wahrheit zugleich zeigt und bestreitet, wird zugleich die Frage aufgeworfen, ob, wie, wann und von wem eines gesagt bzw. getan und ein anderes gemeint sein darf. Gestattet ist dies offenbar den Schauspielern, aber auch den Liebenden und nicht zuletzt den Dichtern, wie der Narr Touchstone ausführt: »[...] for the truest poetry is the most feigning, and lovers are given to poetry; and what they swear in poetry may be said as lovers they do feign« (3.3.16–18). Und Touchstones doppeldeutige Variationen auf den Dichter/Lügner-Topos finden ihr Pendant in Jaques' berühmter Version des Gemeinplatzes vom Welttheater: »All the world's a stage, / And all the men and women merely players« (2.7.139–140). Gesprochen vor dem im Rund des gerade neu eröffneten Globe-Theaters inskribierten Motto der Spielstätte, *Totus mundus agit histrionem*, thematisiert dies die Übergängigkeit zwischen dramatischer Anderswelt (W 2) und empirischer Welt des Publikums (W 1). Gesprochen vom melan-

31 Vgl. ebd., 37: »[...] fiction provides actuality with its model«.

32 Helen Gardner spricht in diesem Zusammenhang treffend von »discovery of truth by feigning«; vgl. ihren Aufsatz »*As You Like It*« in: *More Talking of Shakespeare*, ed. by John Garrett, London 1959, 28.

33 So 4.3.148, 149.

34 So 3.3.14 u. ö.

35 So 4.3.167, 168, 169, 172, 173, 182.

cholischen Reisenden Jaques stellt es nicht nur die menschliche Nichtbeheimatung in den wechselnden Szenerien des Lebens zwischen »entrance« und »exit« heraus. Es erweist überdies dessen Versuch, zu bleiben, was er ist, indem er in der ›grünen‹ Welt des Waldes von Arden bleibt, auch im Horizont des Heterokosmos des Bühnenstücks nochmals als Affirmation dieser Nichtbeheimatung. Denn so, wie der Melancholiker sich selbst auf jeder Reise mitführt, so wirft die bereiste Welt, obwohl und weil sie nurmehr imaginativ, in der Erinnerung gegeben ist, ihren Schatten über die ›grüne‹ Welt, in der er – paradox, als Exilant – zu sich kommt. Auf diese Weise pointiert und negativiert Jaques die zweite Welt von *As You Like It* (einschließlich der in ihr aufgehobenen ›grünen‹ oder ›goldenen‹) als eine stets von einer imaginierten ferneren überschattete, von anderswoher perspektivierte und daher lediglich mit den »rich eyes« des Reisenden zu betrachtende Welt.

VI. Imaginationen des Reisens (2): Falschmünzerei

Auf den ersten Blick könnte Nashes Erzählung *The Unfortunate Traveller* kaum weiter von Shakespeares Pastoralwelt entfernt sein – einem literarischen Modus, für den die verbergende Rede »by figure«[36] – mithin die Allegorie – konstitutiv ist, das Reisen als komplexer Signifikant für die imaginative, ›übersetzende‹ Bewegung zwischen grünen und anderen Welten also durchaus angemessen erscheinen konnte. In der Hauptfigur des *Unfortunate Traveller*, Jack Wilton, wird uns ein tatsächlich Reisender vorgeführt. Er ist zugleich Protagonist und Erzähler, der von seinen Reisen berichtet. Diese sind nicht als außer- und vor-textuell schon absolvierte vorausgesetzt. Es läßt sich zeigen, inwiefern auch im Medium der Narration die Reise zum Modell jener vieldeutigen Mehrfachtransfers zwischen textuellen und anderen Welten werden kann, die die Literatur der Renaissance auszeichnen. Auch bei Nashe werden Reisen und »counterfeiting«, die poetische ›Falschmünzerei‹, auf der die imaginative Produktion literarischer Wahrheit beruht, in suggestiver Weise überblendet.

Gleichwohl spart auch dieser Text das Reisen als Prozeß, als in der Zeit ablaufenden und auch im Erzählen Zeit verbrauchenden Übergang zwischen den Orten, an denen der Reisende unterschiedlich lange verweilt, aus. Hier wird rasch, geradezu szenisch, von einem Ort zum anderen gewechselt: Wir sehen Jack Wilton im Heerlager Heinrichs VIII. in Frankreich, dann kurzfristig in England, das er wegen einer Epidemie verläßt; danach als Söldner und Augenzeuge der Niederschlagung der Wiedertäufer in Münster; dann auf dem Rückweg nach England, wo er aber bereits in Middleborough seinem früheren Herrn, Henry Howard, Earl of Surrey, wiederbegegnet und diesen

[36] George Puttenham: *The Arte of English Poesie*, ed. by Gladys Doidge Wilcock and Alice Walker, Cambridge 1936, 38 (dieser Passus ist nicht in der von B. Vickers besorgten Ausgabe enthalten [Anm. 13]). Puttenham prägt diese Formulierung im Blick auf Vergils Eklogen.

über Rotterdam und Wittenberg nach Italien begleitet. Stationen sind Venedig – wo beide durch eine Kurtisane und ihren Zuhälter in eine Betrugsaffäre verwickelt werden und vorübergehend im Gefängnis landen – und Florenz, Ziel der ritterlichen Ausfahrt Surreys, wo dieser, ein seiner Dame Geraldine gegebenes Versprechen einlösend, in ihrer Geburtsstadt und zu ihrer Ehre ein großes Turnier ausrichtet und siegreich bestreitet. Jack begibt sich mit seiner Geliebten Diamante weiter nach Rom, wird dort Zeuge der von dem berüchtigten Verbrecher Esdras von Granada an der keuschen Heraclide begangenen Vergewaltigung und von deren Suizid. Er wird der von Esdras begangenen Bluttaten bezichtigt. Vor der Hinrichtung bewahrt ihn im letzten Moment ein in der Verbannung lebender Landsmann. Kaum befreit, fällt Jack jedoch gleich wieder unter die Verbrecher: Von dem Juden Zadok, der auch die entführte Diamante gefangenhält, wird er an den jüdischen Arzt Zachary verkauft, der vorhat, ihn einer Vivisektion zu unterziehen. Dem entgeht er, weil ihn eine der Geliebten des Papstes begehrt; er wird durch eine List der Contessa Juliana, der er von nun an zu Diensten zu sein hat, befreit. Die Juden werden aus Rom vertrieben; Zadok kommt unter schrecklicher Folter zu Tode. Mit Diamante flieht Jack Wilton aus Rom und wohnt in Bologna der grauenvollen Bestrafung und Hinrichtung des Cutwolf bei, nachdem dieser sich in einer ausführlichen Schilderung zur Blutrache an dem Mörder Esdras bekannt hat. Jack heiratet Diamante und begibt sich mit ihr wieder ins französische Heerlager des englischen Königs. Die Ortswechsel erfolgen rasch und äußerst lakonisch. Die Orte selbst finden – mit Ausnahme Roms – keinerlei Beschreibung. Kein Wort stellt die Kanäle Venedigs vor Augen, mit keiner Silbe werden die Sehenswürdigkeiten von Florenz erwähnt, selbst Geburtshaus und Zimmer der Geraldine bleiben völlig nondeskript. Die Städte fungieren lediglich als kaum ausgestattete Bühnen für Jacks derbe Scherze und seine Übervorteilungen Schwächerer, Dümmerer und Häßlicherer oder auch einfach Gutgläubiger; für spektakuläre Begebenheiten wie Seuchen, Schlachten, Hinrichtungen und andere Metzeleien, die wiederum zu ausführlicher Polemik (geladen mit antipuritanischem, misogynem, italophobem, antisemitischem etc. Ressentiment) Anlaß geben; für Begegnungen mit berühmten Männern wie Erasmus von Rotterdam, Thomas Morus, Agrippa von Nettesheim, Pietro Aretino; für seitenlange Deskriptionen der Rüstungen, Farben, Wappen und Devisen der zum Turnier antretenden Ritter und immer wieder für detaillierte Schilderungen körperlicher Gewalt.

Ausgespart ist damit einerseits alles, was in Berichte über eine Grand Tour gehören mochte; dies allerdings durchaus in Einklang mit der Selbststilisierung des Erzählers als Page, Knappe, mittelloser Abenteurer, pikaresker Jedermann, dessen Hauptaufgabe es ist, sich mithilfe seines Einfallsreichtums (»wit«) durchzuschlagen. Sogar im Blick auf Rom, jener Stadt, der in mancher Hinsicht in dieser Erzählung eine Sonderrolle zukommt, heißt es ausdrücklich[37]: »Let me be historiographer of

[37] Thomas Nashe: *The Unfortunate Traveller*, in: *An Anthology of Elizabethan Prose Fiction*, ed. by Paul Salzman, Oxford 1987, 269 (alle weiteren Seitenangaben direkt im Text).

my own misfortunes, and not meddle with the continued trophies of so old a triumphing city«. Andererseits werden durch die Auswahl und genaue Bezeichnung der bereisten Orte und die namentliche Nennung bedeutender Persönlichkeiten der ersten Hälfte des 16. Jhd.s, denen der Erzähler begegnet sein will, und die Erwähnung ihrer tatsächlichen Werke und Schicksale wiederholt belangvolle Bezüge zu Bereichen historischer Faktizität hergestellt. Deren Implikationen reichen vielfach bis in die Gegenwart, für die die Zeit Heinrichs VIII. unmittelbarer Vergangenheitshorizont ist. Bei dieser Annäherung von erfundenen Welten und zeitgenössischer Wirklichkeit[38] scheint es mindestens ebenso um eine Beglaubigung des Erfundenen wie um die Durchsetzung des Faktischen mit fantasmatischer Fiktionalität zu gehen. Das Wirkliche erscheint gleichsam perforiert durch Mögliches. Die Erzählung beansprucht beides zugleich: reines Produkt der Imagination zu sein und ineins damit historische und andere Wahrheit auszusprechen. So auch in der Selbstbeschreibung seines Textes, die Nashe in der Widmung an Lord Henry Wriothesley formuliert: »All that in this fantastical treatise I can promise, is some reasonable conveyance of history, and variety of mirth« (207).

Diese Zwischenstellung des Textes resultiert nicht zuletzt aus der generisch ungesicherten Position des Erzählens im 16. Jhd., sofern die Autoren weder ausschließlich auf die Schemata des Romanzenhaften mit seiner Selbstverständlichkeit des Heroischen und Wunderbaren oder des Pikaresken[39] mit seiner metaphysikfreien Zufälligkeit abzustellen bereit waren. Nashes Text formiert sich zu einem ideologisch uneindeutigen *mixed kind* mit heterogenen Bestandteilen (von Abenteuer-, Ritter- und Schelmenroman über Chronik, Predigt, Satire, moralistischen Traktat, Flugblatt, Groteske, versehen mit *mundus-inversus*-Elementen, mit gelehrten Anspielungen und lateinischen Zitaten, mit Zügen von Schwank, *jest-book* und Novelle und immer wieder eingelegten Paradestückchen des Sensationsjournalismus). Der Schwierigkeit narrativer Autorisierung korrespondiert indes nicht nur die provokante Hyperbolik, mit der der Text in den Widmungsschreiben auf seine innovatorische Leistung pocht,[40] sondern vor allem auch eine Erzählstimme und ein narrativer Gestus, deren Hauptkennzeichen die Nichtfestlegbarkeit, deren ausdrückliches

[38] *As You Like It* weist nur eine vergleichbar deutliche Aktualisierungsmöglichkeit auf: die Anspielungen auf die brisante Primogeniturproblematik in der ersten Szene des ersten Aktes. Dies stellt allerdings eine eher indirekte Beziehung zwischen W 3 und W 1 her.

[39] Mit einem Pikaro hat Nashes Held offenkundig vieles gemein; nicht zuletzt die Pose des *underdog* und des *trickster*. Die damit angedeutete ideologische Perspektive wird jedoch nicht durchgehalten. So werden etwa in der Figur des Surrey aristokratisches Verhalten und petrarkistischer Liebesdienst zugleich karikiert und gefeiert.

[40] So die Selbstanzeige in der Widmung an Lord Henry Wriothesley: »A new brain, a new wit, a new style, a new soul will I get me, to canonize your name to posterity [...]« (207); ähnlich, wenn auch kaschiert in einer nicht ganz durchsichtigen Kartenspiel-Allusion, in der Zueignung an »the dapper monsieur pages of the court«: »Gallant squires, have amongst you. At mumchance I mean not, for so I might chance come to short commons, but at *novus, nova, novum*, which is, in English, news of the maker« (208).

Prinzip die strategische Täuschung ist. Jack Wilton präsentiert sich als Betrüger und Falschspieler; als Eulenspiegel und *coney-catcher,* der die Einfalt und Eitelkeit anderer ausnutzt; als Prahlhans und Unglücksraben, der mal zu recht, mal zu unrecht für diverse Transgressionen bestraft wird; als Subalterner, der seinen untergeordneten Status durch sozialen Ehrgeiz zu kompensieren sucht, dabei aber eher erfolglos bleibt; als Page, Söldner, Gefolgsmann mit wechselnder Identität, von laxer Moralität und in allen Fällen mangelnder Integrität; als Dissimulierer und Simulant, vor allem als Lügenbold. Hervorstechendes Merkmal seines Erzählens ist verbale Exuberanz, rhetorische Gewandtheit, kopios und extravagant, ebenso kapriziös wie die Wechselfälle seiner *fortuna* – eben die virtuose Eloquenz, derer sich der »unfortunate traveller« auch als Protagonisten seiner Geschichte rühmt. Die komischen Wirkungen dieser Erzählung überwiegend schrecklicher Ereignisse verdanken sich nicht zuletzt dem Nebeneinander von Selbstmitleid, nicht zu erschütterndem Selbstvertrauen und Selbstironie, mit der der Sprecher seine Mißgeschicke berichtet. Als Erzähler wie als Handelnder ist Jack Wilton ein Falschmünzer: Erzeuger spiegelnder, scheinbar signifikanter Oberflächen, klingender Sprachmünze, deren Signifikanz bzw. tatsächliche Geltung fraglich bleibt, potentiell genauso trügerisch wie das Schicksal, über das er sich in bewegten Worten beklagt, als er und Surrey[41] bezeichnenderweise wegen eines (nicht begangenen) *counterfeiting* eingesperrt werden sollen: »So it fortuned (fie upon that unfortunate word of Fortune) that this whore, this quean, this courtesan, this common of ten thousand, so bribing me not to bewray her, had given me a great deal of counterfeit gold which she had received of a coiner to make away a little before, amongst the gross sum of my bribery. I, silly milksop, mistrusting no deceit, under an angel of light took what she gave me, ne'er turned it over, for which (O falsehood in fair show) my master and I had like to have been turned over.« (250)

Der Betrüger der Betrügerin läßt sich von ihr – und von einer weiteren Prostituierten, mit der sie im Bunde ist und die sich so ebenfalls als falsche Münze, »a counterfeit slip« (251), erweist – übertölpeln. So wie er die Frauen metonymisch mit dem Falschgeld identifiziert, für das sie sich feilbieten und das ihn seine Gier ungeprüft einstreichen läßt, so handelt sich Jack hier in der Homophonie von »turned over« als Kehrseite des frisch geprägten Glanzes um ein Haar den Tod[42] ein. Zugleich aber gewinnt er Diamante zu seiner Geliebten. Denn diese – und hier wird die duplizitäre Rhetorik der verbalen und realen Falschmünzerei vollends boden-

41 Von dem er kurz zuvor in Parenthese – nachdem dieser im Zuge der Abwehr eines hinterhältigen Anschlags auf seine (Surreys) Person ihn (Jack Wilton) gespielt hatte – bewundernd bemerkt: »God be with him, for he could conterfeit most daintily« (250).

42 Mit einem weiteren Pun: durch den Strang – »She was but a counterfeit slip, for she not only gave me the slip but had well nigh made me a slipstring« (251). Zunächst aber werden Surrey und Jack lediglich auf unbestimmte Zeit gefangengesetzt; und dies, weil ihre Verteidigung durch »a fine coney-catching corrupt translation« (252) aus dem Munde des Zuhälters Petro de Campo Frego in ihr Gegenteil verkehrt wird.

los – wird als Opfer einer boshaften Verleumdung zu ihm in die Zelle gesperrt und dank seiner überlegenen Beredsamkeit vermag er sie davon zu überzeugen, daß sie ihrem eifersüchtigen Ehemann genausogut Grund zu der Annahme geben könne, sie habe ihn betrogen. Der »cunning plot« aber, mit dem Jack sie zu solcher »infamy« bewegt, besteht diesmal gerade im Fehlen jeder Doppelbödigkeit, in der Direktheit dieser Suggestion, in einer »plainness«, die auf jedes Herumreden verzichtet.[43] Und er resultiert in einer Bewahrheitung dessen, was zuvor Lüge war.

Die extravagante Eloquenz dieser Erzählung bezichtigt sich der Fälschung und will doch zugleich für bare Münze genommen werden. Solche Ununterscheidbarkeit von Wahrheit und Lüge aber ist nicht nur Rechtfertigung der ›zweiten‹ Welt. Der Heterokosmos, dessen Grundgesetz diese Verschleifung der Grenzen ist, zeigt in seiner Modellierung der ›ersten‹ Welt diese als potentiell ebenso doppelbödige Fabrikation, die fingierte Welt der Erzählung als eine, die wahr ist, insofern sie diese Duplizität ebenso wie die fortwährende Selbsterfindung ihres Erzählers ausstellt. Die narrative Imagination betätigt sich als rhetorische Falschmünzerei, die nur einen Text wie diesen hervorbringen will, die aber im selbstzweckhaften Reden durchaus auf Wiedererkennungseffekte spekuliert. Jack produziert sich buchstäblich selbst – aber als einen, dessen verbale Hervorbringungen (und damit auch seine Selbstpräsentation) in einem unentscheidbaren Suspens spielen, in dem die bösartigste Manipulation ebenso möglich und vorstellbar erscheint wie die lauterste Geradlinigkeit. In der Erfindung des Jack Wilton führt Nashe die Figur des Dichters als »maker« vor: als eines Erzählers, der sich offensiv und affirmativ als lügenhaft geriert. Der Effekt ist indes paradox, insofern die Imagination dadurch gerade nicht gezügelt, sondern befreit wird. Indem sie evoziert, was nicht gegeben ist, eröffnet sich ihr die Möglichkeit, eine Wahrheit evident zu machen. Wie in *As You Like It* fungiert der Reisende dabei als Repräsentant des *ingenium*, einer besonderen Versatilität des Einfallsreichtums. In der Figur des »ingenious infant«[44] Jack Wilton erscheint diese Phantasie jedoch metonymisch radikalisiert: Sein Nichtfestgelegtsein ist Bedingung nicht nur der metaphorischen Reflexion des Vorfindlichen, sondern eines gänzlich ausgangsoffenen, die Erzählung gleichwohl weiterbewegenden *plotting*, das in der Regel einen erneuten Ortswechsel einleitet. ›Unglücklich‹ ist der eine Reisende ebenso wie der andere, mag auch die Melancholie Jaques' ohne nähere Begründung bleiben und das Unglück Jacks zwischen tatsächlicher *»experientia longa malorum«*[45],

[43] »My master beat the bush and kept a coil and a prattling, but I caught the bird; simplicity and plainness shall carry it away in another world. God wot he was Petro Desperato when I, stepping to her with a dunstable tale, made up my market. A holy requiem to their souls that think to woo women with riddles« (255).

[44] »What stratagemical acts and monuments do you think an ingenious infant of my age might enact? You will say it were sufficient if he slur a die, pawn his master to the utmost penny, and minister the oath on the pantofle artificially« (210).

[45] So einer der zahlreichen Topoi in der Rede gegen das Reisen, mit der ein englischer Edelmann in Verbannung (»a banished earl«) Jack traktiert, nachdem er ihn soeben vom Schafott geholt

bloßer Glücklosigkeit und Glück im Unglück changieren. Weder für den einen noch für den anderen Reisenden ist eine Heimkehr vorgesehen, denn es ist ja erst die Perspektive des »outlandish chronicler« (309), die die Mobilität der Imagination ermöglicht.

Für Jack Wilton ist eine Welt so schlecht wie die andere, benachbarte. Die von ihm be-, oder vielleicht besser durchreisten Länder und Städte sind im letzten austauschbare Terrains für die Ausführung seiner ingeniösen Manipulationen, Spielfelder einer taktierenden Phantasie. Sie sind insofern auch nicht eigentlich ›Welten‹ (W 3), denn sie erfahren – mit einer noch zu erwähnenden Ausnahme – keinerlei imaginative Veranschaulichung. Der Erzähler bemüht sich weder um räumliche noch um zeitliche *evidentia*; lediglich die an diesen Orten agierenden Figuren werden mit einem gewissen ethopoietischen Aufwand vorgestellt. Die Orte, an denen sich Jack aufhält, sind ›Örter‹, Topoi im Sinne der xenophoben und nationalistischen Stereotypen, wie sie der »banished earl« in seiner Tirade gegen das Reisen aufführt. Zugleich und im Gegensatz zu der mit solcher Topik gegebenen Definitheit und Erwartbarkeit erscheinen sie als Produkte der narrativen Falschmünzerei des Erzählers, als Elemente des duplizitär changierenden Heterokosmos seiner Erzählung. Die hiermit entworfene »counterfeit«-Welt ist ja nicht nur eine, deren epistemologischer Status ungewiß ist. Sie ist auch radikal kontingent im Hinblick auf die moralisch-ethischen Optionen, die sie bietet, und die Folgen, die so oder so getroffene Entscheidungen für die Handelnden zeitigen. Schurken werden häufig, aber durchaus nicht immer, ihrer gerechten Bestrafung zugeführt; zwielichtige Absichten schlagen mitunter zum Guten aus; gut Gemeintes führt gelegentlich, aber nicht immer, zu einem schrecklichen Ende. Motivation und Ausgang bzw. Ergehen stehen in keinem berechenbaren Zusammenhang. Dies ist nun nicht nur eine Welt, in der dem Reisenden »misfortunes« jeglicher Art zustoßen können; eine Welt, wie sie eine zutiefst skeptische Phantasie hervorgebracht hat.[46] Der Heterokosmos dieses Textes ist auch einer, dessen Beziehung zur ›ersten‹ Welt so flexibel geworden ist, daß sie sich nicht eindeutig angeben läßt. Weder sind die bereisten Orte ›goldene‹ Welten, noch erscheinen sie so zweifelsfrei korrupt, daß ohne weiteres dem Fazit des »banished earl« zuzustimmen wäre, es gäbe auf Reisen nichts zu lernen, was man nicht gefahrloser und bequemer auch zuhause aus Büchern erfahren könne. In Zusammenhang damit

hat: »Some allege they travel to learn wit, but I am of this opinion: that as it is not possible for any man to learn the art of memory, […] except he had a natural memory before, so is it not possible for any man to attain any great wit by travel except he have the grounds of it rooted in him before. That wit which is thereby to be perfected or made staid is nothing but *experientia longa malorum*, the experience of many evils; the experience that such a man lost his life by this folly, another by that« (284 f.).

[46] Schon als solche ist sie indes vollkommen epochentypisch; vgl. zur Skepsis als Signatur der Literatur der Frühen Neuzeit Verena Olejniczak Lobsien: *Skeptische Phantasie – Eine andere Geschichte der frühneuzeitlichen Literatur – Nikolaus von Kues, Montaigne, Shakespeare, Cervantes, Burton, Herbert, Milton, Marvell, Margaret Cavendish, Aphra Behn, Anne Conway*, München 1999.

steht nicht zuletzt die rhetorische Brillanz dieses Textes, seine unerhörte sprachliche Beweglichkeit, eine *sprezzatura*, die sich jedes beliebigen Themas anzunehmen zu können scheint. Für diese Selbstanzeige textueller Virtuosität mag die epistemologische wie die ideologische Ankerlosigkeit des Diskurses geradezu als Bedingung erscheinen. Dies immerhin gesteht auch der »banished earl« als einen Effekt des Reisens zu: »*Non formosus erat, sed erat facundus Ulysses*; Ulysses, the long traveller, was not amiable but eloquent« (284).

Dennoch lassen sich vor allem im letzten Drittel des Textes auch Strukturen beobachten, die – in paradoxer Spannung hierzu – dessen oberflächlichen Skeptizismus und seine a-teleologische und topische Episodik nochmals in die Schwebe zu bringen vermögen, woran sich eine typische Leistung der narrativen Imagination ablesen läßt. Ausgerechnet Rom ist der Ort, an dem sich der Ton der Erzählung zunächst kaum merklich verändert. Die ›pagenhaften‹ Kolloquialismen und der sensationshascherische Einsatz von Unterwelt-Slang treten allmählich in den Hintergrund. Nicht sofort: zunächst bekundet der Erzähler noch in gewohnter Manier einigermaßen grobianisch seine Abneigung gegen jegliche antiquarische Betätigung – »I was at Pontius Pilate's house, and pissed against it« (269). Recht unvermittelt kommt er jedoch auf gartenbauliche Besonderheiten zu sprechen und es folgt eine fast drei Seiten lange faszinierte Beschreibung einer römischen Villa, »a summer banqueting house belonging to a merchant that was the marvel of the world, and could not be matched except God should make another paradise« (270). Dieses Sommerhaus ist ein technisches Wunderwerk, genauer: eine renaissancetypische perfekte Nachahmung der Natur, die ihre Künstlichkeit vollkommen verbirgt. Es ist ein *theatrum mundi* mit Himmel und Erde; sein Firmament, an dem die Planeten zu Sphärenmusik kreisen, überwölbt eine Nachbildung des Garten Eden mit allen Einzelheiten: »For the earth, it was counterfeited in that likeness that Adam lorded over it before his fall« (271). Detailliert wird die Mechanik geschildert, die die künstlichen Vögel wie von Zauberhand »their natural field note« (ibid.) singen läßt. Aber schon hierbei und mehr noch bei der Deskription der Pflanzen und Bäume, der (gemalten?) Tiere und ihrer paradiesischen Gemeinschaft beginnt die Prosa, das Organisationsprinzip des Bauwerks – *celare artem* – nachzuahmen, und aus der »counterfeited [...] likeness« wird die Prosopopoeia[47] eines pastoral gefärbten, prälapsarischen Goldenen Zeitalters: »Such a golden age, such a good age, such an honest age was set forth in this banqueting house« (273). Diese ›himmlische‹ Vision eines »soul-exalting object

[47] Signalisiert vor allem durch ein Präteritum, das nicht die erzählte Zeit meint, sondern die goldene, ›edenische‹ Vorzeit; vgl. Formulierungen wie die folgenden: »[...] poison was not before our parent Adam transgressed [...] Serpents were as harmless to mankind as they are still one to another; the rose had no canker, the leaves no caterpillars, the sea no sirens, the earth no usurers. Goats then bare wool, as it is recorded in Sicily they do yet. [...] none cared for covetous clientry or running to the Indies. [...] every beast understood what men spoke. [...] there was no winter but a perpetual spring, as Ovid saith. [...] The evening dewed not water on flowers but honey« (272f.).

[...]« erscheint dem Erzähler imaginativ kaum noch überbietbar[48]. Sie wird gefolgt von einer ebenso überraschend unironischen Passage, in der er seiner Bewunderung für die Werke der Barmherzigkeit bekundet, die insbesondere die edlen Römerinnen an Pilgern und Soldaten tun: »[...] if good works merit heaven, they do them, we talk of them«. Selbst ein Krankenhaus erscheint unter solchen Umständen als »heavenly retiring place« (273).

Ebenso abrupt wie er einsetzte, verkehrt sich jedoch der utopische Duktus der Narration wieder in sein Gegenteil. Die Pest bricht aus in Rom, und Jack schildert die Vergewaltigung der Heraclide mit ebensolcher Akribie, wie er sie zuvor auf den *locus amoenus* verwendet hatte; die voyeuristische Perspektive auf das sadistische Geschehen nur dürftig gerechtfertigt durch ›zwangsweise‹ Augenzeugenschaft: »[...] I, through a cranny of my upper chamber unsealed, had beheld all this sad spectacle« (281). Immerhin scheint sich dem dystopischen Umschlag der Imagination wenigstens die Andeutung eines teleologischen Schemas zu überlagern. Die kurzfristige Himmelsschau erweist sich im Rückblick als Beginn einer Höllenfahrt mit durchaus fraglicher Erlösung. »Here beginneth my purgatory« (281), ruft der Erzähler nach diesem immerhin noch distanzierten Blick von oben auf die Qualen der Heraclide aus. In der Tat wird sein Abstieg nur vorübergehend dadurch gebremst, daß er vor der direkten Hinrichtung bewahrt wird. Als nächstes stürzt er in den Keller des Zadok: »[...] over head and ears I fell into it [...] as in an earthquake the ground should open and a blind man, come feeling pad pad over the open gulf with his staff, should stumble on sudden into hell« (288). Gewiß kommt die metaphysische Topologie der Höllenfahrt lediglich andeutungsweise zum Tragen. Es erscheint jedoch bemerkenswert, daß sie in der einzigen Episode über die Handlung projiziert wird, in der der vorgestellte Ort Ansätze einer raumzeitlichen Strukturierung erfährt, die sowohl vertikalen Bewegungen in Gebäuden als auch lateralen Bewegungen der Figuren in der Stadt eine gewisse imaginative Evidenz verleihen. Es scheint fast, als entwickle das *counterfeiting* des Erzählers, in der Entfaltung von Implikationen der utopischen wie der dystopischen Imagination, hier eine Eigendynamik, die die bloße Topik des Reisens zu einer imaginativen Topologie alterieren könnte. Auffällig erscheint weiterhin, daß diese Veränderungen des narrativen Modus, die, insofern sie in zuvor unbestimmten Bereichen Bestimmtheiten andeuten, auch die Kontingenz der ›zweiten‹ Welt mindern, mit einer deutlich reduzierten Handlungskompetenz und geschwächten Verfügung des Protagonisten über sein Schicksal einhergehen. Weit davon entfernt, sich noch seiner manipulativen Geschicklichkeit rühmen zu können, ist Jack hier wie in keiner anderen Episode Objekt und Opfer

48 Die geschaute Vollkommenheit bringt ihn nicht zuletzt deshalb in Verlegenheit, weil sie in krassem Widerspruch zum gängigen Rom-Klischee steht, demzufolge die ewige Stadt in moralischer Hinsicht eben gerade kein Abbild des Himmels bietet: »O Rome, if thou hast in thee such soul-exalting objects, what a thing is heaven in comparison of thee, of which Mercator's globe is a perfecter model than thou art?« (273).

des Handelns anderer. Mit seiner Immobilisierung in diversen Gemächern bei Zadok, Zachary und Juliana und seiner Verbringung vom einen zum anderen als Sektions- und später Lustobjekt wird Rom, so scheint es, zunehmend zu einem Ort, in dem sich die lesende Phantasie desto freier bewegen kann, je mehr dem Helden die Hände gebunden sind und je mehr der Erzähler zugleich in seiner deskriptiven Kompetenz gefordert ist.

Allerdings erscheinen damit die Möglichkeiten einer Rückkoppelung zur ›ersten‹ Welt im Sinne eines konventionellen *docere* höchst zweifelhaft. Nicht zuletzt mangelt es dieser Erzählung schon deshalb an exemplarischem Potential, weil der Protagonist selbst nichts lernt. Zwar läßt sich Jack nach seiner Flucht aus Rom angeblich vom Bekenntnis des Bluträchers Cutwolf und vom grauenvollen Anblick seiner Hinrichtung zu einem »straight life« bewegen (308). Weshalb er zu dieser Einsicht nicht schon vor der Zurkenntnisnahme der »truculent tragedy of Cutwolf and Esdras« (308) gelangt, bleibt indes unklar.[49] Zwar endet die Erzählung so gleichzeitig nochmals mit einem Spektakel und – in Gestalt der wie auch immer fragwürdigen ›Bekehrung‹ des Jack Wilton – mit einer mechanischen Vervollständigung des angedeuteten metaphysischen Schemas. Aber das erscheint weder als nachhaltige Erschütterung noch als wirklicher, geschweige denn vorbildlicher Lerneffekt. Die Erzählung Nashes bewegt sich im Kreise als ›leere‹ Selbstinszenierung metonymischer Imagination, als für ihre Versatilität werbende Performanz einer Eloquenz, die sich in jede Richtung wenden läßt. Deswegen muß ihr Protagonist ein vergeßlicher Reisender sein, der – anders als der zuviel erinnernde Melancholiker Jaques in *As You Like It* – in einer ›fekunden‹ Betätigung seines *ingenium* endlos weiterplappern (und weiter reisen) könnte. Als transformierende Dynamik stellt sich die Imagination hier nicht in der Allegorie des Reisens dar, sondern in anderen Modi der Übergängigkeit, die die Statik ›imagistischer‹ Topik wenigstens tendentiell mobilisieren: in der Überblendung utopischer und dystopischer Schemata, in der wechselseitigen Irritation von Kontingenz und chronotopischer Präzision, im Paradox der wahren Lüge. Indem der Erzähler »the Sodom of Italy« (308) verläßt, stellt er indes abschließend topisch erneut fest, was er als »unfortunate traveller« und »outlandish chronicler« (309) vorübergehend in Bewegung gesetzt hatte: die manisch produktive Imagination des Reisens zwischen den Gemeinplätzen des Faktischen und den noch unbeschriebenen Orten der Fiktion.

[49] Vielleicht mußte zum Schluß noch ein weiterer Italien-Stereotyp in Gestalt des Blutrache-Topos untergebracht werden. So läßt der Erzähler den Cutwolf auf dem Schafott seine Tat rechtfertigen und damit gleichsam stellvertretend für ihn zur Hölle fahren: »Revenge in our tragedies continually is raised from hell; of hell do I esteem better than heaven if it afford me revenge. There is no heaven but revenge« (305 f.). Gegen Ende seiner Rede treibt er Chauvinismus wie Blasphemie auf die Spitze: »No true Italian but will honour me for it. Revenge is the glory of arms and the highest performance of valour. [...] The farther we wade in revenge the nearer come we to the throne of the Almighty« (307).

VII. Die temporalisierte Imagination

Inbegriff der grünen oder goldenen Idealwelt ist im 16. Jhd. das Milieu der Pastorale; seit der Transformation Theokrits durch Vergil und seit dessen kreativer, wiewohl die Möglichkeiten des Genres immer stärker schematisierenden Rezeption durch Petrarca, Boccaccio, Mantuanus oder Sannazaro ist die Welt der Hirten, Nymphen, des Gottes Pan, der Quellen, Grotten und Schatten auch dann eine ›goldene‹ Wunschwelt, wenn sie im elegischen Modus des Nicht-mehr vergegenwärtigt wird. Ihre Idealität ist nicht zuletzt in der absoluten Perfektion der poetischen Form verbürgt; seit Theokrit ist die Kurzform des Idylls oder der Ekloge das Modell artifizieller Perfektion überhaupt. Nun beginnt auch die große elisabethanische Literatur 1579 mit einer Pastoraldichtung, *The Shepheardes Calender* von Edmund Spenser. Aber dieser Text setzt sich sogleich in Distanz zu der Tradition, die er sich inkorporiert, und zwar in spektakulärer Weise. Die in den zwölf Eklogen thematisierte goldene Welt tritt uns nicht lediglich im Präteritalmodus des *ubi sunt* entgegen, sie wird noch dazu mehrfach depotenziert. Die pastorale Imagination wird perspektiviert und partialisiert, und zwar – thesenhaft gefaßt – in mehrfacher Weise:

- Jeder Ekloge vorangestellt ist ein Holzschnitt, der gleichsam die Bühne der folgenden Monologe oder Dialoge eröffnet und mit der Darstellung des Sternzeichens die invariante Zyklizität der Zeit anzeigt, die dann mit dem immer wieder angestimmten Fortuna-Thema einer gänzlichen Nicht-Berechenbarkeit menschlicher Dinge konterkariert wird.
- Dem Holzschnitt folgt das Argument, eine Art Inhaltsangabe der Ekloge, die selektiv bestimmte Momente hervorhebt und den Effekt dessen, was wir erst noch zu lesen haben, vorab definiert. Argument und Ekloge treten in einen produktiven Widerspruch zueinander.
- Die Eklogen schließen jeweils mit einem Emblem, einem Sinnspruch, der sich gegenüber den artikulierten Empfindungen und Problemen gänzlich abstrakt verhält.
- An die Eklogen schließen sich umfangreiche Glossen an, die im nachhinein einzelne Passagen extensiv kommentieren, intertextuelle Bezüge herstellen und Worterklärungen bieten. Spenser nämlich legt seinen Hirten ein archaisches Vokabular in den Mund, Wörter und Wendungen aus der Zeit Chaucers, die Ende des 16. Jhd.s nur noch in nordenglischen Regionaldialekten gängig waren. Damit ist zweierlei erreicht: (1) Es wird eine sprachliche Kontinuität zu der ersten Blüte englischer Dichtung im späten 14. Jhd. gestiftet. (2) Durch den Gebrauch von *inusitata* werden die Hirten im Sinne eines poetischen *decorum* als tatsächliche Landbewohner ausgewiesen.
- Vor allem aber: Spensers Dichtung ist ein Schäferkalender, der die Sequenz der zwölf Monate der pastoralen Idealwelt aufprägt. Dies hat eine Fülle von Konsequenzen, die in ihrer Summe auf eine Depotenzierung und Partialisierung der Imagination hinauslaufen, positiv formuliert: auf einen wechselseitigen Transfer

von lebensweltlichem Wissen (W 1) und imaginativer Welt (W 3) über ein Artefakt (W 2), das in sich selber poetische und praktische Funktionen zusammenhält.

In dem *Generall Argument*, einer von zwei dem Zyklus vorangestellten bedeutenden Einleitungen aus der Feder des bis heute nicht identifizierten Kommentators E. K., wird auf die Parallelführung der zwölf Eklogen zu den zwölf Monaten verwiesen. Zugleich wird diese formale Ordnung problematisiert, ist doch der Beginn des Jahres eine Frage von »doubtful iudgment«[50]. Die Frage sei nämlich, ob das Jahr mit dem Januar oder dem März beginne. Der Kommentator führt für beide Optionen traditionelle Argumente ins Feld und stellt zugleich die Pastoraldichtung in einen aktuell-brisanten Kontext. Er markiert damit die Beschaffenheit des Artefakts als Faktum, das in die empirische Wirklichkeit eingelassen ist, nivelliert also die Differenz zwischen W 1 und W 2 und provoziert die Frage, welchen Status dann noch die grüne Pastoralwelt (W 3) haben kann. Mit welchem Monat also soll das Jahr beginnen? E. K. erinnert an die folgenden Argumente, die für einen Jahresbeginn im Januar sprechen: Dies ist die genuine Jahreseinteilung des Christentums; die Inkarnation Gottes in Christus bezeichnet das Ende der alten und den Beginn der neuen Ära, die in jedem Jahr wiederholt wird. Schon Numa Pompilius, »the father of al the Roman ceremonies and religion« (§ 11), hat vor den März die Monate Februar und Januar gelegt und den Jahresbeginn dem Gott Janus gewidmet. Julius Caesar hat in seiner Kalenderreform diese Einteilung unter Berücksichtigung der Schaltjahre in einer bis heute gültigen Form fixiert. Kurzum, der Januar ist Jahresanfang »according to the simplicitie of common vnderstanding« (§ 13) und so für den Eklogenzyklus per se plausibel. Dennoch sind auch zugunsten eines Jahresbeginns im März (oder gar einem anderen Monat) Gesichtspunkte vorgetragen worden: Für dieses Zeitschema steht die antike Überlieferung einerseits – E. K. erwähnt das alte 10-Monats-Jahr seit Romulus; Macrobius' *Saturnalia*; und sogar Andalo de Negro, ein Lehrer Boccaccios, favorisierte dieses Modell –, die jüdische andererseits: März ist der Monat des Auszuges aus Ägypten.[51] Die Ägypter ihrerseits begehen den Jahresanfang im September, dem Monat der Schöpfung. Die ganze Frage ist letztlich zweifelhaft und prekär, da alle historischen Reformen überlagert sind von religiös-typologischen Implikationen.

Das in dieser Einleitung wie nebenbei geäußerte Argument, der Julianische Kalender sei weiterhin der allgemein akzeptierte, situiert den Text zusätzlich in der langen Geschichte der Kalendermodelle und deren Kommentierung[52] und plaziert ihn 1579 in einer brisanten Diskussion. Zwei Jahre zuvor nämlich unterbreitete

[50] Edmund Spenser: *The Works of Edmund Spenser – A Variorum Edition* VII: *The Minor Poems* I, ed. by Charles Grosvenor Osgood and Henry Gibbons Lotspeich, Baltimore 1943, repr. 1966, 14 (§ 13); alle weiteren Angaben (Verszählung) nach dieser Ausgabe direkt im Text.

[51] Ex. 12,2 und 13,3 f.

[52] Vgl. dazu Arno Borst: *Die karolingische Kalenderreform*, Hannover 1998 (Monumenta Germaniae Historica, Schriften Bd. 46).

Papst Gregor XIII den christlichen Regierungen und Universitäten seine Vorschläge zur Kalenderreform, die in den protestantischen Ländern natürlich verworfen wurden. Der protestantische Alternativvorschlag des englischen Mathematikers Dr. John Dee, um 1580, im Oktober elf statt zehn Tage zu eliminieren, wurde ebenfalls abgelehnt. 1582 übernehmen die katholischen Länder den gregorianischen Kalender, England zählt weiter (bis 1752) im *old style*. In dieser Debatte erhält schon der bloße Begriff »Calender« eine konfessionspolitisch aktuelle Implikation; er verweist aber auch auf die Unselbstverständlichkeit von Zeitmessungen, -einteilungen und -benennungen, und – als Titel eines poetischen Werkes – auf die literarische Modellierung dieses Problems seit Ovids *Fasti*. Spenser eröffnet also, sobald wir in die Lektüre der Januar-Ekloge eintreten, eine vielschichtige Wahrnehmungsform und eine komplexe Konditionierung der poetischen Imagination: (1) Er situiert den »Calender« historisch im Blick auf Chaucer, der das funktionale englische Äquivalent zu Vergil darstellt; damit ist ein sprachlicher, poetischer, prosodischer Bezugspunkt gegeben, und der Imagination wird eine leitende Wissensschicht eingetragen. (2) Er entgrenzt den gegenwärtigen englischen Sprachstand und irritiert das – selber noch ungefestigte – Sprachbewußtsein seiner Zeit; damit wird die poetische Semantik vorsätzlich verfremdet, die Erwartung eines neuen, anderen Lesens wird auf den Plan gerufen. (3) Er evoziert einen gewaltigen Bildungshorizont in den intertextuellen Verweisen des Kommentars, in dem sich auch Angaben zu der fallweise zu dechiffrierenden allegorischen »secret meaning« finden; damit wird die Imagination abermals entselbstverständlicht, ihr wird eine ›Tiefenschicht‹ vindiziert. (4) Der Text gibt mehrere simultane Anweisungen, wie das Gelesene zu imaginieren sei und auf welche Wissensbestände es zu kodieren ist. Vor allem: Er erteilt Anweisung zu einer doppelten Imagination der Zeit: als eines formalen Schemas, das auch den Gang dieser Dichtung determiniert, und als einer offenen, fluktuierenden Dimension, in der Momente von Evidenz und Lebensbedeutsamkeit konzentriert sind. Dieser Verzeitlichung der poetisch-pastoralen Imagination sollen noch einige Überlegungen anhand der beiden Rahmeneklogen gewidmet sein.

Die Januar- und Dezember-Eklogen sind Monologe des unglücklich verliebten Schäfer-Dichters Colin Clout, hinter dem sich, so der Kommentator, der Dichter selber verbirgt. Konfrontiert man diese Texte direkt, so zeigt sich eine konsequente Radikalisierung der pastoralen Imagination im Aspekt der Zeitlichkeit. Zeit wird in der Januar-Ekloge in mehrfacher Weise eingeführt. Im Holzschnitt ist über der kahlen Winterlandschaft das Sternzeichen Wassermann dargestellt, als Indiz einer zyklisch-supralunaren Gleichförmigkeit. Ferner werden die Jahres- und Tageszeiten am Anfang (»Winters wastful spight« [V. 2], »a sunneshine day« [4]) und Ende (»frosty *Night*« [74]) chronographisch fixiert, so daß ein fester Rahmen für die Klagen des Schäfers gegeben ist. Er erkennt wie in einem »myrrhour« (20) seine Gemütslage in der Natur wieder. Schon das dem Gedicht vorangehende Argument definiert diese Korrespondenzimagination: »[...] *he compareth his carefull case to the sadde season of the yeare, to the frostie ground, to the frosen trees, and to his owne winterbeaten flocke*«.

Die Analogie von Natur und Gemüt wird denn auch bis in die rhetorische Konstruktion der Verse mit Parallelismen, Antithesen und chiastischen Fügungen realisiert: »Thou weake, I wanne: thou leane, I quite forlorne: / With mourning pyne I, you with pyning mourne« (47 f.). Insoweit haben wir es mit einer durchaus konventionellen pastoralen Situation zu tun, wie sie etwa für Sannazaros *Arcadia* typisch ist. Nun gipfelt allerdings die Aussichtslosigkeit Colins, der seine Rosalind nie gewinnen wird, darin, daß er seine Pansflöte zerbricht (die im Holzschnitt wie ein kleiner Dudelsack abgebildet ist). Er terminiert seine poetische Kompetenz, deren Emblem die Flöte ist, und die die Bedingung seines Sprechens war. Nur ihr ist der Analogismus von Natur und Selbst zu verdanken, nur vermöge ihrer Betätigung konnte er den Jahresablauf metaphorisch auf sich selber beziehen: »As if my yeare were wast, and woxen old. / And yet alas, but now my spring begonne, / And yet alas, yt is already done« (28–30). Paradoxerweise produziert das Kalenderschema zu Beginn der Dichtung schon deren Ende; das Zerbrechen der »oaten pype« (72) ist die dem Januar gemäße Geste, also eine produktive Einlösung des pastoralen Analogiedenkens, das gleichwohl ohne die »pype« stumm bleiben muß. Wenn nach diesem Ende im Anfang Colins Emblem mit »*Anchôra Speme*« angegeben wird, so ist das zunächst nichts weiter als eine Motivierung, gleichwohl weiter zu verfahren.

Diese paradoxe Selbstdepotenzierung der pastoralen Imagination durch das Kalenderschema wird im *Shepheardes Calender* an seinem Ende radikal thematisiert. In der Dezember-Ekloge wird der Kalender sich selber zur Metapher und zur Metapher für die Imagination; so wie der Kalender die in ihm strukturierte Zeit transformiert in einen bestimmten Sinn von Zeit, so verwandelt die Imagination die ihr begegnenden Gegenstände in etwas, das in ihnen verborgen war. Die Kalendarisierung der Zeit zeigt sich als Leistung der Imagination; insofern nun aber diese Kalendarisierung eine Differenz setzt zu einer idealen Invarianz – in der Pastoralwelt als Liebe chiffriert – und diese Invarianz als höchster Gegenstand der Imagination anzusehen ist, ist die Kalendarisierung eine Imagination gegen die Imagination, ein imaginatives Selbstdementi. Auch die Dezember-Ekloge ist ein Monolog des liebeskranken Schäfers Colin Clout, der auf sein Leben zurückblickt und sich dabei der Metaphorik der vier Jahreszeiten bedient: »*he proportioneth his life to the foure seasons of the yeare*«, sagt das Argument. Seine Jugend bezeichnet er als »my ioyfull spring« (V. 19), der gefolgt wird von der »Sommer season« (56) und »my haruest« (98) und ausweglos pessimistisch endet mit dem Lebenswinter: »So now my yeare drawes to his latter terme, / My spring is spent, my sommer burnt vp quite: / My harueste hasts to stirre vp winter sterne, / And bids him clayme with rigorous rage hys right« (127–130). Auf den so metaphorisierten Winter folgt kein Frühling, sondern einzig »dreerie death« (144). Die letzte Stanze kann denn auch nur noch ein sechsfaches »Adieu« artikulieren. Die Hereinnahme des Monatsschemas in die Ekloge destruiert noch den letzten Rest einer ideal vorzustellenden Pastoralwelt, sie bringt diese an ein irreversibles Ende.

Der Kalender bindet sich, so ließe sich sagen, insofern an die Zeit, als diese zyklisch ewig wiederkehrt, bis sie am Ende aller Tage selber aufgelöst wird. Der Kalender gibt ein Zeitmodell vor, das die die Welt durchwirkende Wandelbarkeit, den täuschenden metamorphotischen Charakter aller sublunarischen Dinge sowohl gestaltet wie stillstellt. Daß dies nur gelingen kann, wenn der Kalender rhetorische Verschiebungen vornimmt und sich auch selber rhetorisch verwirklicht, zeigt die Paradoxie in Colins Monolog: auf den Winter wird kein Frühjahr folgen, weil der Winter metaphorisch entkonkretisiert ist. Die Zeit wird also wörtlich genommen: dann steht alles in ihr im Aspekt der Vergänglichkeit und der Transformation; oder aber sie wird metaphorisch verschoben: dann lassen sich zeitlose Dinge und Werte konstatieren. Das kann in einem neuplatonischen Schema begrifflich ausgearbeitet – es kann aber auch als Leistung der poetischen Imagination in actu vorgestellt werden. Die Zeit bleibt dort stehen, wo in ihre Erscheinungen Imagination einschießt, wo die Dinge imaginativ aufgeladen (und nicht in idealen Schemata aufgehoben) werden. Die imaginative Überdeterminierung der Dinge in der Zeit läßt innerhalb des formalen Zeitschemas Zonen der Zeitlosigkeit entstehen. Das jedenfalls zeigt der *Calender* an, insoweit er sich selber, als Artefakt, dem Niedergang der pastoralen Imagination in der Zeit entwindet. »*Vivitur ingenio, caetera mortis erunt*« lautet Colins letztes ›goldenes‹ Emblem. Und vollends die Abschlußverse bekräftigen den Sonderstatus dieses Kunstwerk-Kalenders gegenüber den realen wie fiktiven Welten, die unter dem Diktat der ruinösen Zeit stehen: »*Loe I have made a Calender for euery yeare, / That steele in strength, and time in durance shall outweare: / And if I marked well the starres reuolution, / It shall continewe till the worlds dissolution*«. Dieser Kalender limitiert, depotenziert, ja destruiert die Imagination als Vermögen zu einer ideal möglichen Welt, aber er exponiert sich selber damit nur umso glanzvoller als das perfekte Modell dessen, was sein sollte. Er ist, als poetischer Diskurs, das Modell imaginativer Arbeit; die Schäfereklogen werden, indem sie in sich thematisch das tilgen, was sie doch einzig ermöglicht, zur prekären Allegorie dieser Form der Imagination.

Zusammenfassend ist zu sagen: Anders als in der Romantik, bei Coleridge etwa, läßt sich in der elisabethanischen Renaissance die Imagination nicht diskursiv einholen, nicht in einer Sequenz begrifflicher Setzungen verorten. Der systematische Grund dafür, wir deuteten es am Ende des I. Abschnitts an, liegt darin, daß erst die Romantiker die Notwendigkeit sahen, in der Imagination – und der Imagination der Imagination – den obersten Vereinheitlichungspunkt der Subjektivität, das höchste Prinzip einer Selbst-Identifizierung auszumachen. Bei den Elisabethanern zeigt sich die Imagination gänzlich anders: Sie wird in den poetologischen Traktaten partiell, aber höchst suggestiv, weil widersprüchlich, bestimmt, und entfaltet sich jenseits solcher Eingrenzungen vor allem als kulturelle Transformationsenergie. Pointiert kontrastiert ließe sich sagen: Die Romantiker fragen nach der Imagination im Horizont des Selbst, die Elisabethaner ›betätigen‹ die Imagination, um Welten zu finden, zu erfinden, zu inszenieren, einen Transfer zwischen diesen Welten zu initiieren. Die Romantik definiert folglich die Imagination im Singular. Die Elisabethaner kennen neben der Imagination als einer Funktion der menschlichen Seele jene unbegrenzten und unaufhörlichen Verwandlungen von Gedachtem, Gewußtem, Gesagtem, Wahrgenommenem, Erinnertem, Vorgestelltem in immer wieder Anderes, jene universelle Transformation also als kulturelles Geschehen, das in keinem einzelnen Terminus zu fixieren ist. So ist es geboten, zwar von der romantischen Imagination zu sprechen, im Unterschied hierzu aber von den elisabethanischen Imaginationen.

Erfindungsgeist und Bildlichkeit in der neuzeitlichen Wissenschaft

Von Gunter Scholtz

I.

Die Klage über die Phantasielosigkeit der modernen wissenschaftlichen Zivilisation ist so oft wiederholt worden, daß 1985 sich ein Autor gereizt zu einer »Attacke« gegen die Phantasie provoziert fühlte.[1] Aber die berühmten Diagnostiker des Zeitgeistes der Moderne sind sich in diesem Punkt einig. Wir lesen etwa in der *Dialektik der Aufklärung* von Horkheimer und Adorno, die Wissenschaften und die Technik hätten Einbildungskraft und Bilder verbannt – Voraussetzung für die Entstehung von politischem Wahn und von Ausnutzung der Arbeitskräfte.[2] Indem diese Autoren von der »Entzauberung« der Welt sprechen, nehmen sie einen Begriff Max Webers auf, der eindrücklich gezeigt hatte, daß mit dem modernen Rationalisierungsprozeß, der alle Bereiche durchdringt, eine Versachlichung einhergeht, die den Phantasiegestalten allenfalls den Raum der Kunst übrig läßt. Max Weber hat für seine These keinen Originalitätsanspruch erhoben, denn was z. B. Karl Marx 1857 über den Zusammenhang von Mythologie und Kunst sagte, lief schon auf dasselbe hinaus[3]: »Alle Mythologie überwindet und beherrscht und gestaltet die Naturkräfte in der Einbildung und durch die Einbildung: verschwindet also mit der wirklichen Herrschaft über dieselbe. Was wird aus der Fama [der Sage] neben Printinghouse Square [also neben der »Times«]? […] Ist Achilles möglich mit Pulver und Blei? Oder überhaupt die ›Iliade‹ mit der Druckerpresse oder gar Druckmaschine? Hört das Singen und Sagen und die Muse mit dem Preßbengel nicht notwendig auf, also verschwinden nicht notwendige Bedingungen der epischen Poesie?« Die Sätze sind aber ihrerseits nur eine Neufassung der These Hegels, daß das antike Epos einen »*ursprünglich* poetischen Weltzustand« voraussetzte, während der moderne Roman in einer »bereits zur *Prosa* geordneten Wirklichkeit« entsteht, nämlich in einer bürgerlichen, durch Rechtsverhältnisse bestimmten Welt, in der das »Heroentum« aufhört.[4] Hegel und Marx haben trotz ihrer Einsicht in den unwiederbringlichen Verlust von Poesie und Einbildungskraft den Fortschritt der Geschichte verteidigt, bei Hamann und Herder aber hatte der Gedanke eine kritische Spitze gegen den trockenen, ab-

1 Matthias Gotz: *Gegen ›Phantasie‹ – Eine Attacke*, in: *Internationale Zeitschrift für Semiotik und Ästhetik* (1985), 39–40, 91–110.

2 Max Horkheimer, Theodor W. Adorno: *Dialektik der Aufklärung*, Amsterdam 1947, 7, 14.

3 Karl Marx: *Einleitung* [Zur Kritik der Politischen Ökonomie], in: Karl Marx / Friedrich Engels, *Werke*, Bd. 13, Berlin/O. 1971, 641.

4 Georg Wilhelm Friedrich Hegel: *Vorlesungen über die Ästhetik*, in: ders.: *Werke*, hg. von Eva Moldenhauer und Karl Markus Michel, Frankfurt/M. 1986, Bd. 15, 392 f.

ZÄK Sonderheft · Jahrgang 2002 · © Felix Meiner Verlag 2002 · ISSN 1439-5886

strakten Geist der Aufklärung[5]: »Poesie ist die Muttersprache des menschlichen Geschlechts« – aber die Sprache der Neuzeit ist die Prosa. Schon bei Giambattista Vico war das am Beginn des 18. Jhd.s eine Kernthese seiner *Scienza nuova*: Am Anfang der Geschichte der Menschheit steht eine in Bildern denkende Phantasie, aber diese poetische Sprache verblaßt zur Prosa, um im Zeitalter der Philosophie und Wissenschaft ganz zu verschwinden. Kulturgeschichte ist Sprach- und Symbolgeschichte, und diese zeigt eine Schrumpfung von Phantasie und Bild. Der zivilisations- und wissenschaftskritische Zug dieses Gedankens hat ihn z. B. für Ernesto Grassi im 20. Jhd. besonders attraktiv gemacht, und Grassi hat für seine Kritik an der phantasie- und bilderarmen modernen Wissenschaft sich wiederholt auf Vico bezogen.[6]

Wenn so verschiedene und bedeutende Autoren, deren Reihe sich leicht ergänzen läßt, sich einig sind, dann wird es nicht falsch sein, daß mit dem, was wir die Neuzeit oder die Moderne nennen, ein Phantasie- und Bilderverlust einhergeht. Wir brauchen auch nur wenig von unserer zivilisatorisch verkümmerten Vorstellungskraft in Anspruch zu nehmen, um uns durch einige Beispiele den Wahrheitsgehalt jener Feststellung plausibel zu machen. Daß die Sonne sich um die Erde drehte, überschritt schon die menschliche Wahrnehmung, korrespondierte aber noch mit der Alltagserfahrung, an der bis heute auch unsere Sprache festhält, dergemäß die Sonne noch immer auf- und untergeht – daß sich die Erde um sich selbst und um die Sonne dreht, kann man hingegen nur erschließen und errechnen. Alle kosmologischen Systeme, die einen dreidimensionalen Raum voraussetzen, kann man bildlich darstellen – ein vierdimensionaler Raum übersteigt unsere Vorstellungskraft. Die Existenz der Elemente Feuer, Wasser, Erde, Luft war jedem durch seine Sinneswahrnehmung evident – Neutronen und Positronen aber gibt es nur, wie uns die Wissenschaftstheoretiker versichern, im Kontext physikalischer Theorien.[7] Wie mit der Wissenschaft, so steht es mit ihrer Anwendung. Der Mechanismus einer Kuckucksuhr ist durchschaubar im wörtlichen Sinne – das Funktionieren von Elektrometern weniger. Die Unanschaulichkeit betrifft auch die Ökonomie und Politik. Wie man durch Arbeit und gute Ernten reich wurde, konnte man beobachten – wie das Kapital arbeitet und Reichtum erzeugen kann, entzieht sich unseren Blicken. Der König als Souverän war äußerst ansehnlich – der vereinigte Volkswille als Souverän aber ist so abstrakt, daß man an seiner Existenz zweifeln könnte. Zur Macht des Königs gehörte der ganze prächtige Pomp des Hofes mit seinen unzähligen Ritualen (die schließlich von einer eigenen *Zeremonialwissenschaft* verwaltet werden mußten) – die Macht des Volkswillens dokumentiert sich in Verfassungen und Gesetzbüchern. Auch in der Moral findet man eine Analogie. Zwar waren Tu-

[5] Johann Georg Hamann: *Aesthetica in nuce* (1762), in: ders.: *Sämtliche Werke*, histor.-krit. Ausg., hg. von Josef Nadler, Bd. 2, Wien 1950, 197.

[6] Ernesto Grassi: *Die Macht der Phantasie – Zur Geschichte des abendländischen Denkens*, Frankfurt/M. 1984.

[7] Elisabeth Ströker: *Einführung in die Wissenschaftstheorie*, Darmstadt [3]1986, 71.

genden und moralische Grundsätze stets unanschaulich, aber sie ließen sich durch Geschichten und Bilder anschaulich machen – dies dürfte für Kants kategorischen Imperativ kaum noch gelingen. Diese Beispiele mögen genügen, um zu vergegenwärtigen, daß die breit akzeptierte Auffassung, die Moderne beschränke oder vertreibe Einbildungskraft und Anschaulichkeit, ein fundamentum in re hat und nicht selbst ein willkürliches Phantasieprodukt zivilisationskritischer Geschichtsphilosophen ist. Mit Recht hat deshalb Karl-Otto Apel in einem Aufsatz gesagt, man könne heute von einem wissenschaftlichen Welt*bild* eigentlich nicht mehr sprechen, da dieses *Bild* alle Anschaulichkeit verloren habe und deshalb keines mehr sei.[8] Ob man diesen Befund – etwa mit Grassi – sofort unter kulturkritische Perspektive rükken sollte, dürfte allerdings strittig sein. Denn wenn man sich noch in der frühen Neuzeit etwa einbildete, die Pest ginge auf Brunnenvergiftungen oder böswillige Menschen zurück, die giftige Salben verteilten, dann war das für die Zeitgenossen bis zum 17. Jhd. zwar leicht vorstellbar – und im 19. Jhd. war diese Welt von Alessandro Manzoni in seinem Roman *Die Verlobten* auch gut erzählbar –, aber es war eben eine Einbildung mit tödlichen Konsequenzen, für die unschuldig Verdächtigten ebenso wie für die von der Pest Bedrohten. Die Aufklärung hatte also gute Gründe, den Phantasieprodukten kritisch entgegenzutreten.

II.

Schon wenn wir uns die programmatischen Schriften der beiden Pioniere des neuzeitlichen Empirismus und Rationalismus, Francis Bacon und René Descartes, ansehen, bekommen wir aber dennoch Zweifel, ob jene Auffassung vom Phantasie- und Bilderverlust ganz richtig ist.

Bacons *Novum Organum* von 1620 bestätigt zunächst genau das, was wir aufgrund unseres *common sense* über die neuzeitliche Wissenschaft erwarten. Bacon fordert, es müsse mit den Phantastereien und mit den nur auf Phantasie beruhenden Vorurteilen ein Ende haben[9] und statt dessen solle der Geist die Forschung »wie durch eine Maschine bewerkstelligen«[10]; das bedeutet, es gilt affektfrei, präzise, kontinuierlich und planvoll Wissenschaft zu treiben und dabei auch Instrumente und Maschinen einzusetzen. Dazu will Bacons *Novum Organum*, die erste Forschungslo-

[8] Karl-Otto Apel: *Kann es ein wissenschaftliches Weltbild überhaupt geben?* in: *Zeitschrift für philosophische Forschung* 16 (1962), 29–67.

[9] Francis Bacon: *Novum Organum*, z.B. lib. I, aphor. XXVIII, XLVII, in: ders.: *The Works of Francis Bacon*, ed. by James Spedding / Robert Leslie Ellis / Douglas Denon Heath, London 1857–1874, Faksim. Nachdr. Stuttgart-Bad Cannstatt 1963, vol.1, 161, 166. Dt. Ausg.: *Neues Organon der Wissenschaften*, übers. und hg. von Anton Theobald Brück, Darmstadt 1981, 30, 35. Um der Lesbarkeit des Textes willen werden im folgenden oft Übersetzungen herangezogen und diese deshalb in den Anmerkungen neben der englischen Standardausgabe der Werke Bacons auch genannt.

[10] Bacon: *Novum Organum*, Praef., in: *The Works* [Anm. 9], vol. 1, 152. Dt. Ausg. [Anm. 9], 22f.

gik in modernem Sinn, anleiten, und Bacon verspricht, es würden sich dadurch Ergebnisse erzielen lassen, die noch für keine Phantasie erreichbar waren.[11] Deshalb sind laut Bacon für die Wissenschaft nur Wahrnehmung, Gedächtnis und Verstand erforderlich, während er die Phantasie der Dichtung überläßt – eine Exilierung, eine Ausbürgerung der Phantasie aus der Kultur insgesamt, wie zivilisationskritische Interpreten hinzufügen.

Dennoch ist damit noch nicht alles über Bacon und die Phantasie gesagt. In den Ausführungen zur Poesie in seinem Werk *Über die Würde und den Fortgang der Wissenschaften* wird die Phantasietätigkeit von Bacon als Form des Denkens bezeichnet – und gerechtfertigt: Wer imaginiert – so heißt es hier –, der denkt, und zwar ebenso wie derjenige denkt, der sich erinnert oder Vernunftschlüsse zieht.[12] Deshalb kann Bacon den Nachweis versuchen, daß in den antiken Mythen – in den Mythen von Pan, von Perseus, von Dionysos – tatsächlich gedacht wurde, d. h. genauer: daß in ihnen Gedanken eingeschlossen sind, die man interpretierend ans Licht bringen kann. Damit ist anerkannt, daß die Phantasie mit ihrer Bilderwelt zumindest das Gewand für die begrifflich erfaßte Einsicht liefern oder zumindest so etwas wie die Vorstufe der Vernunft sein kann. Was Bacon hier jedenfalls voraussetzt, eine Verträglichkeit von Verstand und Phantasie, wird überall dort weiterhin angenommen, wo man zu didaktischen und Erläuterungszwecken Bilder bemüht, um bildlose Wahrheiten verständlich zu machen, und das tut Bacon allenthalben; so etwa, wenn er die Empiristen sammelnde Ameisen, die Rationalisten ihren Faden aus sich selbst zeugende Spinnen nennt und die wahre Wissenschaft mit der Tätigkeit der Bienen vergleicht, die das gesammelte Material auch verarbeiten.[13]

Aber Bacons Mytheninterpretationen verraten noch in einem anderen Sinne Phantasie, nämlich Phantasie im Sinne der von ihm selbst verurteilten bloßen Phantasterei. Vom Standpunkt des späteren historischen und philologischen Wissens aus betrachtet, ist seine Darstellung ein geradezu abenteuerliches Gemisch aus biblischen Motiven, antiken Philosophemen verschiedenster Provenienz und eigenen Gedanken, die er gewaltsam in jene Mythen hineinpreßt. Man kann natürlich entschuldigend sagen, daß er noch keine kritische Mythenforschung kannte. Man kann aber auch mit demselben Recht ihm eine unkritische Grenzüberschreitung vorwerfen. Er, der naturwissenschaftlich selbst forschte und dabei sozusagen den wissenschaftlichen Heldentod starb, nachdem er beim Experimentieren mit Gefrierfleisch sich eine Grippe zugezogen hatte, er meinte, nicht nur die Natur neu interpretieren,

[11] Bacon: *Novum Organum,* lib. I, aphor. CIX, in: *The Works* [Anm. 9], vol. 1, 208. Dt. Ausg. [Anm. 9], 81.

[12] »Nam et qui meminit, aut etiam reminiscitur, cogitat; et qui imaginatur similiter cogitat; et qui ratiocinatur utique cogitat [...].« Francis Bacon: *De dignitate et augmentis scientiarum*, lib. II, cap. XIII, in: ders.: *The Works* [Anm. 9], 528. Dt. Ausg.: *Über die Würde und den Fortgang der Wissenschaften*, übers. und hg. von Johann Hermann Pfingsten, Pest 1783, ND Darmstadt 1966, 254.

[13] Bacon: *Novum Organum,* lib. I, aphor. XCV, in: *The Works* [Anm. 9], vol. 1, 201. Dt. Ausg. [Anm. 9], 74.

sondern auch antiken Mythen zu Leibe rücken zu können. Sehen wir die Sache so, dann ist seine Mythendarstellung schon typisch für die neuzeitlichen Wissenschaften, die durch Grenzüberschreitungen auch neue Phantastereien hervorbringen (wie z. B. die neue soziobiologische These von der vollkommenen Natürlichkeit der Vergewaltigung).

Bacon hat in einer berühmten Schrift bekanntlich seiner Phantasie ganz bewußt die Zügel schießen lassen, in seiner Staatsutopie *Nova Atlantis*.[14] Der Form nach eine Monarchie, hat Bacons utopischer Staat doch sein Machtzentrum weniger im Königspalast als im Haus Salomos, einer unterirdisch gelegenen staatlichen Zentralakademie, in der arbeitsteilig experimentiert, geforscht und erfunden wird. Hier wird alles in Erfahrung gebracht und hergestellt, was dem Glück der Bürger durch Naturbeherrschung dient. Der Besucher wird wie folgt über den Zweck dieser ordensähnlichen Institution aufgeklärt[15]: »Der *Zweck* unserer Gründung ist die Erkenntnis der Ursachen und Bewegungen sowie der verborgenen Kräfte in der Natur und die Erweiterung der menschlichen Herrschaft bis an die Grenzen des überhaupt Möglichen.« Deshalb werden auch mit öffentlichen Standbildern nicht Feldherren, Heroen und Könige geehrt, sondern Wissenschaftler, Entdecker und Erfinder.

Was Bacon hier literarisch tut, läßt sich mit seiner eigenen Theorie der Phantasietätigkeit beschreiben. Er hat nämlich sichtlich Elemente seines Erfahrungshaushaltes variiert und neu verbunden. Was er von traditionaler Sitte, von Orden und Königtum gelesen und gesehen hatte, wird mit dem kombiniert, was er vom Gang und den Möglichkeiten der neuzeitlichen Wissenschaften wußte. Und das Haus Salomos, der Mittelpunkt seiner Utopie, zeigt uns, daß die neuen Wissenschaften ein ganz vorzügliches Phantasiematerial abgeben, um daraus neue zivilisatorische Welten zu bauen. Die vielfältigen technischen und Sozialutopien der Folgezeit – man braucht ja nur die entsprechenden Kapitel in Ernst Blochs *Prinzip Hoffnung* zu lesen – verfahren in gleicher Weise: Die wissenschaftlich-technischen Möglichkeiten der jeweiligen Gegenwart werden von der Einbildungskraft fortgesponnen, weitergedacht, ihre möglichen Konsequenzen ausgemalt – und das kann zu Bildern neuen Glücks, aber auch zu Schreckensvisionen führen.

Man kann sich fragen, ob solche Visionen der neuzeitlichen Wissenschaft immanent sind oder ob sie zu dieser äußerlich hinzutreten, als etwas, was man den Romanschriftstellern überläßt und überlassen kann, weil es die Wissenschaft im engeren Sinn gar nichts angeht. Ich lasse die Frage unbeantwortet und verweise nur darauf, daß zumindest bei Bacon die Wissenschaftstheorie unlösbar mit dem Zentralgedanken seiner Utopie verknüpft ist. Die Wissenschaften sind für Bacon nämlich nur dann keine bloßen Spekulationen, sondern wirkliche, erfolgreiche Wissenschaften, wenn sie zur Herrschaft über die Natur führen. Der technische Erfolg ist ihr Wahr-

[14] Engl. Ausg. 1627, lat. Ausg. 1658.

[15] Bacon: *Neu-Atlantis*, in: *Der utopische Staat*, übers. und hg. von Klaus J. Heinisch, Leck/Schleswig 1960, 205.

heitsbeweis. Wie man in anderen Wissenschaftskonzeptionen nicht sagen kann, das Streben nach logisch konsistenten Aussagen mit empirischem Gehalt sei ihnen äußerlich, eine sog. externe Determinante, so ist für Bacon das Streben nach Naturbeherrschung und Glück der Menschen den Wissenschaften immanent, ist ihr innerster und wahrer Nerv. Deshalb gestaltet das Buch *Nova Atlantis* für die Phantasie nur das aus, was er im *Novum Organum,* seiner Methodenlehre, als Wesen der Wissenschaft theoretisch festgelegt hatte, daß sie nämlich im Hinblick auf die Beherrschung der Natur und das Glück der Menschen experimentiert und forscht. Für Bacon gilt deshalb, daß die wissenschaftliche Forschung sich im Horizont von Glücksmöglichkeiten bewegt, welche sich erst in Phantasiebildern konkretisieren und in ferner Zukunft vielleicht auch realisieren lassen.

In dieser Weise ist bei Bacon – anders als er zunächst forderte und seine Interpreten kritisierten – keineswegs die Phantasie in die Poesie verbannt. Vielmehr kann sie 1. wissenschaftliche Einsichten verbildlichen, 2. zu Phantastereien führen und 3. die innerste Tendenz der Wissenschaften ausgestalten. (Ich denke, daß alle drei Formen bis in die Gegenwart erhalten blieben.)

Die Sachlage scheint mir bei dem Repräsentanten oder sogar Begründer des neuzeitlichen Rationalismus, bei Descartes, prinzipiell ähnlich, nur sehr viel subtiler zu sein. Descartes gilt als der wichtigste Miturheber für die Mathematisierung der Naturwissenschaften, und deshalb wird er wegen deren Erfolgen ebenso bewundert wie für das moderne abstrakte Weltbild gescholten. Wie Bacon kämpft auch er gegen die scholastische Disputierkunst und Syllogistik einerseits wie gegen die Willkürlichkeiten etwa der Alchemie andererseits und legt deshalb dem Geist strenge methodische Fesseln an, so schon in seiner Frühschrift, in den *Regulae ad directionem ingenii*, den *Regeln zur Leitung des Geistes* von 1628/29.[16] Besonders deutlich in Regel XIV erfahren wir, warum Descartes die Natur nur mathematisch, mit quantitativer Methode erforscht wissen wollte: Wenn man nicht bei der intuitiven Erkenntnis einzelner Sachverhalte stehen bleiben wolle (wie etwa »Der Kreis ist rund«), so lesen wir, dann muß man etwas vergleichen. Solcher Vergleich sei in exakter Weise nur möglich, wenn wir Größenunterschiede feststellen. Diese seien am deutlichsten gegeben und meßbar, wo Ausdehnung vorliege. Also gelte es, den Bereich des Ausgedehnten, die Körperwelt, quantitativ zu erfassen, wollen wir sichere Erkenntnisse der Natur erreichen.[17] Die erlebte bunte Wirklichkeit muß in mathematische Ausdrücke, Gleichungen und Statistiken transformiert werden. Bis heute gelten die quantitativ verfahrenden Naturwissenschaften bekanntlich als die *hard sciences*.

Trotz dieser Mathematisierung hat Descartes der Einbildungskraft – anders als Bacon – ausdrücklich eine Erkenntnisfunktion zugewiesen. Zwar gehört sie nicht

[16] Erstausgabe: Amsterdam 1684 (niederländ.). Im folgenden wird Descartes zitiert nach: *Œuvres de Descartes*, publ. par Charles Adam et Paul Tannery, Paris 1956 ff.

[17] Descartes: *Regulae* XIV, in: *Œuvres* [Anm. 16], t. 10, 1966, 438 ff.

zum denkenden Ich hinzu, sondern ist Teil des Körpers (akustische Vorstellungen setzen eben das Gehör, visuelle Bilder das Sehen voraus). Dennoch ist sie für die Naturerkenntnis, für die Erkenntnis der Körperwelt konstitutiv. Denn sie liefert uns – zusammen mit den Sinnen – Bilder von der Körperwelt, und da Gott kein Betrüger ist, können wir vertrauen, daß diese Bilder – sind sie klar und deutlich erkennbar – auch einen Realitätsgehalt haben und mit Hilfe des Verstandes Erkenntnis ermöglichen.[18]

Sodann ist die Einbildungskraft auch produktiv und kann sich etwa – sind die Grundfarben in der Wahrnehmung gegeben – auch Mischfarben vorstellen, in dieser Weise die Wahrnehmung überschreiten und dabei Wahrheit einsehen. Vor allem kann die Phantasie einen Gedanken oder eine Regel des Verstandes an einem bestimmten Vorstellungsbild anschaulich machen, sie kann z.B. zur Definition des Dreiecks ein Bild hinzufügen. Descartes denkt sich das so, daß der Geist Vorstellungsbilder erzeugt, die seine Einsichten anschaulich machen.[19] Schon die *Regulae* und erst recht die *Principia Philosophiae* sowie die Schriften zur Naturwissenschaft sind denn auch von Descartes stets mit Bildern ausgestattet, mit denen er seine Überlegungen auch zur Anschauung bringt. Schon in den *Regulae* heißt es, die erkennende Kraft als *ingenium* könne »neue Ideen in der Phantasie bilden«[20] – produktiver Verstand und Einbildungskraft greifen also ineinander, sind eng verkoppelt gedacht. In der Schrift *Le Monde* fordert er, sich einmal eine ganz andere Welt vorzustellen, und zwar in den »imaginären Räumen«, die in aristotelischer Tradition jenseits der Welt und nur in der Einbildung existieren.[21] Aber diese cartesische Skizze einer neuen anderen Welt ist nichts anderes als eine Konstruktion, welche die gegebene, wirkliche Welt besser begreifen lehrt. Hier ist das gesamte Weltbild eine Konstruktion des Denkens ebenso wie der Phantasie. In dieser Weise also sind sich bei Descartes wissenschaftlicher Verstand und Phantasie nicht fremd, sondern können nahezu identisch werden.

Daß solche wissenschaftlichen Konstruktionen dann auch zu Phantastereien führen können, ist im Falle Descartes' bekannter als bei Bacon. Zu den allzu kühnen cartesianischen Theorien gehört z.B. die Erklärung der Affekte und Traumbilder durch die materiellen *Lebensgeister* oder auch seine Erklärung von Herztätigkeit und Blutkreislauf aufgrund von Blutaufwärmungen und -abkühlungen durch das Herz und durch Gärungsprozesse. Diese Erklärung war zum Zeitpunkt der Entstehung schon durch Harvey überwunden. Die Widerlegung von Theorien war und ist zwar

18 Descartes: *Regulae* XII, in: *Œuvres* [Anm. 16], t. 10, bes. 414ff., sowie *Meditationes de prima philosophia* VI, in: *Œuvres* [Anm. 16], t. 7, 1964, 71ff.

19 Descartes: *Meditationes*, in: *Œuvres* [Anm. 16], VI.

20 Descartes: *Regulae* XII, in: *Œuvres* [Anm. 16], t. 10, 415f. – Die Vermögen *intellectus purus, imaginatio, memoria* und *sensus* werden hier als verschiedene Funktionen ein und derselben erkennenden Kraft genannt.

21 Descartes: *Le Monde* (*Traité de la Lumière, Traité de l'Homme*), in: *Œuvres* [Anm. 16], t. 11, 1967, 1–215. Vgl. *Discours de la méthode*, V, in: *Œuvres* [Anm. 16], t. 6, 1965, 40ff.

immer Teil des modernen Wissenschaftsprozesses. Aber ein gravierender Irrtum fällt natürlich bei einem Autor schwerer ins Gewicht, der die Phantasterei vertreiben will und die sichere Methode zu besitzen beansprucht. Die Erklärung des Blutkreislaufes wird ja von Descartes nicht als fruchtbare Hypothese, sondern als unbestreitbares Ergebnis eines sicheren rationalen Verfahrens vorgetragen. Man vergegenwärtige sich die Belehrung seiner Gegner im *Discours de la méthode*[22]: »Damit übrigens diejenigen, die die Überzeugungskraft mathematischer Beweise nicht kennen und es nicht gewohnt sind, wahre Beweisgründe von bloß wahrscheinlichen zu unterscheiden, dieser meiner Erklärung nicht auf gut Glück und ohne Prüfung widersprechen, so mögen sie sich gesagt sein lassen, daß der soeben erklärte Mechanismus sich allein aus der Einrichtung der Organe ergibt, die man im Herzen mit seinen Augen sehen, aus der Wärme, die man dort mit seinen Fingern spüren, und aus der Natur des Blutes, die man durch Erfahrung kennenlernen kann, und dies mit der gleichen Notwendigkeit, wie der Mechanismus einer Uhr aus der Kraft, Lage und Gestalt ihrer Gewichte und Räder folgt.« Der Irrtum der produktiven und phantasierenden Vernunft ergibt sich hier aus Systemzwang oder aus einer Grenzüberschreitung; was als Erklärungsmethode für eine einfache Maschine vielleicht taugt, muß für Descartes auch für den lebendigen Organismus richtig sein.

Das Verhältnis zur Phantasie ist also schon bei den ersten bedeutenden Theoretikern des neuzeitlichen Wissens etwas vielschichtiger, als es die Behauptung von der Phantasielosigkeit der Moderne vermuten läßt: Wir finden nämlich *erstens* tatsächlich den Ausschluß der Phantasie als willkürlicher Ideenproduktion und ihre Ersetzung durch Methode, *zweitens* aber auch die Anerkennung einer gezügelten Phantasie, die sich mit der methodischen Vernunft verbündet, um z.B. deren Erkenntnisse in ein anschauliches Bild zu übersetzen, *drittens* sodann eine unfreiwillige wissenschaftliche Phantastik, die nur der Kritiker und Historiker wahrnimmt. Gerade die aber ist aufschlußreich, denn sie zeigt, daß Theorien nicht ausgerechnet oder der Wirklichkeit abgelesen, sondern entworfen werden. Schon hier wird deutlich, daß es eine spezifisch wissenschaftliche Phantasie gibt, welche Ideen, Fragen, Hypothesen kreiert – eine heute von der Wissenschaftstheorie breit akzeptierte Tatsache.

[22] Descartes: *Discours de la méthode = Von der Methode des richtigen Vernunftgebrauchs und der wissenschaftlichen Forschung*, V, übers. und hg. von Lüder Gäbe, Hamburg 1960 u.ö., 81 / 83.

III.

Erst recht erweist sich die Auffassung von der abstrakten, phantasielosen Wissenschaft als einseitig, wenn wir uns die Wissenschaften selbst ansehen. Ich greife einige Disziplinen beispielhaft heraus und beginne mit der Geschichtswissenschaft. Daß auch diese eine neuzeitliche Wissenschaft ist, ja Neuzeit gar nicht ohne jene gedacht werden kann (denn sie könnte sich ohne historisches Wissen nicht einmal »Neuzeit« nennen), das ist unbestritten. Die Wissenschaftshistoriker sind sich nur nicht einig, ob diese Disziplin schon im Renaissance-Humanismus ihren Anfang nahm (wie Ulrich Muhlack behauptet)[23] oder erst im 18. Jhd. (wie man gewöhnlich annimmt).[24] Für uns aber ist die Frage gleichgültig, da es nur kurz zu zeigen gilt, inwieweit in der Historie Phantasie und Bildlichkeit eine Rolle spielen oder nicht.

Ich kann dafür nochmals an Francis Bacon anknüpfen. Dieser trennte in seinem schon zitierten Werk über die *Würde und den Fortgang der Wissenschaften* die Historie als Sache des Gedächtnisses von der Poesie als Sache der Phantasie scharf ab, da jene, die Historie, das Erfahrungsmaterial treu aufbewahre, die Poesie es aber spielerisch und willkürlich variiere und neu verknüpfe. Damit hat Bacon einen Gedanken formuliert, dem die Geschichtswissenschaft treu geblieben ist. Sie hat sich als Wissenschaft konstituiert, indem sie sich von allen Erdichtungen, Fabeln, Mythen distanzierte und für die Unterscheidung zwischen Fiktionen und Fakten immer mehr verfeinerte Methoden der Quellenkritik und früh Theorien zur Unterscheidung des Wahrscheinlichen und Unwahrscheinlichen entworfen hat. Insofern bestätigt sich auch an der Historie: Neuzeitliche kritische Wissenschaft entsteht, indem man sich von willkürlichen Phantasieprodukten und dem Vertrauen auf eingeübte Vorurteile trennt, um durch ein geregeltes, methodisches Verfahren zu erkunden, was der Fall ist oder war und was nicht.

Allerdings kennt schon Bacon mindestens drei Aufgaben, die man später, als die Historie längst als Wissenschaft anerkannt war, als Sache einer spezifisch historischen Phantasie bezeichnete.

1. Bacon sagt, es sei im Rahmen der Historie eine schwierige und »große Arbeit«, »den Geist auf die Vergangenheit zurückzuziehen, und ihn gleichsam alt zu machen«[25]. Bacon geht bereits von einem Geschichtswandel aus, der eine spezifische Anstrengung verlangt, um etwas von der fremd gewordenen Vergangenheit zu erfahren. Der Abbé Dubos, der im frühen 18. Jhd. dann die Divergenz zwischen Antike und Moderne noch schärfer betont, wählt eine andere Metapher für den erfor-

[23] Ulrich Muhlack: *Geschichtswissenschaft im Humanismus und in der Aufklärung – Die Vorgeschichte des Historismus*, München 1991.

[24] So schon Wilhelm Dilthey, Ernst Troeltsch, Friedrich Meinecke u. a.

[25] »Etenim animum in scribendo ad praeterita retrahere et veluti antiquum facere [...] magni utique laboris est et judicii.« Bacon: *De dignitate*, lib. II, cap. V, in: *The Works* [Anm. 9], vol. 1, 504. *Würde* [Anm. 12], 197.

derlichen Rückstieg in die Vergangenheit: »Nous devons nous transformer«[26] – wir müssen uns verwandeln. Herder verlangt: »fühle dich in alles hinein«[27], und der Historiker Gervinus benutzt am Beginn des 19. Jhd.s dann das auch heute bei uns gängige Wort; er erwarte vom Historiker die »Gabe, sich in fremde Zeit [...] zu versetzen«[28]. Dieses Sich-Versetzen aber bezeichnen die Geschichtstheoretiker wie Bernheim durchaus als Leistung der historischen Phantasie oder Einbildungskraft[29], und sie tun das mit Recht, da hier eine Fülle von Hintergrundwissen mobilisiert werden muß, um sich eine fremde kulturelle und soziale Welt vorzustellen.

2. Bacon vergleicht sodann Geschichtsschreibung mit dem Anfertigen von Bildern, und die Geschichtsliteratur wird analog zu Bildsorten gegliedert. Es gebe unvollständige Bilder, die nicht beendet wurden, z.B. fragmentarische Chronologien; es gebe beschädigte Bilder, historische Überreste; es gebe auch vollständige Bilder, die die Geschichte einer Stadt oder der ganzen bekannten Welt darstellen.[30] Wir sollten in dieser Bezugnahme zum Bild nicht voreilig ein ästhetisches Kriterium vermuten, denn es handelt sich um die auch später immer wieder betonte Einsicht, daß Geschichtsschreibung nicht auf die Sammlung von disparaten Tatsachenaussagen, sondern auf die Darstellung von Zusammenhängen ausgerichtet ist und dabei Lücken füllen, Fehlendes ergänzen muß. Eben das aber wird später – z. B. von Wilhelm von Humboldt – als Leistung der Einbildungskraft oder Phantasie beschrieben, die der Historiker ebenso benötige wie der Künstler.[31] Auch wo man in der Geschichte letztlich psychische Kausalitäten vermutet (wie es der erwähnte Bernheim am Ende des 19. Jhd.s tut), hält man solche Phantasie für erforderlich.

3. Schließlich verlangt Bacon, der Historiker müsse das Vergangene »mit dem Licht der Beredsamkeit anschauend machen«[32], müsse durch seine Sprache das Vergangene den Lesern lebendig vor Augen stellen. Er sieht darin keinerlei Problem, sondern glaubt, daß gerade dadurch die Historie die Vergangenheit so bewahre, wie

[26] Zitiert nach Hans Robert Jauß: *Ästhetische Normen und geschichtliche Reflexion in der ›Querelle des Anciens et des Modernes‹*, Einleitung zu Charles Perrault: *Parallèle des Anciens et des Modernes en ce qui regarde les arts et les sciences*, mit einer einleitenden Abhandlung von H. R. Jauß und kunstgeschichtlichen Exkursen von Max Imdahl, München 1964, 62.

[27] Johann Gottfried Herder: *Auch eine Philosophie der Geschichte zur Bildung der Menschheit* (1774), in: ders.: *Sämtliche Werke,* hg. von Bernhard Suphan, Bd. 5, Berlin 1891, Repr. Hildesheim 1967, 503.

[28] Bei Ernst Bernheim: *Lehrbuch der Historischen Methode und der Geschichtsphilosophie – mit Nachweis der wichtigsten Quellen und Hilfsmittel zum Studium der Geschichte*, Leipzig 1908, 5. und 6. neu bearb. und verm. Aufl., 632.

[29] Ebd., 625–633.

[30] Bacon: *De dignitate,* lib. II, cap. VI, in: *The Works* [Anm. 9], vol. 1, 505 f. *Würde* [Anm. 12], 199 ff.

[31] Wilhelm von Humboldt: *Über die Aufgabe des Geschichtschreibers* (1821), in: ders.: *Werke*, hg. von Andreas Flitner und Klaus Giel, Bd. 1, Darmstadt ²1962, 586 f.

[32] »[...] denique verborum lumine sub oculos ponere.« Bacon: *De dignitate*, lib. II, cap. VI, in: *The Works* [Anm. 9], vol. 1, 505. *Würde* [Anm. 12], 197.

sie sich dem Gedächtnis einzeichnete. Eine schärfere Selbstreflexion der Geschichtsschreibung hat das als Illusion entlarvt. 1752 überschreibt Johann Martin Chladenius in seiner *Allgemeinen Geschichtswissenschaft* ein eigenes Kapitel »Von der Verwandlung der Geschichte im Erzählen«, und er zeigt hier sehr genau, daß Geschichten nie so erzählt werden, wie sie wahrgenommen wurden, sondern »nach einem gewissen Bilde«, daß Erzählungen Gleichzeitiges in ein Nacheinander verwandeln, vieles weglassen, Neues hinzufügen usw.[33] Was Chladenius hier schon in Angriff nimmt, wurde inzwischen eine wichtige Tendenz heutiger Geschichtstheorie. Hayden White analysiert Geschichtswerke von ihrer rhetorischen und poetischen Komposition her, und er versteht Geschichtsschreibung wesentlich als Leistung der Einbildungskraft. Die Vergangenheit wird durch diese nicht nur rekonstruiert, sondern laut White konstituiert oder sogar konstruiert.[34]

Wenn die Betonung der Einbildungskraft in der Historie so stark wird, daß man auf den Begriff der historischen Tatsache – wie inzwischen geschehen – meint ganz verzichten zu können, dann gerät man meines Erachtens freilich auch hier in die Nähe einer wissenschaftstheoretischen Phantastik, die geschichtsschreiberische Phantastik begünstigt. Aber interessant ist hier nur erst dies: Zwar hat es genügend Versuche gegeben, die Geschichtswissenschaft als Gesetzeswissenschaft zu begründen. Aber während man erwartet, daß durch wachsende Verwissenschaftlichung und Aufklärung die Einbildungskraft mehr und mehr aus der Geschichtsschreibung vertrieben wurde, ist das Gegenteil eingetreten: Die Leistung der Phantasie wurde immer mehr zur Anerkennung gebracht, bis hin zu der gefährlichen und m. E. auch abwegigen These, daß alle Geschichtsschreibung auch gar nichts anderes sei als eine Phantasie- oder Mythenproduktion (siehe schon Theodor Lessings Buch über *Geschichte als Sinngebung des Sinnlosen*). Als unstrittig aber kann heute gelten, daß es so etwas wie eine spezifisch historische Einbildungskraft gibt und daß das, was wir kollektive Erinnerung nennen, nie – wie Bacon meinte – nur im Gedächtnis, sondern immer auch in der Phantasie verankert werden muß und beider Leistungen hier nicht scharf zu trennen sind. Damit ist natürlich noch nichts über anschauliche, wirklich wahrnehmbare Wirklichkeiten in der Historie und durch Historie gesagt. Aber dazu kann ich mich auf zwei nahezu triviale Bemerkungen beschränken: a) Die Historie braucht und sucht bekanntlich stets sinnlich wahrnehmbares Material, um von hier aus Verstand und Einbildungskraft in Bewegung zu setzen: also Quellen, Dokumente, Bilder, Mauern, Werkzeuge, Reste aller Art. Die Bindung an solche Reste macht die historische Phantasie überhaupt erst zu einer spezifisch historischen. b) Die Geschichtswissenschaft erzeugt sodann auch selbst wahrnehmbare Wirklichkeiten: Bibliotheken, historische Museen, rekonstruierte Bauwerke und

33 Johann Martin Chladenius: *Allgemeine Geschichtswissenschaft*, Leipzig 1752, 115 ff.

34 Hayden White: *Historicism, History, and the Figurative Imagination*, in: *History and Theory* 14, Beiheft 14: *Essays on Historicism* (1975), 48–67. Siehe auch: ders.: *Metahistory – Die historische Einbildungskraft im 19. Jahrhundert in Europa*, Frankfurt/M. 1991.

ganze Städte – ein gut Teil unserer zivilisatorischen Umwelt ist durch historisches Wissen überhaupt erst entstanden oder zumindest erhalten geblieben. Und wir benötigen andererseits historisches Wissen, um den historischen Hintergrund solcher Phänomene für unsere Phantasie ahnbar zu machen.[35]

Auch die Naturwissenschaften entdecken und produzieren neue Sphären des Sichtbaren. Die Anschaulichkeit oder Bildlichkeit in der Botanik geht schon aus dem Titel des ersten einschlägigen Werkes hervor. 1530 erscheint von dem Straßburger Theologen und Arzt Otto Brunfels das Buch *Herbarum vivae eicones*, also »Lebendige Bilder der Pflanzen«, die deutsche Ausgabe von 1532 heißt *Contrafayt Kreuterbuch*.[36] Der Wert des Buches besteht in den 229 Abbildungen, die von Hans Weidlitz stammen. Dieser hatte zuerst sehr genaue Aquarelle angefertigt, die – weil sie nicht vervielfältigt werden konnten – als Vorlage für Holzschnitte dienten. Die Wiedergabe ist so gelungen, daß 1964 ein Neudruck des Buches erschien, der dem heutigen ästhetischen, wissenschaftsgeschichtlichen und naturkundlichen Interesse zugleich dienen kann: wir sehen die Natur gleichsam im Spiegel einer Sehweise und Darstellungstechnik aus dem 16. Jhd. Schon 1539 kam ein ähnliches Werk heraus, nämlich von Hieronymus Bock *New Kreutterbuch von unterscheidt, würkung und namen der Kreuter, so in Teutschen landen wachsen*. Erst die zweite Auflage von 1546 enthält Bilder, und zwar jetzt schon 465 Holzschnitte, aber bereits die Erstausgabe bemüht sich um eine sehr genaue Artenbeschreibung. Deren Sprache verrät einen scharfen, sachkundigen Blick, aber mit ihren vielen Diminiutiva und mit ihrer Poetik auch eine große Zärtlichkeit für die Dinge und eine Bewunderung für die Schönheit der Natur – kein Wissen als Macht.

Man könnte die Auffassung vertreten, daß es sich hier noch gar nicht um neuzeitliche Wissenschaft handelt, da z. B. alle Terminologie und Klassifikation fehlt. Dennoch werden diese Werke an den Anfang der Botanik gestellt und die Autoren – etwas betulich – als *Väter der Pflanzenkunde* bezeichnet, und das hat aus mindestens drei Gründen auch sein gutes Recht: a) Anders als bildliche Darstellungen des Mittelalters lassen diese Werke alle allegorischen Bezüge beiseite. Das ist die Eliminierung dessen, was man jetzt für bloße Phantasie erkennt. Die Pflanzen sind es wert, um ihrer selbst willen gesammelt und genau betrachtet zu werden. Zwar reichen pharmakologische und landwirtschaftliche Nutzung in die Botanik zuweilen hinein, dominieren aber nicht diesen Bereich. Man sieht es u.a. daran, daß die ersten Klassifikationen nicht vom Nutzen her erfolgen, sondern etwa von den Wachstumsgebieten aus. b) Es wird jeweils die gesamte Pflanze dargestellt, mit Wurzeln, Stengel, Blättern, Blüten oder Früchten, und zwar so, daß ihre typische Gestalt und ihre

[35] Daß natürlich nicht nur die historischen Wissenschaften die Architektur beeinflussen, sondern auch die Natur- und Sozialwissenschaften, macht von sehr verschiedenen Perspektiven aus der Sammelband deutlich: *The Architecture of Science*, ed. by Peter Galison / Emely Thomson, Cambridge, Mass. / London 1999.

[36] Siehe dazu und zum folgenden: Karl Mägdefrau: *Geschichte der Botanik*, Stuttgart / Jena / New York ²1992, 23 ff.

charakteristischen Merkmale sichtbar werden. Aus dieser Ausrichtung auf das Typische resultiert bald die Morphologie, welche die Bestimmung der Art, die Verwandtschaftsverhältnisse und dergleichen feststellt; und die Morphologie, die auf die sichtbare Gestalt achtet, bleibt bis in die Gegenwart als Teilgebiet der Biologie erhalten, auch wenn die Artenbestimmung heute oft zusätzlich durch die Genanalyse erfolgt. c) Jene ersten Pflanzenkundler kooperierten mit Künstlern und Buchdrukkern, da das Gesehene auch bildlich, also wiederum für das Auge, dargestellt werden sollte. Dies ist nichts Unwichtiges, sondern gehört zur Sache der entstehenden Wissenschaft. Denn es kann das eigene Gedächtnis die wachsende Zahl der Arten mit ihren Merkmalen nicht speichern, und es können Kenntnisse nicht ausgetauscht und erweitert werden, wenn kein Medium wie der Buchdruck das Gesehene und Erkannte bildlich vervielfältigt. Das Medium aber ändert auch das Gesehene. Ein Aquarell ist keine Verdoppelung der Natur, und der Holzschnitt keine Wiederholung des Aquarells.

Da das Wissen – auch das bildliche Wissen von einem Gestalttypus – und das Sehen und Wahrnehmen eng verknüpft sind, können wir davon ausgehen, daß jene Pflanzen- oder Kräuterbücher wiederum Bereiche des Sichtbaren erschlossen; man wurde auf Pflanzen und ihre Unterschiede, an denen man vormals vorüberging, ausdrücklich hingewiesen. Da die Pflanzen als solche das Interesse auf sich zogen, wurden bald auch Herbarien und dann auch akademische botanische Gärten angelegt, in denen man das pflanzliche Wachstum planvoll beobachten konnte. Die ersten solchen Einrichtungen entstanden 1545 in Pisa, Padua und Florenz, und inzwischen gehören sie ganz selbstverständlich zur modernen Erholungsumwelt.

Was ich am Beispiel der Botanik etwas erläutert habe, gilt natürlich auch für Mineralogie, Biologie, Geographie, Zoologie, ja auch für die Anatomie, nur hier unter anderen Bedingungen, da erst ein Tabu zu durchbrechen war. Aber überall vergrößert sich der Bereich des Sichtbaren, und wir finden Sammlungen, zoologische und geologische Gärten, anatomische Theater usw. einerseits und die entsprechenden Abbildungen andererseits. Nachdem 1951 Thomas Mann in Chicago das Museum of Natural History besucht hatte, schrieb er in sein Tagebuch[37]: »Unermüdet von diesem Schauen. Keine Kunstgalerie könnte mich so interessieren.«

Einen Einschnitt stellt nach allgemeiner Auffassung die Erfindung von Fernrohr und Mikroskop dar. Denn mit diesen Werkzeugen erschließt die Wissenschaft Bereiche des Sichtbaren, die dem menschlichen Auge unzugänglich sind. Galilei sieht 1609 erstmals stark vergrößert die Mondoberfläche und entdeckt die Jupitermonde, Robert Hook 1667 bei mikroskopischer Betrachtung des Flaschenkorks die Mikrostruktur der Pflanzen. Beide geben den Zeitgenossen durch Zeichnungen Kunde von dem neu Gesehenen. Hans Blumenberg interpretiert, gerade diese Entdekkungen hätten einen ganz neuen Zweifel an dem Sichtbaren als dem Wahren her-

37 Thomas Mann: *Tagebücher 1951 bis 1952,* hg. von Inge Jens, Frankfurt/M. 1993, 114 (Tagebucheintrag vom 6. Okt. 1951).

vorgebracht. Es habe sich gezeigt, daß der Mensch mit seiner natürlichen Ausstattung nicht zum Betrachten der Welt geboren wurde, daß er von nun an damit rechnen mußte, nur einen winzigen Teil der Welt sehen zu können – ein entsetzliches Mißverhältnis von menschlichem Auge und Wirklichkeit, das den Menschen an dem Gesehenen als dem Wahren von nun an zweifeln ließ.[38]

Dennoch bin ich unsicher, ob Blumenbergs Diagnose der Krise des Sehens zutrifft. Denn auch die mittelalterliche Metaphysik und die Alchemie haben sich nicht nur auf das Sehen gestützt, haben Unsichtbares als real akzeptiert, und der längst erfundene Kompaß verriet schon vorher eine unsichtbare, aber unbezweifelbare Realität, den Magnetismus. Sodann hat bis heute die Naturwissenschaft den Ehrgeiz, möglichst alles sichtbar zu machen, auch noch die DNA-Spirale mit den Erbinformationen. Es ist nach wie vor die beste Hypothesenbestätigung, wenn man sichtbare Beweise beibringen kann. Aber eine andere These Blumenbergs ist einleuchtend. Er macht an Galilei deutlich, daß man nur dort etwas sieht, wo man überhaupt sehen und entdecken *will*. Selbst Galilei hat deshalb manches auch übersehen.

Etwas anderes kommt hinzu. Gerade die mit technischen Hilfsmitteln gesehenen Wirklichkeiten verlangen nach Deutung und provozieren neue Hypothesen. Nach genauer Beobachtung kleiner gezackter Linien auf dem Mond interpretiert Galilei sie als Schatten von Bergen, schließt, daß die Mondoberfläche von Gebirgen zerklüftet sei, und er stellt Mutmaßungen über deren Höhe an. Robert Hook vergleicht die mikroskopisch beobachteten Teile der Pflanze mit Bienenwaben, nennt die durch Wände abgeteilten Elemente »Zellen« und erkennt darin die pflanzlichen Bausteine. Natürlich kann man die neu entdeckten Phänomene auch nur ästhetisch betrachten; schon Ernst Haeckel gibt um 1900 unter dem Titel *Kunstformen der Natur* Bildbände von mikroskopisch erfaßten Naturphänomenen heraus, um deren Schönheit zu demonstrieren –, aber er fügt auch stets erläuternd hinzu, um was es sich jeweils handelt. Und tatsächlich benötigen wir für alles, was uns Teleskope, Satelliten und Elektromikroskope vermitteln, wissenschaftliche Erklärungen, wenn wir das Gesehene zumindest vage auch verstehen wollen. Wir haben aus unserer gewöhnlichen Augenwelt keinen angemessenen Deutungsvorrat.

Gute Beispiele für neue Bilder dieses Genres finden sich in dem von der Volkswagen-Stiftung herausgegebenen Band *Ansichten Einsichten Modelle. Bilder aus der Forschung* von 1998. Ich greife zwei heraus. Wir sehen einige runde, grüne und grünbraune Flächen und dazwischen kleine, schmale, bewegte dunkelgrüne Elemente, die aus schwarzem Hintergrund aufzutauchen scheinen und gleichsam in Köpfen von leuchtend gelber und roter Farbe enden. Es könnte eine Ausschnittsvergrößerung eines Blumenbildes sein, die Struktur scheint die bewegte Hand von

[38] Hans Blumenberg: *Das Fernrohr und die Ohnmacht der Wahrheit*, in: Galileo Galilei: *Sidereus Nuncius = Nachricht von neuen Sternen – Dialog über die Weltsysteme u.a.*, hg. und eingel. von Hans Blumenberg, Frankfurt/M. 1965, 5–73.

Vincent van Gogh zu verraten. Aber die Erläuterung verrät uns, daß es das Nervengewebe des Hörsystems der mongolischen Wüstenmaus ist.

Ein anderes Beispiel: In einer roten Fläche sehen wir viele helle Punkte von unterschiedlicher Größe, teils rund, teils oval, zwei davon recht groß. Bei vielen sind rote, gelbe und blaue Ringe zu erkennen. Vielleicht ein Bild von Joan Miró? Wir erfahren, es handle sich um die Galaxienumgebung eines Quasars; hunderte von Galaxien seien erkennbar, deren Entfernung in den meisten Fällen mehrere Milliarden Lichtjahre betrage, und wir werden erinnert, daß ein Lichtjahr 9,5 Billionen Kilometer sind und Galaxien aus Milliarden von Sternen bestehen.

Solche Bilder werden für den Fortgang der Forschung benötigt und auch für die Wissenschaftsdidaktik. Manche amerikanische Universität, so liest man in dem einleitenden Essay zu jenem Band, hat deshalb schon ein »Center for Imaging Science«, das mit Computervisualistik den Anschauungsbedarf deckt. Die moderne Wissenschaft also produziert also nicht nur mathematische Formeln, sondern auch neue Bilder. Dennoch können uns solche Bilder der Wissenschaft und ihre Erläuterung auch in Verlegenheit setzen. Ihr Realitätsgehalt ist nämlich einerseits zu klein und andererseits zu groß. Sie haben zu wenig Realitätsgehalt, indem solche Bilder so wenig als Abbilder erkennbar sind wie die abstrakte Malerei. Wir wissen, daß sie Produkte von hochkomplizierten Geräten und Verfahren sind. Keine Farbe darin entspricht je einer für uns sichtbaren Realität. Es sind also reine Wissenschaftsprodukte, Konstruktionen aufgrund von technischen Verfahren, die die wissenschaftliche Einbildungskraft entwarf. (Der Übergang zur Computersimulation scheint mir fließend zu sein.)

Solche Bilder haben aber auch zuviel Realitätsgehalt. Denn hinter ihnen steht die ganze Autorität der Wissenschaft. Wir ahnen oder wissen, daß die Bilder aus dem Mikrobereich einer Forschungsrichtung angehören, die wachsend in das Leben der Organismen, auch der menschlichen, eingreift, und unsere Phantasie reicht nicht aus, um die möglichen Folgen auszumalen. Genauso überfordern uns die Bilder aus der Tiefe des Weltraums. Denn wir erfahren von solchen Größen an Raum und Materie, daß wir sie zwar in Zahlen ungefähr angeben, aber dennoch nicht zu unserer Welt in Beziehung setzen, sie uns – wie wir sagen – vorstellen können, und deshalb versetzen sie unseren Geist gleichsam in Ohnmacht. Das erwähnte Bild der Galaxien gibt schließlich einen Himmelsausschnitt wieder, der nur so groß ist wie $^{1}/_{20}$ des Vollmondes.

Aus diesem Grund bin ich überzeugt, daß die Computervisualisierungen zwar Wissenschaft anschaulich machen, daß sie aber nicht das mindeste dazu beitragen können, die erwähnte Überforderung, die eine Überforderung unserer Einbildungskraft ist, zu bewältigen. Und da uns die Bilder überfordern, überlassen wir sie gern der Wissenschaft, wofür wir – wie gezeigt – auch die besten Argumente haben. In dieser Weise schwanken wir: Die Bilder sind einerseits für uns ungemütlich real – aber sie sind andererseits gottlob nur wissenschaftliche Konstruktionen.

IV.

Unsere Reaktion spiegelt – sehe ich richtig – eine prinzipielle Unsicherheit des wissenschaftlichen Geistes. Man erkennt dies schon an seinem Umgang mit den Wörtern ›Entdeckung‹ und ›Erfindung‹. Bacons Vorbild für die neuen Wissenschaften war besonders Kolumbus, der die neue Welt entdeckte, und deshalb ziert sein Hauptwerk das Bild einer aufs Meer hinaussegelnden Flotte, versehen mit der Unterschrift »Viele werden hinausfahren, und das Wissen wird wachsen«[39]. Zugleich aber lesen wir bei Bacon auf Schritt und Tritt, daß Wahrheiten *erfunden* werden.[40] Dies war allgemeiner Sprachgebrauch. Z. B. steht im Artikel »Erfindung« in Zedlers Universallexikon von 1734, Harvey habe den Blutkreislauf *erfunden*.[41] Für diejenigen, die im 18. Jhd. erstmals vom *Originalgenie* sprachen, waren solche Genies par excellence nicht die Dichter, sondern die Wissenschaftler, die neue Wahrheiten erfinden (»Invention of Sciences, or New Truth«, wie es wörtlich bei Alexander Gerard heißt).[42] Selbst Kant, der die Ingenieure und die Genies, die Wissenschaftler und die Künstler strikt trennte, konnte von den »großen und tiefen Erfindungen«[43] Newtons sprechen und damit dessen völlig richtige Einsichten, seine Entdeckungen meinen.

Dennoch werden wir uns nicht beirren lassen und an dem Unterschied von Erfindung und Entdeckung festhalten. Stets sagen wir: 1492 hat Kolumbus Amerika entdeckt, 1608 hat wahrscheinlich Hans Lipperhey das Fernrohr erfunden. Wäre es umgekehrt und Kolumbus hätte Amerika erfunden, während Lipperhey das Fernrohr – vielleicht bei Grabungen oder als Werkzeug von Primaten – entdeckt hätte, wir lebten in einer ganz anderen Welt. Galilei hat sich gegen seine Feinde, die nichts von Jupitermonden wissen wollten, mit den Worten zur Wehr gesetzt: Sie tun ja gerade so, »als hätte ich die Dinge mit meiner Hand am Himmel selbst angebracht«[44], d. h. als hätte er sie erfunden, nicht entdeckt. Und deshalb tun wir gut daran, Erfindungen und Entdeckungen zu unterscheiden.

Wenn *Erfinden* und *Entdecken* dennoch fast oder gänzlich synonym verwendet wurden, so liegen die Gründe dafür zum einen schon in der Sprache der Antike,

[39] »Multi pertransibunt et augebitur sciencia.« Bacon: *Instauratio magna*, in: *The Works* [Anm. 9], 119. Vgl. *Novum Organum*, lib. I, aphor. XCII, in: *The Works* [Anm. 9], vol. 1, 199. Dt. Ausg. [Anm. 9], 73.

[40] Bacon: *Novum Organum*, Praef., lib.I, aphor. VIII, XVIII f., XXIV, LXXIII, LXXXI u.ö. in: *The Works* [Anm. 9], vol. 1, 158–160, 182 f., 188. Dt. Ausg. [Anm. 9], 24, 27–29, 53 f., 60.

[41] Johann Heinrich Zedler: *Erfindung*, in: ders.: *Großes vollständiges Universal-Lexikon aller Wissenschaften und Künste*, Bd. 8, Halle, Leipzig 1734, Sp. 1601

[42] Zitiert nach Bernhard Fabian: *Der Naturwissenschaftler als Originalgenie*, in: *Europäische Aufklärung – Herbert Dieckmann zum 60. Geburtstag*, hg. von Hugo Friedrich / Fritz Schalk, München 1967, 58.

[43] Immanuel Kant: *Kritik der Urteilskraft*, § 47. *Kants Werke*, Akad.-Ausg. Bd. 5, 309.

[44] Galileo Galilei, *Brief an die Großherzogin Christina von Toscana*, in: Blumenberg: *Das Fernrohr* [Anm. 38], 9

zum anderen aber in der modernen Wissenschaftspraxis. a) Bei *Erfinden* wird im 17. und 18. Jhd. noch immer der lateinischen Begriff *inventio* aus der Rhetorik assoziiert; der aber bedeutet so viel wie Findung, Auffindung.[45] So verstanden, ist das Erfinden natürlich dem Entdecken ähnlich. Auch Leibniz sagte, das Ziel seiner *ars inveniendi* sei es, »was verborgen, zu erfinden«[46]. b) Die neuzeitlichen Naturwissenschaften sind eine Verbindung von *scientiae*/Wissenschaften und *artes mechanicae*/ Handwerkskünsten; die Suche nach Wahrheit ist immer mit Erfindungen von Instrumenten und Experimenten verbunden; jede Erfindung kann zu neuen Entdekkungen führen, jede Entdeckung zu neuen Erfindungen. Die neue Entdeckung verrät zumeist auch das Werkzeug, die Erfindung. c) Vor allem aber ist natürlich die Aufstellung von Theorien eine Leistung des Erkenntnissubjektes. Solche Theorie wird nicht im traditionellen Argumentenarsenal vorgefunden, sie wird entworfen, hervorgebracht, produziert, eben erfunden. Im 17. und 18. Jhd. gibt es denn auch emphatische Stimmen, die solchen erfinderischen oder findigen Wissenschaftler wegen seiner Kreativität mit dem *creator mundi*, mit Gott, vergleichen.[47]

Indem man die Fähigkeit, Neues hervorzubringen, auf die Ebenbildlichkeit des Menschen mit dem Schöpfergott zurückführte, konnte man sich vom Zwang der aristotelischen Philosophie befreien, derzufolge die Kunst – als *techne/ars,* also gerade auch als Technik – entweder Nachahmung der Natur ist oder die Natur vollendet, d. h. ihre Möglichkeiten verwirklicht.[48] Das theologische Argument also hilft, neue Theorien und Erfindungen als wirklich etwas die Natur verlassendes und überschreitendes Neues zu begründen und zu rechtfertigen. Bei Zedler heißt es 1734, alle diejenigen, welche neue Erfindungen ablehnen und nur an den überkommenen Ansichten festhalten, sollten sich klar machen, daß die alten Autoritäten wie Aristoteles ehemals auch Erfinder von Neuem waren. Etwas zu erfinden ist für Zedler gleichsam ein von Gott verliehenes Recht. »Der menschliche Verstand ist keinen Gesetzen unterworfen, und da der Raum oder die Grentzen desselben, von dem Schöpffer des menschlichen Verstandes herstammet, so folget, dass sich der Mensch desselben zu seinem Nutzen so weit gebrauchen kann, als es die Natur zulässet, und also kein menschliches Ansehen engere Grentzen zu setzen berechtigt sey.«[49] Hier ist die Natur nicht mehr Grund und Bedingung allen Hervorbringens, sondern sie ist nur dessen Grenze, deren Verlauf aber vorab gar nicht bestimmt werden kann, sondern sich erst beim Erfinden bemerkbar macht.

[45] Manfred Kienpointner: *Inventio*, in: *Historisches Wörterbuch der Rhetorik*, hg. von Gert Ueding, Bd. 4, Tübingen 1998, Sp. 561 ff.

[46] Zitiert nach Cornelis-Anthonie van Peursen: *Ars Inveniendi bei Leibniz*, in: *Studia Leibnitiana* 18 (1986), 184.

[47] Signifikante Belege bei Fabian: *Der Naturwissenschaftler* [Anm. 42].

[48] Hans Blumenberg erläutert das an der Figur des ›Idiota‹, des Löffelschnitzers, aus Nikolaus von Kues‹ Dialog *De mente*. Blumenberg: *»Nachahmung der Natur« – Zur Vorgeschichte der Idee des schöpferischen Menschen*, in: *Studium generale* 10 (1957), 266 ff.

[49] Zedler: *Erfindung* [Anm. 41], Sp. 1600.

Die Dominanz des Wortes Erfindung indiziert also die Tätigkeit des Subjektes. In dem Maße aber, wie es erfährt, daß sich die Grenzen seiner Erfindungen immer weiter hinausschieben lassen, in demselben Maße wird es sich bewußt, wie sehr seine gefundenen oder erfundenen Wahrheiten von ihm selbst geprägt oder imprägniert sind, und desto mehr kann es deshalb in Zweifel geraten, ob es sich um wirkliche Entdeckungen handelt, genauer: ob seine Entdeckungen nicht nur innerhalb seines erfundenen Rahmens Geltung haben. Gerade die neu erfundene apparative Ausstattung aller Forschung macht deutlich, daß deren Entdeckungen sehr voraussetzungsreiche Wahrheiten zutage fördern, keine von unmittelbarer Evidenz. Weil die vom Subjekt erfundenen neuen Wahrheiten diese Schwierigkeiten mit sich bringen, konnte im 20. Jhd. die Wissenschaft auch in sehr verschiedener Absicht mit der Kunst parallelisiert oder sogar identifiziert werden: Zum Beispiel tat es eine Reihe von sowjetischen Wissenschaftlern, um die moderne, arbeitsteilige Wissenschaft als originäres Schöpfertum des Menschen sozusagen humanistisch aufzuwerten – und Paul Feyerabend tat es, um den Anspruch auf Wahrheit und die Autorität der Wissenschaften herunterzustufen.[50] So wie die Wissenschaft mit prinzipiellen theoretischen Zweifeln verbunden ist – laut Max Planck können wir ja nur *glauben*, daß die Physik mit ihren mathematischen Formeln die Naturgesetze wirklich abbildet –, so sind ihre technischen Anwendungen bekanntlich mit Zweifeln unserer praktischen Vernunft verknüpft. Denn wir wissen und können zwar immer mehr, können aber nicht wissen, ob uns dies Wissen und Können in the long run auch nutzen wird. Da sich darüber theoretisch wenig in Erfahrung bringen läßt, provoziert dieser Zweifel in ungeahnter Weise die Einbildungskraft – mitten im Zeitalter ihrer angeblichen Verdrängung –, und überfordert sie zugleich.

Ernst Cassirer hat in seiner *Philosophie der symbolischen Formen* dargelegt, wie wir nur aufgrund unserer Zeichensysteme einen Zugang zur Welt, genauer: verschiedene Weltinterpretationen gewinnen – Interpretationen, die durch die fortgehende Arbeit des Geistes in dynamischer Entwicklung begriffen sind. Mit der Evolution jedes Symbolsystems wie des gesamten kulturellen Symboluniversums vollzieht sich laut Cassirer ein Übergang von einem mimetischen und expressiven Verhältnis zur Welt über ein Darstellungs- oder Repräsentationsverhältnis hin zur Konstitution einer Welt der »Bedeutung«, des »freien Äthers des reinen Gedankens«[51]: »[...] das begriffliche, das geometrische und das physikalische Denken, vollzieht den letzten entscheidenden Schritt. Immer energischer werden in ihm alle rein ›anthropomorphen‹ Bestandteile zurückgedrängt, werden sie durch streng ›objektive‹ Bestimmungen, die sich durch eine allgemeingültige Methodik des Zählens und Messens er-

[50] Siehe vom Verf.: *Zum Ästhetischen in den Natur- und Geisteswissenschaften*, in: ders.: *Zwischen Wissenschaftsanspruch und Orientierungsbedürfnis: zu Grundlage und Wandel der Geisteswissenschaften*, Frankfurt/M. 1991, 269 ff.

[51] Ernst Cassirer: *Das Symbolproblem und seine Stellung im System der Philosophie* (1927), in: ders.: *Symbol, Technik, Sprache – Aufsätze aus den Jahren 1927–1933*, hg. von Ernst Wolfgang Orth / John Michael Krois, Hamburg 1985, 10.

geben, ersetzt. Und mit dieser Zurückdrängung werden nicht nur alle Elemente, die aus der Gefühls- und Willenssphäre stammen, ausgeschaltet, sondern auch die Bilder, die reinen Schemata der Anschauung werden mehr und mehr beseitigt.«[52]

Unsere Beobachtungen und Überlegungen lassen sich durch eine Auseinandersetzung mit dieser *Philosophie der symbolischen Formen* wie folgt kurz resümieren:

- Die von Cassirer verschiedentlich betonte Zurückdrängung von Anschauung und Bildlichkeit durch die neuzeitlichen Wissenschaften ist unbestreitbar, und deshalb sind wir einleitend davon auch ausgegangen. Allerdings gehören zu diesen Wissenschaften z.B. auch Geschichts- und Kunstwissenschaft, und durch diese finden wir in der Neuzeit mit den historischen Museen und Kunstsammlungen eine Bilderfülle, wie sie noch keine Zivilisation vorher gekannt hat.
- Wir können nur zustimmen, wenn es bei Cassirer über den Bildungsprozeß der Symbolwelten und damit auch der Wissenschaft heißt[53]: »Empfindung und Anschauung, Gefühl und Phantasie, produktive Einbildungskraft und konstruktiv begriffliches Denken sind hier gleich sehr beteiligt«, greifen ineinander und bedingen sich. Das bedeutet für die Wissenschaft, daß es gar nicht sinnvoll ist, sie als Sache nur des Verstandes der Phantasie strikt entgegenzusetzen. Aber man wird differenzierend ergänzen müssen, daß es in den Symbolformen und so auch in den Wissenschaftszweigen auch jeweils spezifische Formen der Phantasie gibt, etwa mathematische oder historische.
- Cassirer stellt mit Recht heraus, daß mit der Wissenschaft an die Stelle des bloßen »Dinges« der Wahrnehmung ein physikalisches »Objekt« tritt.[54] Aber dieser Perspektivwechsel ist nicht nur eine »Abkehr vom Sinnlich-Bildhaften«[55], sondern oft zugleich die Konstruktion neuer anschaulicher Bilder: von Modellen und vor allem von apparativ erstellten Bildern. Es trifft aber für diese Bilder genau das zu, was Cassirer allgemein für den neuen Bildbegriff festhält: Sie sind keine magische Präsenz des Gegenstandes, aber auch keine Abbilder mehr, sondern Anschauungseinheiten mit allenfalls mittelbarem, entferntem Realitätsbezug.[56] Immerhin verstehen wir die Bilder der Wissenschaft als Hinweis, Spur oder Reflex einer unbestreitbaren Realität, nicht nur als beliebigen Gedankenausdruck.
- Deshalb ist es auch einerseits sicher richtig, daß die Welt der Wissenschaft eine andere ist als die des Mythos und der Sprache – sie verhalten sich wie physikalisches Objekt und Wahrnehmungsgegenstand. Aber wir haben Zweifel, ob im Prozeß der Wissenschaft der »Logos« durch eine »scheinbare Selbstentäußerung«

52 Cassirer: *Philosophie der symbolischen Formen*, Tl. 3: *Phänomenologie der Erkenntnis*, Darmstadt [10]1994, 495 f.

53 Cassirer: *Phänomenologie der Erkenntnis* [Anm. 52], 495.

54 Ebd., 505.

55 Ebd.

56 Cassirer: *Der Begriff der symbolischen Form im Aufbau der Geisteswissenschaften* (1921/22), in: ders.: *Wesen und Wirkung des Symbolbegriffs*, Darmstadt [7]1983, 188 ff. Siehe auch: ders.: *Philosophie der symbolischen Formen,* Tl. 2: *Das mythische Denken*, Darmstadt [9]1994, 285 ff.

hindurchgeht, um schließlich »zu sich selbst zu gelangen«[57], und das Denken, das seine Orientierung an einem »Ding an sich« aufgab, damit »festen Grund in sich selber gefunden hat«[58]. Denn was die Wissenschaften uns an Einsichten vermitteln, eröffnet uns zugleich eine Unendlichkeit an Nichtwissen, reicht in unsere Lebenswelt hinein und sucht, mit dem mythischen und sprachlichen Bewußtsein vermittelt zu werden – eine Herausforderung gerade für die Einbildungskraft.

57 Cassirer: *Phänomenologie der Erkenntnis*, [Anm. 52], 505.
58 Cassirer: *Der Begriff*, [Anm. 56], 185.

Gebrauch und Missbrauch der Einbildungskraft in der Medizin des 17. und 18. Jahrhunderts

Von Irmgard Müller und
Daniela Watzke

Im zweiten Buch seines allegorischen Versepos *The Fairy Queen*[1] setzt Edmund Spenser an prominenter Stelle ein »House of Temperance«[2] in Szene, in dem die innere Organisation von Denken, Vorstellen und Erinnern als räumliches Erlebnis der Protagonisten zelebriert wird. Von außen präsentiert sich dieser Mäßigkeitstempel als schwer bewaffnete Festung, die nach kurzem Gefecht des Tugendritters Prince Arthur mit der Streitmacht der Fünf Sinne den Weg ins Innere des Kastells freigibt. Vor dem siegreichen Held und seinem Begleiter öffnet sich eine weite Säulenhalle, die von zwei Reihen mit je 16 bewaffneten Wärtern in prächtiger Rüstung flankiert ist. In ihrer Mitte empfängt die Schloßherrin Alma (= anima) die beiden Fremden und führt sie durch die weitläufige Anlage, die sich über einem strengen, an den geometrischen Formen des Kreises, Dreiecks und Quadrats[3] orientierten Grundriß entfaltet. Nach allerlei Ab- und Aufstiegen durch verschlungene, labyrinthische Gänge gelangen die Gäste schließlich zu einem Turm am höchsten Ort des Palastes. Dort residieren in drei separierten Kammern, wie ihnen erklärt wird, die drei wichtigsten Berater der Fürstin, die sich die drei Aufgaben, das Zukünftige vorauszusehen, das Gegenwärtige zu erkennen und das Vergangene im Gedächtnis aufzubewahren, teilen[4]: Den Funktionen entsprechend bewohnt die vordere Kammer ein wahnwitziger, von Träumen, Gesichten und Prophetien geplagter Melancholiker mit Namen Phantastes. Schwärme von Trugbildern, Hirngespinsten, Gedankendingen und Chimären bevölkern seinen Raum und erfüllen die Luft mit leisem Summen und Gezirpe. Auf die Wände sind absonderliche Bilder projiziert, bunt zusammen-

[1] Edmund Spenser: *The Faerie Queene, Book I–II,* ed. by Peter C. Bayley, Oxford 1965–66; das Epos erschien 1590–1596 und blieb unvollendet. Das Werk war ursprünglich auf 12 Bücher mit 12 Gesängen angelegt, davon sind nur 6 Bücher und einige Fragmente überliefert.

[2] Ebd., Canto 9; vgl. dazu den Kommentar von Douglas Brooks-Davies: *Spenser's Faerie Queene – A critical commentary on Books I and II,* Manchester 1977, 161–170 und: *The Fairy Queene, Book Two*, ed. by Edwin Greenlaw, Baltimore 1933, 278–301, 459–466; auf den Zusammenhang mit der medizinhistorischen Literatur hat Ruth E. Harvey: *The Inward Wits – Psychological Theory in the Middle Ages and the Renaissance*, London 1975, 1 f., zuerst aufmerksam gemacht.

[3] Als Referenz ist hier zu verweisen auf Leon Battista Alberti: *De re aedificatoria*, Florenz 1485. Die geometrischen Figuren entsprechen Albertis Aufzählung der idealen Formen des »Tempels« in seinem Programm der idealen Renaissance-Kirche, vgl. dazu Rudolf Wittkower: *Grundlagen der Architektur im Zeitalter des Humanismus*, München 1969, 12, 42, 84, 90 f.: in der harmonischen Vereinigung der gegensätzlichen Maßverhältnisse spiegeln sie die Totalität des Erd- und Himmelskreises wider.

[4] Spenser: *Faerie Queene* [Anm. 1], Canto 9, 49.

ZÄK Sonderheft · Jahrgang 2002 · © Felix Meiner Verlag 2002 · ISSN 1439-5886

gewürfelt aus nie geschauten Dingen und Abbildern der trivialen Alltagswelt. Gegenüber logiert in einem verwitterten Raum, vollgestopft mit moderigen Pergamentrollen, verblaßten Urkunden und verrotteten Folianten, ein halbblinder, hinfälliger Greis, mit Namen Eumenestes, der trotz seines hohen Alters über eine ungebrochene Geisteskraft und ein unerschöpfliches Gedächtnis verfügt. Dieser Meister des Erinnerns hat alles, was je geschah, gesammelt und sorgfältig in einem unvergänglichen Schrein für die Ewigkeit aufbewahrt. Unablässig wälzt er die alten Schriftrollen, holt neue und verpackt sorgfältig die abgelegten, wobei ihm ein junger Gehilfe Anamnestes assistiert. Die Tür zur dritten Kammer im Zwischenfeld von Phantasia und Memoria öffnet schließlich den Blick auf einen anonymen Berater mittleren Alters, der, wie die beiden Fremden erfahren, vernünftig und mit gesundem Menschenverstand sein Amt verwaltet. Die Wände schmückt ein historisch und systematisch geordnetes Objekt- und Personenensemble, das eine Vermischung wirklicher und fiktiver Gestalten streng vermeidet; es bringt jene eindeutig kalkulierte, geregelte Welt zur Geltung, in der sich der namenlose Jedermann unverrückbar und dauerhaft eingerichtet hat.

Ohne den weiteren Verlauf der verschachtelten Handlung hier verfolgen zu können, ist bereits anhand dieser Episode unschwer zu erkennen, daß Spenser im Bild des »House of Temperance« eine geistreich ausgeschmückte Topographie der vegetativen und geistigen Vermögen konstruiert und konkretisiert hat. Die drei Funktionäre der Turmzimmer repräsentieren die traditionellen geistigen Vermögen phantasia, cogitatio und memoria, die nach antik-mittelalterlicher Tradition in den Ventrikeln des Gehirns ihren Sitz haben sollten, während Alma, die Herrin des Palastes, die Seele, anima, verkörpert. Der Palast selbst ist Sinnbild des menschlichen Körpers, den der fahrende Ritter durch den Mund mit seinen $2 \times 16 = 32$ Zähnen betritt. Über den Verdauungstrakt steigt er stufenweise in immer tiefere Regionen hinab, um dann nach weiteren, detailreich ausgemalten Stationen den Wohnsitz der verdauenden vegetabilischen[5] und bewegenden sensitiven Seele[6] in Bauch- und Brustraum zu besichtigen. Die fiktive Reise ins Innere des Körpers und Bewußtseins findet schließlich in der Schädelhöhle, dem Projektions- und Produktionszentrum der Seele, ihren Abschluß.[7]

Spensers Allegorie ist aus mehreren Gründen bemerkenswert: Sie zeigt, daß das spätantike hypothetische Lokalisationskonzept der Seele und ihrer mentalen Vermögen sukzessive, ohne daß entscheidende neue anatomische Fakten oder Daten die

5 Ebd., 27–32.

6 Ebd., 33–35.

7 Eines der wichtigsten Indizien für die Parallelisierung des Palastes mit dem menschlichen Körper ist der Bauplan des Gebäudes, der allein aus den geometrischen Figuren des Kreises, Dreiecks und Quadrates komponiert ist. Das im Kreis eingeschriebene Quadrat symbolisiert zugleich den Körper mit ausgestreckten Füßen, wobei der Kreis ein Sinnbild für den Anteil an der Vollkommenheit und Unsterblichkeit darstellt, während das eingeschriebene Quadrat auf die vier Elemente und vier Säfte, die materielle Grundlage des Körpers, verweist.

Stabilisierung der Hypothese gerechtfertigt hätten, den Charakter einer wissenschaftlichen Tatsache im Sinne Ludwig Flecks, eines definitiven Modells der Denk- und Einbildungskraft, angenommen hatte. Nach Fleck sind wissenschaftliche Tatsachen immer epochenspezifisch, an Denk- und Wahrnehmungsstil des jeweiligen Forscherkollektivs gebunden. Der Übergang von einem Denkstil (d. h. »gerichtetes Wahrnehmen, mit entsprechendem gedanklichen und sachlichen Verarbeiten des Wahrgenommenen«) zum anderen vollzieht sich nach Fleck in drei Stufen, von der Anlage der Tatsache im Stadium der Hypothese über ihre Fixierung im Stadium der Handbuchwissenschaft, die spezifische Denkkonventionen in sich vereinigt, bis hin zum Stadium des alltäglichen populären Wissens, das durch Vereinfachung und Wertung ein anschauliches Bild, eine »Weltanschauung«, erzeugt.[8]

Die allgemeine Akzeptanz des Ventrikelschemas war Voraussetzung für Spensers poetischen Versuch, die Transformation der Wirklichkeit durch die Einbildungskraft zu veranschaulichen und das zunächst nur für den Experten lesbare Bild populärwissenschaftlich zu verwerten. Spensers Epos scheint uns auch deshalb bedeutsam zu sein, weil der Dichter das zweidimensionale abstrakte mittelalterliche Schema räumlich erweitert; die immateriellen mentalen Prozesse werden plötzlich als Realität suggeriert und erfahrbar, die Welt des Geistes erhält ähnlichen Wirklichkeitsgehalt wie die physische Welt, in der Bewußtsein und Unbewußtes als konkretes Geschehen vergegenständlicht wird, – kurzum, mit der Thematisierung der Imagination mit Hilfe der Imagination bietet der Dichter einen Einblick in die Werkstatt der poetischen Imagination selbst. Mit der eingeblendeten Allegorie des »House of Temperance« führt Spenser nicht nur das überkommene Körper-Seele-Modell aus der abstrakten Dimension auf die Ebene der sinnlichen Wahrnehmung, sondern er provoziert auch die innere Sicht, in der sich der eigene Schaffensprozeß des Dichters spiegelt. Zugleich säkularisiert er in der Allegorie des Leibes als weltlichem Palast das mittelalterliche, biblisch verankerte Bild vom Leib als Tempel Gottes, indem er den geweihten Ort zur weltlichen Wohnstätte des eigenen schöpferischen Geistes umdeutet, der in den selbstgeschaffenen Projektionen der eigenen Phantasie haust.

Die Allegorie des englischen Dichters geht auf die seit der Spätantike verbreitete Vorstellung von der Dreiteilung der höheren Geistesfunktionen in das Wahrnehmungs-, Denk- und Erinnerungsvermögen zurück, für die der syrische Bischof Nemesios von Emesa im 4./5. Jhd. n. Chr. das im Mittelalter maßgebliche Schema ausbildete[9]: In der Regel galt der erste Ventrikel im vorderen Teil des Gehirns (meist wurden die beiden Seitenventrikel als ein einziger Hohlraum betrachtet) als Sitz der Einbildungs- oder Vorstellungskraft, *vis imaginaria* oder *phantastica*. Die mittlere Zelle sollte die Vernunft, *vis rationalis*, enthalten, während im hinteren Ventrikel der

[8] Im Sinne der Theoriendynamik von Ludwig Fleck (*Entstehung und Entwicklung einer wissenschaftlichen Tatsache – Einführung in die Lehre vom Denkstil und Denkkollektiv. Mit einer Einleitung von Lothar Schäfer und Thomas Schnelle,* Frankfurt 1980).

[9] Vgl. Tabelle 1 unseres Anhangs.

Ort des Gedächtnisses, *vis memorativa*, vermutet wurde. In zahlreichen graphischen Schemata haben mittelalterliche Autoren medizinischer und philosophischer Traktate versucht, das komplizierte Geschehen mit Hilfe geometrischer Figuren zu illustrieren (vgl. Abb. 1–5 im Anhang S. 110 ff.). Die kreisrunden, zunächst streng von einander abgeschlossenen Ventrikel wurden unmittelbar auf den Kopf gezeichnet; erst allmählich ist das Bestreben zu beobachten, durch schmale Gänge die Kammern untereinander zu verbinden, um so die Dynamik des Denkprozesses, den Ablauf von Reizaufnahme, -verarbeitung und -speicherung auch im Bild zur Geltung zu bringen. Eine besondere Funktion fiel dabei dem sogenannten *vermis* (vgl. Abb. 4, S. 112) zu, der als eine Art Ventil durch Öffnen und Schließen der Spirituskanäle die Richtung des Gedankenflusses steuern sollte. Obwohl es diesen *vermis* in der anatomischen Realität nicht gibt, ist er bis ins 16. Jhd. beibehalten worden. Auch dieses kleine Detail ist ein Beispiel für die Wirkungsmacht des Ventrikeldogmas, das lange Zeit größere Überzeugungskraft als das Beobachtete hatte. Die Hartnäckigkeit mit der sich die alte Lokalisationstheorie bis weit in das 17. Jhd. hielt, demonstriert die Darstellung (Abb. 5, S. 112) des englischen Arztes, Alchemisten und Rosenkreuzers Robert Fludd (1574–1637).[10] Er brachte 1619 seine an die mittelalterliche Ventrikellehre unmittelbar anschließende Interpretation der Seelenvermögen[11], ihrer Manifestation und Leistungen heraus, ohne die Revision der Gehirnanatomie zu berücksichtigen, die inzwischen Andreas Vesal (1514–1564), der bedeutendste Anatom des 16. Jhd.s, anhand von zahlreichen Sektionen eingeleitet hatte. Vor allem war Vesal der Nachweis gelungen, daß die Ventrikel lediglich Gehirnflüssigkeit enthielten[12] – ein Befund, der ihre Rolle als Produktionsstätte der postulierten *Spiritus* in Zweifel zog. Mit einem eindrucksvollen Horizontalschnitt des Gehirns (Abb. 6, S. 113) belegte Vesal nicht nur seine neurologischen Befunde, sondern zugleich auch seine neue Methode der Hirnsektion. Obwohl sich in Fludds anatomischem Werk[13] seine Kenntnis von Vesal belegen läßt, hielt er dennoch unbeirrt an der Ventrikelvorstellung Galens fest, daß diese der Produktion, Reinigung und Sublimierung der

[10] Fludd wurde 1605 in Oxford zum Doktor der Medizin promoviert und war seit 1609 Mitglied des Royal College of Physicians in London, wo er eine erfolgreiche Arztpraxis unterhielt. Außerdem richtete er ein alchemisches Laboratorium ein. In seinen enzyklopädischen Werken verband er hermetische Lehren und die biblische Schöpfungsgeschichte mit dem chemisch-alchemischen Programm des Paracelsus und mit experimenteller Naturforschung; vgl. Joscelyn Godwin: *Robert Fludd – Hermetic Philosopher and Surveyor of the two Worlds*, London 1979; William H. Huffman: *Robert Fludd and the End of the Renaissance*, London 1988; die neuere Literatur in: *Alchemie – Lexikon einer hermetischen Wissenschaft*, hg. von Claus Priesner u. Karin Figala, München 1998, 139 f.

[11] Robert Fludd: *Tomus secundus de supernaturali, naturali, praeternaturali et contranaturali Microcosmi historia*, Oppenheim 1619, I, fol. 217: »Trium Animae Visiones generum in Microcosmo, eorumque regionum, objectorum, rationumque discernendi luculentissima demonstratio.«

[12] Andreas Vesal: *De humani corporis fabrica libri septem*, Basel 1543, fol. 636.

[13] Robert Fludd: *Anatomiae amphitheatrum effigie triplici, more et conditione varia designatum*, Frankfurt 1623 (= Robert Fludd: *Tomi Secundi Tractatus Secundus*, Portio III).

Spiritus dienen.[14] Fludd war weniger an hirnanatomischen Neuerungen, vielmehr an einer »anatomia mystica«[15], an der Obduktion der geheimnisvollen Denk- und Wahrnehmungsprozesse mit dem geistigen Skalpell, gelegen. Sein Diagramm der Gehirnfunktionen scheint daher auf den ersten Blick den Konventionen der Bildtradition zu folgen. Und doch unterscheidet sich Fludds Darstellung erheblich von den Schemata seiner Vorgänger: Nicht nur die Komplexität und die Zahl der Kreise haben sich vermehrt, sondern die kreisförmigen Figuren greifen auch räderartig ineinander und kommunizieren miteinander über transportbänderartige Verbindungen. Zugleich scheinen die zyklischen Modelle die strengen Grenzen des mittelalterlichen Schädelmodells zu sprengen und so die Erweiterung der inneren durch die äußere Welt, die Projektion des Makrokosmos im Mikrokosmos und umgekehrt, sichtbar zum Ausdruck zu bringen.

Folgt man Fludds Schaubild, so wird das Triebwerk der Ideen, das hier überdimensionale Ausmaße annimmt, in Gang gesetzt, indem die Sinnesorgane aus der gegenständlichen, elementaren Welt Reize an das Gehirn übermitteln. Aus den übertragenen Erregungsmustern entsteht unter Einwirkung der selektierenden und produktiven Einbildungskraft eine Gegenwelt der Reflexe, *umbrae*, oder Schattenbilder, die den *mundus imaginabilis* konstituieren. Aus dem Reich der Schatten mit seiner Fülle von Trugbildern oder »idola«[16], die sich zwangsläufig aus der engen Verkettung mit der sinnlichen Sphäre ergeben, führt die Reizleitung wieder zurück zur Schaltzentrale der ersten Seelen-Instanz. Sie vereinigt die im frontalen Teil des vorderen Hirnventrikels aus der gegenständlichen Welt eintreffenden Impulse mit denen der imaginierten Welt, die im hinteren Teil des Ventrikels ihren Sitz haben. Über eine kanalartige Verbindung, deren Flußrichtung durch den unvermeidlichen *vermis* reguliert wird, gelangen die Impulse und Bilder zum mittleren Hirnventrikel, wo der denkende und empfindende Anteil der Seele angesiedelt ist. Über die Welt der Ratio, des Intellekts und des denkenden Geistes führt der weitere Weg in aufsteigender Linie über die physische Sphäre hinaus in die metaphysische Welt. Wie im Text erläutert wird[17], kann es mit Hilfe der Erkenntniskraft der Seele, »mens«[18], gelingen, die irdischen Grenzen zu durchbrechen, um zu den himmlischen Hierarchien und zur Trinität in der außersinnlichen, immateriellen Welt vorzudringen. Über eine weitere Passage steht der mittlere mit dem vierten, okzipitalen Hirnventrikel in Verbindung, dem eine Doppelfunktion zufällt. Zum einen ist er Sitz des Gedächtnisses[19], der gleichsam eine Schatzkammer der Seele, »animae thesaura-

14 Ebd., fol. 160 ff.

15 Robert Fludd: *Anatomia Mystica in libros quinque distributa*, in: Robert Fludd, *Anatomiae amphitheatrum* [Anm. 13], 197 ff.

16 Fludd: *Tomus secundus* [Anm. 11], fol. 204 f.

17 Fludd: *Tomus secundus* [Anm. 11]: die Verbindung von Mens zu Angelos trägt die Inschrift: »cuius acie penetrat anima ad.«

18 Ebd., fol. 214: nach Fludds Definition ist *mens* der erkenntnisfähige Teil der Seele.

19 Fludd: *Tomus secundus* [Anm. 11]: der Verbindungsstrang zwischen Rückenmark und Ge-

rium«[20] darbietet, in dem er sämtliche imaginando, ratiocinando et intelligendo entstandene Erzeugnisse speichert und festhält. Darüber hinaus sollte im vierten Ventrikel das Rückenmark seinen Ursprung haben, das für die Muskelbewegung verantwortlich gemacht wurde (Abb. 5, S. 112).

Wie Fludds Bild-Komposition demonstriert, hat im Vergleich zu den mittelalterlichen Ventrikelschemata eine deutliche Differenzierung stattgefunden: Das intellektuelle Vermögen dominiert augenfällig die beiden anderen *facultates*, die gleich große, aber untergeordnete Funktionskreise darstellen. Deutlich von der Welt des Kopfes abgegrenzt ist der alles überragende transzendentale Bereich, der auf die Einbildungskraft zwar unmittelbar einstrahlt, für diese selbst aber nur auf dem Umweg über die intellektuellen Vermögen erreichbar ist. Fludd nimmt demnach drei Erkenntnisstufen, *animae visiones*, an: als unterste Instanz fungiert der *sensus communis* in Gestalt der fünf Sinne, die Objekte und Qualitäten real existierender Körper wahrnehmen. Die *anima imaginativa* (= *phantasia* und *imaginatio*) hingegen erweitert die Sinneswahrnehmung, indem sie das Vermögen besitzt, auch real abwesende Gegenstände zu schauen, während die *anima rationis, intellectualis et mentis* Dinge vorstellen kann, die weder in der Sinneswelt noch in der Imagination vorher existierten, also keine Ähnlichkeit mit realen oder erdachten Gegenständen haben, sondern allein durch die Ratio für wahr gehalten und beurteilt werden. Der Aufstieg zu höheren (= göttlichen) Erkenntnissphären und göttlicher Erleuchtung setzt den Durchgang durch weitere Abstraktionsstufen voraus, von denen Fludd insgesamt 22 gradus zu benennen weiß.[21]

Bemerkenswert erscheint, daß die sichtbare Welt den *mundus imaginabilis* als ein gleich großes Abbild, eine Projektion seiner selbst[22], hervorbringt, einen *mundus*, der in seiner elementaren Strukturierung mit der Sinneswelt zwar korrespondiert, aber nur über die gemeinsame Schaltstelle aus *vis sensitiva*, der unmittelbaren Sinneswahrnehmung[23], und *vis imaginativa*[24], der Einbildungskraft, verknüpft ist. Nach Fludds System kann demnach der *mundus imaginabilis* nur mittelbar über den Umweg der *vis imaginativa*, aber nicht über einen direkten Zugang mit der sichtbaren Realität kommunizieren. Die Verschaltung der beiden Welten über die gemeinsa-

dächtnisareal im Gehirn trägt die Inschrift: »Et haec virtus [gemeint ist die *anima motiva*] fundatur in extrema cerebri parte et in spinali medulla.«

20 Fludd: *Anatomiae amphitheatrum* [Anm. 13], fol. 166.

21 Fludd: *Tomus secundus* [Anm. 11], fol. 219 f.

22 Ebd. Die Sphären des *mundus sensiblis* sind von innen nach außen bezeichnet: *terra, aqua, aer grossus, aer tenuis, lux seu ignis* und stehen in der gleichen Reihenfolge mit den Sinneswerkzeugen *tactus, gustus, odoratus, auditus, visus* in direkter Verbindung. Die Sphären des *mundus imaginabilis* sind entsprechend von innen nach außen bezeichnet: *umbra terrae, umbra aquae, umbra aeris grossi, umbra aeris tenuis, umbra ignis.*

23 Ebd. Die Funktion der *vis sensitiva* lautet: »Mundi elementa et elementata sentiens prout sunt.«

24 Ebd. Die Funktion der *vis imaginativa* lautet: »Mundi elementorum et elementatorum imagines capiens.«

men Anteile der *anima de primo genere visionis* bedingt zugleich einen Rückkoppelungseffekt, der jeweils bei Veränderungen in der einen oder anderen Welt auftritt. Mit der Erweiterung des *mundus sensibilis*, so suggeriert die Darstellung, kann auch der *mundus imaginabilis* bedrohliche Ausmaße annehmen, wenn die Reizüberflutung der Sinnesorgane die Produktion der Einbildungskraft steigert, die nicht ohne Rückwirkung auf die Welt der Sinne bleibt. Die Welt der Imagination erscheint auf der Zeichnung fast wie eine Ausgeburt des Kopfes oder Kopfgeburt des Geistes, die jederzeit entstehen kann, wenn die Korrespondenz zwischen realer und fiktiver Welt gestört wird, so daß die vorgegebene Ordnung der drei mentalen Komponenten aus dem Gleichgewicht gerät. Dies geschieht, sobald die Bahnen des Gedächtnisflusses blockiert sind, die rationale Kontrolle des Intellekts oder die Regulierung der Einbildungskraft versagen. Die Folge sind zahlreiche Gehirnkrankheiten, die zur Ausschaltung unterschiedlichster Hirnfunktionen führen können. In der langen Liste der *morbi* werden unter anderem erwähnt: *corruptio imaginationis seu delirium*, *sopor*, *amentia*, *epilepsia*, *coma*, *mania et furor*, *melancholia*, *lethargia*, *laesio memoriae*. Als krankheitsauslösende Faktoren der *corruptio imaginationis* und *laesio memoriae* macht Fludd im Sinne der humoralpathologischen Vorstellungen Galens ein Übermaß von Kälte und Feuchtigkeit, bzw. Verlust von Wärme und Trockenheit verantwortlich, aber auch äußere Verletzungen werden als Grund angegeben. Zur Wiederherstellung der gestörten Einbildungs- und Gedächtniskraft empfiehlt er daher eine medikamentöse Therapie; zur Kompensation der erworbenen oder angeborenen Gedächtnisschwäche schlägt er zusätzlich die Erfindung einer künstlichen Gedächtnissprache in Bildern, *memoria artificialis*,[25] mithilfe der Einbildungskraft vor, die die natürliche Gedächtnisleistung verstärken soll. Insgesamt wird deutlich: In Fludds System ist die Einbildungskraft als legitimes Vermögen fest in den Erkenntnisprozeß und Wahrnehmungsapparat integriert. Sie ist ebenso an die Sinneswelt wie an die Vernunftwelt gebunden und stellt somit nicht nur ein wichtiges Korrelat, sondern auch ein notwendiges Korrektiv für beide Sphären dar. Für ihn stehen deshalb nicht die destruktiven, sondern die konstruktiven Elemente der imaginatio im Vordergrund bei der Einschätzung ihrer Leistungen; entsprechend empfiehlt er, ihre Kapazitäten sinnvoll zu nutzen.

Die pathologischen Wirkungen der Einbildungskraft jedoch hat Fludd nicht näher untersucht, im Gegensatz zu dem zeitgenössische Arzt und Professor der Medizin in Löwen, Thomas Fienus (1567–1631), der gerade diesem Aspekt in seiner ausführlichen Abhandlung *De viribus imaginationis*[26] große Aufmerksamkeit

[25] Robert Fludd: *De animae memorativae Scientia quae vulgo ars memoriae vocatur*, in: Robert Fludd: *Tomus Secundus Tractatus Primus Sectio Secunda. De Technica Microcosmi historia*, Frankfurt 1623, Portio III, 48 ff.

[26] Thomas Fienus: *De viribus imaginationis*, Loewen 1608. Fienus, in Antwerpen geboren, erhielt nach einem Studium der Medizin in Leiden und Bologna 1593 einen der ersten Lehrstühle der Medizin in Löwen. 1600 kam er als Leibarzt an den Hof Herzogs Maximilian von Bayern, ein Jahr später ging er als Leibarzt Erzherzogs Albert von Österreich nach Wien, kehrte aber nach kur-

schenkte. Vor allem beschäftigte ihn die von Fludd unbeantwortete Frage, ob die *imaginatio* im Stande sei, Bewegungen im Körper auszulösen und Krankheiten hervorzurufen. Während Robert Burton (1577–1640) in seiner enzyklopädischen Abhandlung über die Melancholie[27] eine Schädigung der Imagination weit häufiger als einen körperlichen Defekt für den Ausbruch der Schwermut ebenso wie für die Mißbildung von Foeten verantwortlich machte[28], lehnte Fienus die Möglichkeit einer unmittelbaren Einwirkung der Imagination auf das reale körperliche Geschehen radikal ab. Wie letzterer in Anlehnung an Thomas von Aquin[29] darlegt, kann die Phantasie oder Einbildungskraft als ein immaterielles, geistiges Vermögen keine unmittelbare Wirkung auf körperliches Geschehen ausüben, Körper in Bewegung setzen oder verändern. Allerdings erwog Fienus die Möglichkeit einer indirekten Einflußnahme, indem er annahm, daß heftige Gemütsbewegungen und Leidenschaften das physiologische Säftegleichgewicht stören und nachfolgende Krankheiten auslösen könnten.[30] Ebenso hielt er eine direkte Einwirkung der *imaginatio* auf das embryonale Bildungsvermögen über das Säfte- und Spiritussystem für wahrscheinlich[31], er postulierte einen unmittelbaren Zusammenhang zwischen bestimmten Mißbildungen und Deformationen der Foeten und hyperaktiven Einbildungskräften der Mütter. In diesem Punkt widersprach Fienus bewußt dem sonst von ihm so hoch verehrten Kirchenlehrer Thomas von Aquin. Fludds anschauliches Räderwerk der Ideen ebenso wie der scholastisch-gelehrte, streng logische Traktat des Fienus hatten zwar einen hohen Erklärungswert, ihr neuroanatomisches Fundament blieb jedoch schmal im Vergleich zu dem weiten Feld der Spekulationen. Erst mit den Fortschritten der Gehirnforschung und der zunehmenden Aufklärung der Gehirnarchitektur verbesserte sich auch die Korrelation der geistig-psychischen Vermögen mit den neurologischen Strukturen. Welche Schwierigkeiten auf diesem Wege zu überwinden waren, mögen in der Folge einige Beispiele aus der medizinischen Imaginationslehre des 17. und 18. Jhd.s zeigen.

In der Medizin dieser Zeit konzentrierte sich die Diskussion über die Entstehung und realitätsstiftende Macht der Imagination auf das ungelöste Problem des sogenannten *Versehens der Mütter*[32], das bis ins 19. Jhd. hinein in der wissenschaftlichen

zer Zeit wieder nach Löwen zurück, wo er bis zum Jahre 1631 Medizin lehrte. Vgl. Lelland J. Rather: *Thomas Fienus (1567–1631) – Dialectical Investigation of the Imagination as Cause and Cure of Bodily Disease*, in: *Bulletin of the History of Medicine* 41 (1967), 349–367.

27 Robert Burton: *The Anatomy of Melancholy – Now for the first time with the latin completely given in translation*, ed. by Floyd Dell and Paul Jordan-Smith, New York 1938.

28 Ebd., 218 ff.

29 Thomas von Aquin: *Summa theologica*, vol. IV, Rom 1894, 138 (Pars III, quaes. XIII, art. III, ad tert.).

30 Fienus, *De viribus imaginationis* [Anm. 26], 85 f.

31 Ebd., 122 ff. (Quaestio XIV: Quomodo et qua Ratione foetum immutet?); 144 ff. (Quaestio XV: Quomodo possit Conformatricem Dirigere?).

32 Vgl. Gabriele Dürbeck: *Einbildungskraft und Aufklärung – Perspektiven der Philosophie, Anthropologie und Ästhetik um 1750*, Tübingen 1998, 156–176, die die Theorien der Einbildungskraft

wie Volksmedizin als weithin akzeptiertes Dogma galt. Es besagt, daß sich unkontrollierte oder durch die äußeren Sinne einströmende, schreckenerregende Phantasiebilder schwangerer Frauen auf den Foetus übertragen lassen und als Projektionen des Angeschauten im Körper des Kindes Deformationen hervorrufen können. Die schlüssige These, die im Kontext der Zeit wegen der fehlenden embryologischen Fakten schwer widerlegbar war, forderte die Ärzte heraus, Erklärungsmodelle zu entwickeln, die die beobachteten Phänomene begreifbar machten. Dabei gelang es sowohl den Anhängern humoralpathologischer als auch denen iatromechanischer Konzepte in gleicher Weise, das *Versehen der Mütter* als physiologisch begründbares Geschehen in das jeweilige medizinische System plausibel einzubauen. Repräsentativ für dieses Vorgehen sind die Studien über die Wirkungen der Einbildungskraft[33] des Wittenberger Arztes und Naturphilosophen Daniel Sennert (1572–1637).[34] Sie erschienen ein Jahr vor William Harveys (1578–1657) epochemachenden Versuchen an Hühnereiern, Hirsch- und Rehembryonen, an denen dieser experimentell zeigen konnte, daß sich alle Lebewesen aus lebendiger Materie entwickeln. Dabei wies er nach, daß sich die Organe erst allmählich, in bestimmter Zeitfolge nacheinander, aus einer ursprünglich ungeformten, homogenen Substanz ausbilden und differenzieren.[35] Harvey widerlegte damit die auf Galen fußende, präformistische Theorie, nach welcher der neue embryonale Organismus im männlichen Samen wie im weiblichen Keim bereits stofflich vorgeformt vorliege und sich während der Entwicklung lediglich entfalte.

Da Sennert die Resultate Harveys noch nicht berücksichtigen konnte, war er in der schwierigen Lage, das *Versehen der Schwangeren* im Rahmen der präformistischen Vorstellungen zu deuten. Er hatte angeblich selbst beobachtet, wie einige Früchte eines Maulbeerbaums auf eine Schwangere niederfielen, als sie an ihm vorüberging. Später brachte die Frau ein Mädchen zur Welt, das eben an jener Stelle der Haut eine maulbeerartige Wucherung aufwies, die mit dem von den Maulbeeren getroffenen Ort der Mutter korrespondierte. In einem anderen Fall, wie Sennert berichtete, sah eine Schwangere einen Schlächter, der mit einer Axt einen Schweinekopf zerlegte, woraufhin sie ein Kind mit einer angeborenen Kiefer-Lippenspalte

um 1750, insbesondere der Theorie des sogenannten Versehens der Schwangeren, eingehend untersucht. Zum Streit zwischen den Imaginationisten und Anti-Imaginationisten vgl. auch Lester S. King: *The Philosophy of Medicine*, Cambridge, Mass. U. London 1978, 152–181.

33 Daniel Sennert: *Opera omnia. De viribus imaginationis*, Lyon 1650, III, 786–791; vgl. dazu King: *The Philosophy of Medicine* [Anm. 32], 153–160.

34 Sennert hatte 1628 ein von vielen zeitgenössischen Ärzten rezipiertes medizinisches System entworfen, das sich zum größten Teil an der Qualitäten- und Säftelehre Galens in der Bearbeitung des Pariser Arztes Jean Fernel (1497–1558) orientierte und in seinen *Institutiones Medicinae Libri V*, Wittenberg 1628, expliziert wird; vgl. dazu Karl Eduard Rothschuh: *Konzepte der Medizin in Gegenwart und Vergangenheit*, Stuttgart 1978, 204–207. In seinen späteren Schriften wandte sich Sennert auch atomistischen Theorien zu, die jedoch sein ursprüngliches Konzept nicht grundsätzlich veränderten.

35 William Harvey: *Exercitationes de generatione animalium*, London 1651.

gebar. Sennert deutete die Phänomene als Folge einer Läsion der mütterlichen Einbildungskraft; eine unmittelbare Wirkung der Imagination auf den Foetus schloß er jedoch aus, vielmehr nahm er an, daß die Imagination über heftige Affekte wie Schrecken, Furcht etc. sowohl die Säftebewegung als auch die sie steuernden Spiritus im mütterlichen Organismus beeinflusse und damit auch die *facultas conformatrix*, das Gestaltungsvermögen im Foetus, beeinträchtige und Veränderungen in Größe, Zahl und Form der Organe auslösen könne. Wie sich allerdings das spezifische Bild, die Maulbeere oder der gespaltene Kopf auf den Foetus verpflanzte, konnte Sennert mit diesem Modell nicht hinreichend erklären, was er selbst zugab. Er bezweifelte, daß die *Spiritus*[36] oder die Säfte die Erzeugnisse der Einbildungskraft vom Gehirn zum Uterus transportieren können. Er stützte seine Erklärung deshalb auf ein anderes Prinzip, das kaum weniger spekulativ und ebenfalls seit der Antike als Denkfigur präsent war, nämlich die Sympathielehre[37]; in diesem, im medizinischen Denken noch bis ins 19. Jhd. verbreiteten Konzept, spielten die Übereinstimmung und der spezifische Zusammenhang aller Dinge aufgrund verborgener Analogien und Kräfte eine entscheidende Rolle; die Möglichkeit einer psychischen Übertragung ohne materielles Medium ebenso wie die Fernwirkungen gehörten zu den Grundannahmen dieses Konzepts. Innerhalb dieser Vorstellungen war deshalb die Ansicht, daß starke Gemütsbewegungen oder heftige Gefühlsausbrüche der Mutter ähnliche, mit dem Affekt korrespondierende Auswirkungen auf den Foetus haben konnten, keineswegs ungewöhnlich. Sennert wollte jedoch die Wirkung der omnipotenten Imagination nur auf einen bestimmten Bereich, die wachstums- und formbildenden Kräfte des Foetus, beschränkt wissen. Außerdem hielt er die Mitwirkung der Imaginationskraft nur dann für erfolgreich, wenn auch das geeignete Substrat für die aufzunehmende Form vorhanden war. So war er zum Beispiel davon überzeugt, daß die Einbildungskraft nicht imstande sei, im menschlichen Foetus Federn, Hörner oder andere Teile auszubilden, weil gemäß der Sympathielehre Übereinstimmungen nur zwischen Gleichem oder Ähnlichem herstellbar waren.

Wenn auch Sennert gewisse Schwächen seiner physiologisch-psychologischen Theorie eingestehen mußte, so zog er doch die realitätsstiftende Kraft der Imagination in keinem Moment in Zweifel. Der Zusammenhang zwischen den Maulbeeren, die zufällig in den Schoß der Schwangeren fielen, und dem Maulbeernaevus des Neugeborenen blieb für ihn eine unumstößliche Tatsache. Auch die Anhänger iatromechanischer Konzepte konnten keine weiterreichenden Argumente für die der

[36] Im Rahmen der Humoralpathologie sprach man von insgesamt drei Spiritus, die wichtige Steuerungsprinzipien für Ernährung/Wachstum, für Blut- und Muskelbewegung sowie der geistigen Vermögen darstellten.

[37] Sympathetische Reaktionen im Zusammenhang mit medizinischen Fragen werden schon in den im Peripatos zusammengestellten »Problemata physica« behandelt, vgl. Aristoteles: *Problemata physica*, übers. von Hellmut Flashar (=Aristoteles Werke in deutscher Übersetzung, Bd. 19), Berlin 1983, 74–77; vgl. auch Margarita Kranz, Peter Probst: *»Sympathie«*, in: *Historisches Wörterbuch der Philosophie*, hg. von Joachim Ritter und Karlfried Gründer, Bd. 10, Darmstadt 1998, Sp. 751–756.

Imaginationskraft zugeschriebene Wirkung liefern. Als einflußreichster Vertreter dieser Denkrichtung galt René Descartes (1596–1650), der sich zeitlebens auch mit medizinischen Fragen beschäftigte und in zwei zu seinen Lebzeiten ungedruckten, kühnen Entwürfen (1632 und 1648)[38] den menschlichen Körper als hypothetische Maschine konstruiert hatte, um die Möglichkeit eines rein mechanischen, selbsttätigen Ablaufs aller Körperfunktionen aufzuzeigen.[39] In Anlehnung an den axiomatischen Aufbau seiner philosophischen Schriften versuchte Descartes, Struktur und Funktion des lebendigen Organismus allein aus den physikalischen Gesetzmäßigkeiten der Bewegung, Größe und Gestalt kleinster, unsichtbarer Partikel abzuleiten unter strikter Trennung der *res extensa* und *res cogitans*, des Körpers und der Seele.[40]

Zentrales Dogma der cartesischen Physiologie[41] war die Existenz von *Spiritus animales*, die materieller Natur sein und über die allerfeinsten Poren aus den Blutgefäßen ›herausgedrückt‹ werden sollten.[42] Über die Nerven gelangten sie zum Gehirn, das Descartes als ein dichtes, von zahlreichen Poren und Kanalsystemen durchzogenes Netz auffaßte. Das Gehirn verlor somit seine Bedeutung als Produktionsstätte der *Spiritus animales*, stattdessen erhielt es die weitaus wichtigere Rolle eines Steuerungs- und Regulationsapparates. Denn die zweite wichtige Voraussetzung, auf der Descartes' Maschinenmodell beruhte, war die zentrale Rolle, die er der Zirbeldrüse (*glandula pinealis* = *conarion*, heute Epiphyse) als Sitz des Vorstellungsvermögens und *sensus communis* zuwies. Dieses beweglich gedachte, mit zahlreichen feinen Öffnungen versehene Organ sollte in der mittleren Hirnkammer seinen Ort haben und als eine strömende Spiritusquelle dienen, die die kontinuierlich aus den Arterien anflutenden *spiritus animales* strahlenförmig in die Hirnhöhlen verteilte. Von dort erfolgte der weitere Transport über die Nerven zu den Sinnesorganen und Muskeln. Die Nerven selbst stellte sich Descartes als dünne, bis auf einen zentralen Markfaden hohle Röhren vor, die zugleich motorisch und sensibel wirkten (vgl. Abb. 7, S. 113). Wenngleich dem modernen Betrachter dieses Modells der Gehirnfunktionen zahl-

38 René Descartes: *Œuvres*, publ. par Charles Adam et Paul Tannery. Bd. XI: *La Description du Corps humain – De la Formation de l'Animal,* Paris 1909. Dt. Ausg. René Descartes: *Über den Menschen (1632) sowie Beschreibung des menschlichen Körpers (1648)*, nach der ersten französischen Ausgabe von 1664 übersetzt und mit einer historischen Einleitung und Anmerkungen versehen von Karl E. Rothschuh, Heidelberg 1969.

39 Vgl. René Descartes: *Über den Menschen* [Anm. 38], 43. Gedruckt wurden die Schriften erst nach Descartes' Tode: 1662 in lateinischer (René Descartes: *De Homine, figuris et latinitate donatus a Florentio Schuyl*, Leiden 1662), 1664 in französischer Sprache (René Descartes: *L'Homme de René Descartes et un Traitté de la Formation du Fœtus du mesme Autheur – Avec les Remarques de Louys de la Forgé,* Paris 1664).

40 Vgl. René Descartes: *Über den Menschen* [Anm. 38], 11–32; es sei in dem hier behandelten Zusammenhang auf die umfassende Einführung von Rothschuh zur Rolle der Physiologie im Denken Descartes' verwiesen.

41 Vgl. ebd; zum Nachweis aller zusammenhängenden Äußerungen Descartes‹ zur Physiologie siehe Rothschuh.

42 Ebd., 52–56.

reiche Fragen offen bleiben, so bot es doch den zeitgenössischen Gelehrten für zahlreiche physiologische Funktionen ein plausibles Schema, das ohne Annahme der traditionellen *facultates* oder sonstiger obskurer Vermögen auskam und allein physikalische und optische Gesetze als Erklärungsgrundlage beanspruchte. Vor allem lieferte Descartes ein schlüssiges Modell für die Entstehung von Sinneswahrnehmungen, die sich aus der Übertragung körperlicher Eindrücke durch Vermittlung der in den Nervenbahnen strömenden *Spiritus animales* ergab.[43] Dabei unterschied Descartes die durch Einwirkung äußerer Gegenstände auf die Sinne entstandene, bildliche Wahrnehmung deutlich von der Einbildungskraft, die Dinge und Figuren auch ohne äußere Objekte, »gleichsam bei geschlossenem Fenster«[44], im Gehirnzentrum zur Darstellung bringt.

Nach Descartes´ Entwurf konnten bildliche Vorstellungen auch unter Mitwirkung körperlicher Gedächtnisspuren entstehen, die sich aus den materiellen Residuen früherer, in der Gehirnoberfläche abgelagerter Vorstellungen ergaben.[45] Als intellektuelles Vermögen hatte die Einbildungskraft für Descartes allerdings nur untergeordnete Bedeutung, in der Metaphysik wie in der Physik hielt sie Descartes für fehl am Platz.[46] In der Medizin hingegen scheint Descartes der Einbildungskraft einen gewissen Erklärungswert, vor allem in Verbindung mit dem *Versehen* der Schwangeren, nicht abgesprochen zu haben, wenngleich er einer eindeutigen Aussage ausgewichen ist. Die Tatsache, daß Descartes das umstrittene Phänomen im unmittelbaren Kontext mit Gedächtnis und Erinnerung behandelt, läßt vermuten, daß Descartes im *Versehen der Schwangeren* einen ähnlichen Reaktionsmechanismus erblickte, den er auch für die Einprägung von Gedächtnisspuren in die Gehirnoberfläche voraussetzte. Er stellte sich offenbar vor, daß sich gewisse Schreckbilder äußerer Gegenstände über die Sinne auf die Zirbeldrüse projizierten, über die Arterien zum Herzen gelangten, von dort auf das ganze Blut ausstrahlten und durch bestimmte Vorgänge in der Gebärmutter, die Descartes nicht näher erläuterte, auf den Foetus übergehen, um sich den kindlichen Gliedern einzuprägen.[47] Weitere Spekulationen über die Entstehung vermied Descartes jedoch mit Bedacht, solange er keine Antwort auf die noch ungelöste Frage der psychisch-physischen Wechselwirkung gefunden hatte.

Der englische Hirnanatom und Mitbegründer der Royal Society in London, Thomas Willis (1621–1674)[48], versuchte sich dem Problem von Seiten der Anato-

[43] Die eigentliche Bilderzeugung im Gehirnzentrum sollte nach Descartes‹ Entwurf durch das Zusammenwirken der Spiritusausstrahlung der Zirbeldrüse mit dem Ausstrom der Spiritusteilchen aus den korrespondierenden Öffnungen der Nervenröhrchen, die in die Hirnkammern einmünden, erzielt werden.

[44] René Descartes: *Meditationes* VI, 72–73 (=*Œuvres.* A.T. VII, 89 f.); vgl. dazu: René Descartes: *Gespräch mit Burman* (lat.–dt.), übers. u. hg. von Hans Werner Arndt, Hamburg 1982, 60 f.

[45] René Descartes: *Über den Menschen* [Anm. 38], 110–112.

[46] Descartes: *Gespräch mit Burman*, [Anm. 44], 113, 165.

[47] Descartes: *Über den Menschen* [Anm. 38], 110.

[48] Vgl. dazu Max Neuburger: *Die historische Entwicklung der experimentellen Gehirn- und Rük-*

mie, der experimentellen Gehirnphysiologie und der klinischer Forschung aus zu nähern, in der Erwartung, ein neurologisches Korrelat für die denkende Seele zu finden.[49] Die zahlreichen Entdeckungen, mit denen Willis die Gehirnanatomie bereicherte, verdankte er im wesentlichen der konsequent befolgten Methode, unmittelbar von der beobachteten Struktur auf die Funktion zu schließen und dieses Prinzip nicht nur auf die menschliche Anatomie, sondern auch auf die Anatomie der Tiere anzuwenden. Willis knüpfte an die scholastische Theorie von der Dreiteilung der Seele an und unterschied eine immaterielle Vernunftseele (*anima rationalis*)[50] und eine materielle Tier- bzw. Körperseele (*anima corporea sive brutorum*)[51]. Diese *anima corporea*, repräsentiert in den *Spiritus animales*, sollte als *anima sensitiva* die gesamten Funktionen des Nervensystems steuern. Die *anima vitalis* sollte ihren Sitz im Blut haben und für die Vitalfunktionen verantwortlich sein. Während Menschen und Tiere die sensitive Seele in gleicher Weise besäßen, sollte die Vernunftseele allein dem Menschen vorbehalten sein. Es besteht kein Zweifel, daß Willis von Descartes' mechanistischem Körperkonzept beeinflußt war, doch im Unterschied zu dem französischen Philosophen besaß Willis aufgrund eigener Sektionen sehr genaue Kenntnisse der Gehirnanatomie, die er mit seinen Spekulationen in Einklang zu bringen versuchte. Das Gehirn galt ihm als primärer Sitz der *anima rationalis* beim Menschen und der *anima sensitiva* bei den Tieren. Den der Sinneswahrnehmung und willkürlichen Motorik dienende *sensus communis* verlagerte er in das *corpus striatum*; den aus Marksubstanz bestehenden Balken, *corpus callosum*, erklärte er zum Sitz der Vorstellungskraft, *imaginatio*, weil dieser Teil des Großhirns die aus allen Windungen zusammenlaufenden Markfasern aufnimmt und dort gleichsam wie auf einem Marktplatz (*publicum emporium*) aus allen Richtungen die *spiritus* eintreffen, um ihre weiteren Funktionen auszuführen.[52] Während in den *corpora striata* nur die sinnliche

kenmarksphysiologie vor Flourens, Stuttgart 1897, S. XXI–XXIII; vgl. auch das Standardwerk über Willis' neuroanatomische Untersuchungen und Entdeckungen von Hansruedi Isler: *Thomas Willis – Ein Wegbereiter der modernen Medizin 1621–1675,* Stuttgart 1965 (= Große Naturforscher Bd. 29) sowie Alfred Meyer / Raymond Hierons: *Thomas Willis's Concepts of Neurophysiology*, in: *Medical History* 9 (1965) 1–15, 142–155; zu Willis' vergleichenden anatomischen Studien und seinen Folgerungen für die Lokalisation der psychischen Funktionen vgl. William Bynum: *The Anatomical Method, Natural Theology, and the Functions of the Brain*, in: *Isis* 64 (1973) 445–468; die philosophischen Implikationen der anatomischen Studien untersuchte King: *The Philosophy of Medicine* [Anm. 32], 134–143; vgl. auch die Übersicht von Edwin Clarke / Charles D. O'Malley: *The human brain and spinal cord – a Historical Study illustrated by Writings from antiquity to the twentieth century*. Second edition, revised and enlarged, San Francisco 1996, 159ff., 333ff.

49 Vgl. seine beiden Hauptwerke: Thomas Willis: *Cerebri Anatome: cui accessit nervorum descriptio et usus*, London 1664 und *De Anima Brutorum Quae Hominis Vitalis ac Sensitiva est, Exercitationes Duae. Prior Physiologica Ejusdem Naturam, Partes, Potentias et Affectiones tradit. Altera Pathologica Morbos qui ipsam, et sedem ejus Primariam, Nempe Cerebrum et Nervosum Genus afficiunt explicat, eorumque Therapeias instituit,* Oxford 1672.

50 Willis: *De anima brutorum* [Anm. 49], 110ff.; Willis: *Cerebri Anatome* [Anm. 49], 133ff.

51 Willis: *De anima brutorum* [Anm. 49], 69ff., 95ff.

52 Willis: *Cerebri Anatome* [Anm. 49], 128f.

Erfassung stattfinden sollte, waren Vorstellung, Phantasie und Gedächtnis an das *corpus callosum* gebunden. Die Übertragung der Sinneseindrücke dachte sich Willis wie die Fortpflanzung einer Welle (aus Spiritussaft), die nach der Passage der *corpora striata* und des *corpus callosum* in der Hirnrinde schließlich verebbte und in den Furchen Spuren der Erinnerung hinterließ, die sich kraft der *memoria* wiederbeleben ließen.[53]

Ließe sich nun ein Unterschied in der menschlichen und tierischen Gehirnanatomie feststellen, so sollte sich, wie Willis annahm, aus dieser Differenz die Seele erklären lassen. Die zahlreichen vergleichenden Untersuchungen an menschlichen und tierischen Gehirnen führten jedoch zu dem für Willis überraschenden Ergebnis, daß die Unterschiede zwischen diesen keineswegs so erheblich waren, sondern die Strukturen eine weitgehende Übereinstimmung aufwiesen. Ein besonderes Organ oder Substrat, das die spezifische Differenz wie Sprache, Denken, moralisches Handeln repräsentierte, vermochte Willis nicht zu ermitteln. Die Zirbeldrüse, die Descartes als Seelensitz postuliert hatte, erschien Willis als ungeeignet, da er das Organ bei Tieren, die kaum Vorstellungen und Gedächtnis besitzen, im Verhältnis zum Menschen stark entwickelt gefunden hatte. Fixiert auf den unumstößlichen Gedanken, daß der Mensch dem Tier in geistiger und anatomischer Vollkommenheit überlegen sei und Korrelationen zwischen neurologischen Strukturen und psychischen Funktionen nachweisbar sein müßten, ließ sich Willis zu Spekulationen verleiten, die sein Konzept widersprüchlich machten. Schon aus theologischen Gründen nahm er die Existenz einer Vernunftseele an, doch der Frage, wie die Vernunftseele mit der Körperseele in Verbindung treten sollte, wich er aus. Nur vage Angaben deuten darauf hin, daß Willis der imaginatio eine entscheidende Vermittlerrolle zwischen niederen und höheren Erkenntnisvermögen beimaß. Denn der Intellekt als höheres Seelenvermögen zeichnet sich nach Willis zwar durch die Fähigkeit aus, Reflexionen über das eigene Denken und Handeln anzustellen[54], doch sei der Intellekt nicht unabhängig von den unteren seelenanalogen Instanzen, sondern sei auf die Phantasie angewiesen, die ihm die Erscheinungen zur weiteren Verarbeitung präsentiere.[55] Denn für Willis gilt der von John Locke modifizierte und zum Kern einer neuen Erkenntnislehre genommene Satz, daß »nichts in der Vorstellung [in der Phantasie] oder wie ich eher sagen sollte, nichts im Hirn oder Herzen ist, was nicht zuerst in den Sinnen gewesen ist«[56].

[53] Ebd., 136: »[…] quod quoties animae parte exteriori perculsa, sensibilis impressio, velut species optica, aut tanquam aquarum undulatio, interius vergens ad corpora striata defertur, sensionis exterius habitae perceptio sive sensus internus oritur: quod si isthaec impressio ulterius provecta corpus callosum trajiciat, sensui imaginatio succedit: dein si eadem spirituum fluctuatio Cerebri cortici, quasi ripis extimis, allidatur, objecti sensibilis iconem sive characterem isti imprimit, qui cum exinde postea reflectitur, ejusdem rei memoriam resuscitat.«

[54] Willis: *De anima brutorum* [Anm. 49], 113.

[55] Ebd., 110 ff.

[56] Ebd., 136: »nihil est in imaginatione, seu potius dicam, nihil est in cerebro, aut corde, quod non fuit prius in sensu«.

Das strikte Festhalten an der anatomischen Methode, also der Ableitung von Strukturen aus der Funktion einerseits und der feste Glaube an ein immaterielles geistiges Prinzip andererseits, verstrickte Willis in das nicht zu lösende Dilemma, diesem Prinzip eine Struktur zuordnen zu müssen. Tat er dies nicht, war er gezwungen, eine strukturlose Funktion anzunehmen. Willis sah sich offensichtlich nicht in der Lage, das Problem auf die eine oder andere Weise zu lösen, und scheiterte in der konsequenten Anwendung seiner komparativen Betrachtungsweise. In der Ausweglosigkeit wurde zugleich die Begrenzung der neuen Methode deutlich, die zwar der anatomischen Forschung künftig den Weg wies, aber in die Sackgasse führte, wenn sie auf andere Gegenstände als die Hirnanatomie angewandt wurde. Für die Imaginationslehre indes bedeutete Willis Lokalisationstheorie eine nicht unwesentliche Stabilisierung, indem sie in einem umfassenden, mit Beobachtungen aus der vergleichenden Anatomie, Physiologie und klinischen Medizin fundierten, wissenschaftlichen System einen konkreten Ort und sinnfällige Funktionen zugewiesen erhielt. Der weitreichende Einfluß, den Willis auf die Hirnforschung des 17. und 18. Jhd.s nahm, führte dazu, daß die Imaginationslehre trotz ihrer fragwürdigen Implikationen weiterhin als universales, wenngleich nicht unangefochtenes psycho-physisches Erklärungsmodell überdauerte.

Zu den ersten Versuchen, die Einbildungskraft als Deutungsmacht aus der Medizin endgültig zu verdrängen, zählt eine Abhandlung, die 1722 der Professor der Medizin und Philosophie in Halle Michael Alberti (1682–1757) unter dem klangvollen Titel *De Phantasiae usu, lusu et abusu in medicina*[57] veröffentlichte. Sie enthält zahlreiche Beispiele aus der medizinischen Literatur und eigene Beobachtungen, die Alberti gezielt einsetzt, um mit dem unsinnigen Gebrauch der Einbildungskraft in der Medizin gründlich abzurechnen. Mit vehementen Worten wettert er gegen die falschen Eingebungen, die von den vernünftigen nicht unterschieden werden. Er sieht in ihr nur trügerische Komponenten vereinigt, denn die Phantasie verhelfe dem Geist wie ein unsichtbarer Schauspieler, ein »thaumatopoios«, zu agieren, der bisweilen auf elegante Weise etwas, was getrennt werden müsse, zusammenfügt, das aber, was zusammenzufügen sei, teile und so »monstra« gebäre.[58] Mit viel Phantasie läßt dann Alberti auf der Bühne dieser Eingebungen allerlei medizinische Behauptungen nacheinander auftreten, die vor Augen führen, wie mit kunstvoller Phantasie Nichtbewiesenes anstelle des Wirklichen konstruiert wird. In solchen Fällen, so klagt er, müsse dann die Phantasie die Rolle von Besen einnehmen, wenn sie verschiedene unpassende Ideen zusammenkratze und aus dieser prächtigen Masse von Auswurf und Spreu eine Theorie konstruiere, die durch viele farbige Trugbilder geschmückt sei.[59] Zur Bekräftigung seiner Ansicht führt Alberti die zahllosen medizinischen

[57] Michael Alberti (Präs.), Christian Gottfred Behrisch (Resp.): *Dissertatio inauguralis medica de phantasiae usu, lusu et abusu in medicina*, Halle 1722.

[58] Ebd., 2: »animus sit quasi θαυματοποιος histrio invisibilis, qui lepida ratione interdum componit dividenda et dividit componenda, adeoque monstra parit.«

[59] Ebd., 6.

Theorien an, die mit Würmchen, Kügelchen, Häckchen, Bläschen, Nervenflüssigkeiten, Archaei, Verstopfungen, mechanischen Kräften, Chimären und ähnlichen Phantasmata ihre Theorien stützen.[60] Auf den erklärten Gegner, Descartes und sein mechanisches Organismusmodell[61], bezieht sich die Kritik an den vielfältigen Funktionen der *spiritus*, denen ohne Grund eine *vis motrix*, die Unterordnung unter die Seele, ein gewisser Wissensgrad, die Mitwirkung an der Aufblähung der Muskelteile usw. aufgegeben sei. Die Schelte mündet in die rhetorische Frage[62]: »Wer zählt alle jene Phantasien auf, die in dieser comoedia mit den Spiritus gespielt wird, wo bald leuchtende, bald in Dunkel gehüllte, bald einfließende, bald angeborene, hier traurige, dort heitere, jetzt runde, später winkelige, einerseits fremde, andererseits einheimische, bald erdige, bald trockene oder feuchte Spiritus erdichtet werden?« Alberti wird nicht müde, diese Komödie mit den *spiritus* (*comoedia cum spiritibus*) zu schildern, und die anthropomorphen Beschreibungen ihrer Tätigkeiten ins Lächerliche zu ziehen, indem er aufzählt, wie sie »bald lachen, bald sehen, bald riechen, bald leiden, bald hören, sich freuen, schmecken, empfinden, Vorstellungen bilden, verbinden, Vorstellungen ins Gehirn überführen, wie Ameisen ihre Eier, oder bald sich mit der Seele unterhalten«[63]. Ein wesentlicher Grund für die ausartenden Spiele mit der Phantasie liegt nach seiner Ansicht in der Erfindung des Mikroskops und seiner Anwendung auf die innere Untersuchung des lebendigen Körpers. Bei unvernünftigem Einsatz, – so lautet sein unverrückbares Urteil –, fördere das Instrument eher die hartnäckigen Vorurteile, als daß es aufkläre, es verdunkele die anatomischen Tatsachen und verhindere jede Unterscheidung von Wahr und Falsch. Allerdings räumt Alberti auch einen rechtmäßigen Gebrauch der Phantasie in der Medizin ein, der sich aber nur auf einen ausgewählten, berufbezogenen Anwendungsbereich beschränken soll. Als zulässig wird die Erfindung von Untersuchungsmethoden und listiger therapeutischer Verfahren angeführt, um wie ein Künstler den störrischen Kranken von dem Heilungseffekt einer unliebsamen Behandlung zu überzeugen. In diesem Zusammenhang wird auch der Einsatz einer Placebotherapie diskutiert und die Möglichkeit für den Arzt angedeutet, die Einbildung des Kranken therapeutisch zu lenken und zu nutzen.[64]

Der eigentliche Zweck dieses theatralischen Angriffs auf den Mißbrauch der Phantasie geschieht indes, wie der Leser schnell erkennt, um Albertis eigene, kaum weniger spekulative Theorie über die Wirkung der *anima rationalis* und damit auch der Einbildungskraft ins rechte Licht zu rücken. Als treuer Anhänger der animistischen Lehren seines Hallenser Kollegen Georg Ernst Stahl (1650–1734), der der Seele und ihren Vermögen die lenkende Rolle für alle Lebensverrichtungen zu-

[60] Ebd., 9.
[61] Ebd., 12.
[62] Ebd.
[63] Ebd.
[64] Ebd., 7.

schreibt, gilt sein ganzes, in mehr oder weniger dunklen Worten umschriebenes Bemühen, zu erforschen und zu zeigen, »auf welche Weise die anima rationalis mit und im Körper fühlt, wie sie diese Empfindung teils zum Nutzen der vitalen Funktionen, teils zum Vorteil der moralischen Handlungen leitet, wie durch sie mit Hilfe der Nerven eine gewisse Stufe der Spannung durch den Körper mitgeteilt und verbreitet wird [...] Aus diesem Grunde nimmt diese Seele an verstreuten Orten und Teilen des Körpers Dinge wahr, die ihr entweder angenehm oder entgegenstehend sind«[65]. Wir begegnen hier wieder dem alten Konzept von Sympathie und Antipathie, Ähnlichkeit und Verschiedenheit, in das sich alles kausal nicht Erklärbare, auch die Imagination, ohne großen Kunstgriff einordnen läßt. Albertis Attacke ist ein Indikator, daß die Rolle der Imagination und der durch sie geschaffenen Tatsachen ins Wanken geraten ist und nicht mehr widerspruchsfrei hingenommen wird. Es sind vor allem neue embryologische und anatomische Tatsachen, die massive Zweifel an bestimmten Wirkungen der Einbildungskraft aufkommen lassen.

Besonders die Entstehung der sogenannten *Muttermale* als Ausdruck der Wirkung der mütterlichen Einbildungskraft auf den Foetus wird diskutiert. Wie der Ausdruck *Muttermal* schon andeutet, wurde deren Entstehung mit dem *Versehen der Mutter* erklärt. Das *Große Universallexikon aller Wissenschaften und Künste* gibt 1746 folgende Definition[66]: »ersehen (sich an etwas) heisset bey den schwangern Weibern, wenn sie sich bey Anschauung eines und des andern Dinges einen solchen starcken Begriff und Einbildung machen, daß hernach solche Phantasie durch ihre Krafft und Eindrückung bey Bildung und Formierung der Geburt, von solchen vor Augen habenden Gegenstande, der sich bildenden Frucht etwas mit anklebet und zueignet; z.E. Hasenscharten, Feuermähler u.d.g. wovon schon hin und wieder gehandelt, und die Mittel dargegen angezeiget werden.« Auf medizinwissenschaftlicher Ebene wurde diese Erklärung der Naevigenese heftigst diskutiert. Im 18. Jhd. lagen die Diskussionszentren in Frankreich[67] [Jacques B. Winslow (1669–1760) und Louis Lemery (1677–1743)], Deutschland [Karl Christian Krause (1716–1793) und Johann Georg Röderer (1726–1763)] und England [Daniel Turner (1667–1740/41) und James Blondel (1666–1734)]. In Deutschland zeigt sich die wissenschaftliche Bedeutsamkeit der *Muttermaldiskussion* in der Auslobung eines Preises der Akademie der Wissenschaften zu St. Petersburg im Jahre 1756[68]: »Die kaiserliche Akademie hat folgende Frage aufgeworfen: Was ist die eigentliche Ursache, welche den Körper der Frucht, und nicht den Körper der schwangern Mutter verändert, wenn die Letztere aus irgend einer Ursache eine heftige Gemüthsbewegung erlitten; und warum ge-

65 Ebd., 15.

66 *Zedlers Großes Universallexikon aller Wissenschaften und Künste*, 47 (1746), 1785.

67 Maria Teres Monti: *Epigenesis of the monstrous form and preformistic »genetics« (Lemery–Winslow–Haller)*, in: *Early Science and Medicine* 5 (2000), 3–32.

68 Carl Christian Krause: *Abhandlung von den Muttermälern, welche mit dem, von der Kaiserl. Akademie der Wissenschaften zu St. Petersburg, auf das Jahr 1756 ausgesetzten Preise gekrönt worden – Nebst einer andern Abhandlung, welche die gegenseitige Meynung behauptet*, Leipzig 1756, 3.

schieht dieses besonders an demjenigen Theile des jungen Körpers, den die Mutter an sich selbst mit der Hand berührt hat? Man will zu dem Wettstreit um den ausgesetzten Preis auch die Gedanken derjenigen annehmen, welche der gegenseitigen Meynung beypflichten, und dieselbe mit wahrscheinlichen Gründen unterstüzten.« Es traten Carl Christian Krause, Professor für Anatomie und Chirurgie in Leipzig, und der Göttinger Professor für Geburtshilfe Johann Georg Röderer gegeneinander an. Krause beruft sich in seiner Schrift auf die Argumente anderer Imaginationisten; eigene, neue Argumente, die die angebliche Wirkung der mütterlichen Einbildungskraft auf den Foetus bekräftigen könnten, bleibt er schuldig. Röderer – der das Versehen der Mutter als kausal für die Naevigenese ablehnt – argumentiert auf der Basis eigener experimenteller Befunde. Er verwendet viel experimentelles Geschick darauf, zu zeigen, daß »keine wirkliche Eröffnung von Adern (Anastomosis) zwischen den Gefäßen der Gebärmutter und dem Mutterkuchen obwalte, sondern daß hier bloß eine Nachbarschaft, und einiges Eindringen der flüßigen Theile Statt habe«[69]. Der Nachweis des Fehlens einer direkten Blutverbindung zwischen Mutter und Foetus nähme den Imaginationisten die wichtigste Erklärungsbasis für die Übertragung der mütterlichen Einbildung auf das Ungeborene. Mittels Injektion von Terpentinöl, Quecksilber und Wachs in die Blutgefäße verifiziert Röderer seine Hypothese.[70] Trotz der argumentativen Überlegenheit Röderers wurde der Preis schließlich Krause zuerkannt.

Ebenfalls 1756 wird die von dem englischen Arzt James Blondel verfaßte Schrift *The Power of the Mother's Imagination over the Foetus Examin'd*, ins Deutsche übersetzt. Sie war 1729 in der Auseinandersetzung mit einem entschiedenen Verteidiger der Hypothese von der mütterlichen Einbildungskraft, Daniel Turner, erschienen.[71] Als Ziel seiner Abhandlung gibt Blondel die Widerlegung des verbreiteten Irrtums an, »daß die Mähler und üble Gestalten, mit welche die Kinder geboren werden, traurige Wirkungen der Einbildungskraft ihrer Mütter wären«[72], eines Irrtums, der seit vielen Jahren herrsche, obwohl die gesunde Vernunft und die Zergliederungskunst gegen diese »durchgängige Meynung«[73] sprechen.

Blondel versucht zunächst, mit logischen Argumenten zu überzeugen: 1. Die These enthalte zahllose Widersprüche, die im einzelnen demonstriert werden.[74] 2. Die Einbildungskraft könne aktiv sein, ohne daß Muttermäler und ähnliches im Neugeborenen entstünden. Während der Schwangerschaft werde sich nicht nur ein

[69] Ebd., 58.

[70] Ebd., 59 f.

[71] James Blondel: *The Power of the Mother's Imagination over the Foetus Examin'd – In Answer to Dr. Daniel Turner's book, intitled A Defense of the XIIth Chapter of the First Part of a Treatise, De Morbis Cutaneis*, London 1729. (1729); vgl. dazu King, *The Philosophy of Medicine* [Anm. 32], 166–173; vgl.: Daniel Turner: *Abhandlung von den Krankheiten der Haut*, Altenburg 1766, 268–326.

[72] Blondel: *The Power of the Mother's Imagination* [Anm. 71], 2.

[73] Ebd., 2.

[74] Ebd., 9.

einziges Ereignis einstellen, das im Foeten entsprechende Mißbildungen auslöse. Stimme Turners Hypothese, müßte das Menschengeschlecht ein Volk von Mißgeburten sein.[75] 3. Muttermäler und Mißgeburten träten auf, ohne daß die Wirkung der Einbildungskraft in einem besonderen Ereignis nachweisbar sei.[76]

Anschließend folgen Widerlegungen aus anatomischer Sicht: 1. Zwischen Mutter und Kind fehlten entsprechende Nerven- und Blutverbindungen, die die Voraussetzung für eine Übertragung der eingebildeten Bilder von der Mutter auf das Kind sein müßten.[77] 2. Der Embryo sei vorgebildet im Samen und könne nicht von außen beeinflußt werden.[78] Das Argument zeigt, daß Blondel noch der zu seiner Zeit verbreiteten Präformationstheorie anhing, also jener Vorstellung, daß der Embryo mit allen Körperorganen als fertiger Organismus im Samen von Anfang an vorliegt und Entwicklung nichts anderes als eine Art Auswickeln von bereits Vorhandenem darstellt. Demnach findet während der embryonalen Entwicklung keine Umwandlung der Form, sondern nur Wachstum statt. 3. Schließlich stellt Blondel eine quantitative Berechnung aufgrund von Wahrscheinlichkeiten an: Mithilfe von Mortalitätsregistern legte Blondel dar, daß unter 100000 Geburten etwa 25000 Mütter, also ein Viertel insgesamt, der Gefahr des *Versehens* ausgesetzt gewesen sein müßten, daß aber höchstens 300 von ihnen ein Kind mit einer Läsion geboren hätten.[79]

Nach dieser Auseinandersetzung mit den bisherigen Hypothesen über den Einfluß der mütterlichen Einbildungskraft auf den Embryo führt Blondel seine eigene Erklärung für die nicht zu leugnenden Tatsachen an, daß mißgebildete oder deformierte Kinder geboren werden. Dabei macht er geltend: 1. könne es sich um Betrügerei handeln; Verstümmelungen des Kindes würden bewußt herbeigeführt, um Mitleid zu erwecken und Almosen zu erlangen[80], 2. könne die Kaschierung von Kunstfehlern der Ärzte oder Hebammen bei der Geburt vorliegen[81]. 3. Schließlich räumt er mit dem Vorurteil auf, die Ursache für die Mißbildung müsse im Gehirn liegen, und verlagert die Gründe in den Uterus. Blondel weist auf die weit plausiblere Möglichkeit hin, daß intrauterine Leiden, Entwicklungsstörungen oder Erbkrankheiten für die Mißbildung des Kindes verantwortlich zu machen seien, die Gaumenspalte sei zum Beispiel die Folge einer gestörten Entwicklung, oder der Wasserkopf die auf dem Bläschenstadium zurückgebliebene Entwicklung des Gehirns.[82]

An Blondels Abhandlung ist nicht nur der Wandel in der Erklärung der Einbildungskraft als Mißbildungsursache bemerkenswert, sondern auch der Umgang mit

75 Ebd., 31 f.
76 Ebd., 37 f., 62.
77 Ebd., 71.
78 Ebd., 77.
79 Ebd., 40 f.
80 Ebd., 43 f.
81 Ebd., 48 f.
82 Ebd., 112 f.

dieser insgesamt, denn er lehnt keineswegs die Wirkungsmacht der Imagination rigoros ab, sondern gibt zu, daß sie in anderen Gebieten von großem Gewicht sein und bisweilen sogar zur Heilung von Krankheiten beitragen könne.[83] Ja, es scheint so, daß er mit seinem Kampf gegen den Einsatz der Einbildungskraft an falscher Stelle zugleich auch eine Aufwertung ihrer Rolle oder sogar eine Rehabilitierung beabsichtige. Denn nachdem er sämtliche widersprüchlichen und törichten Vorstellungen über ihren Einfluß und ihre schädliche Wirkung ausgebreitet hat, kehrt er zur aktuellen Situation zurück und konstatiert[84]: »Heut zu Tage aber verhält sich die Sache ganz anders. Die Einbildung schämt sich, eine geringe Trödlerin zu seyn, und nur mit schlechten Gemälden zu handeln, in welchen man weder den Schatten von dem Licht noch das Weiße von dem Schwartzen unterscheiden kann. Sie hat die ganze Handlung der Ungestalten an sich gezogen, und dieselbe in den vollkommensten Stand gesetzet, so daß man in ihrem Laden nichts als wahrhafte Ebenbilder der Thiere, oder gewisse Theile von ihren Leibern, vollkommene Bildnisse der Pflanzen und mancherley anderer Gegenstände antrifft; was noch mehr ist, sie kann ihre Kaufleute in einem Augenblick mit Mißgeburten aller Arten versehen.«

Die Lösung für die Entstehung der Monster, die die bedrohliche Theorie vom mütterlichen Versehen wissenschaftlich endgültig erledigte und die potentielle Wirkungsmacht der Einbildungskraft ins Reich der Fabel verbannte, kam von embryologischer Seite: 1813 veröffentlichte Friedrich Tiedemann (1781–1861) seine Schrift über die Anatomie der kopflosen Mißgeburten[85], fast gleichzeitig mit Friedrich Meckels (1781–1833)[86] grundlegender Untersuchung über die Anatomie der Mißbildungen. In beiden Abhandlungen wurden anhand embryologischer Untersuchungen an Foeten der ersten bis letzten Schwangerschaftswochen die Belege erbracht, daß Mißgeburten in der Bildung gehemmte Foeten darstellen. Wesentliche Voraussetzung für diese Erkenntnis war die Ablösung der Präformationstheorie, d. h. die Emanzipation von der Lehre, daß angeblich alle Teile in fertiger Form vom Schöpfer geschaffen wurden, durch eine epigenetische Erklärung des realen Entwicklungsprozesses, die schon 1759 Caspar Friedrich Wolff (1734–1794) anhand empirischen Materials, unter dem Einfluß der vitalistischen Lehren Stahls formuliert hatte, die aber mit der physiko-theologischen Lehre von dem vorgegebenen Schöpfungsplan nicht zu vereinen war.[87] Ebenso wie Blondel bei den zeitgenössischen Ärzten auf wenig Gehör stieß, blieb Wolffs bahnbrechende Entwicklungstheorie unbeachtet, bis sie 1812 von Meckel wiederentdeckt und die jahrhundertealte Imaginationslehre herren- und mutterlos wurde. Ihr vorübergehendes Verschwinden und ihre Wiederkehr in neuem Gewand muß Gegenstand einer eigenen Untersuchung bleiben.

83 Ebd., 65.
84 Ebd., 29.
85 Friedrich Tiedemann: *Anatomie der kopflosen Mißgeburten*, Landshut 1813.
86 Johann Friedrich Meckel: *Handbuch der pathologischen Anatomie*, Bd. 1, Leipzig 1812.
87 Caspar Friedrich Wolff: *Theoria generationis*, Halle 1774.

Die Rolle der Imagination in den medizinischen Konzepten des 17. und 18. Jhd.s ist sehr viel komplexer als hier angedeutet werden konnte. Notwendigerweise mußten viele Zwischenstationen in dem Wechselspiel zwischen realitätsstiftender Imagination und eingebildeter Realität ausgelassen werden; dennoch zeigen die wenigen Ausschnitte, in welche Beweisnot jeweils die Ärzte und Naturforscher gerieten, wenn sie Wirkungen erklären mußten, denen sie keine Ursache zuordnen konnten, oder wenn sie auf die Erfindung strukturloser Funktionen auswichen.

ANHANG

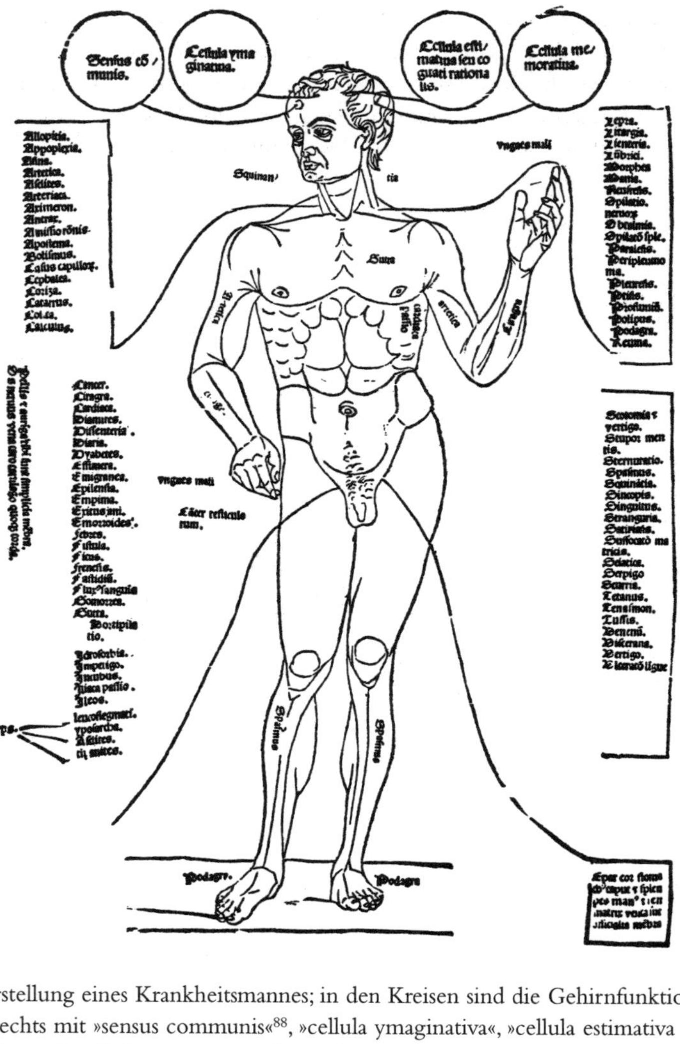

Abb. 1: Darstellung eines Krankheitsmannes; in den Kreisen sind die Gehirnfunktionen von links nach rechts mit »sensus communis«[88], »cellula ymaginativa«, »cellula estimativa seu cogitari rationalis« und »cellula memorativa« bezeichnet.
(Aus: Edwin Clarke, Kenneth Dewhurst: *Die Funktionen des Gehirns - Lokalisationstheorien von der Antike bis zur Gegenwart*, München 1973, 21. Original: Johannes Ketham: Fasciculus medicinae, Venedig 1491.)

[88] Der auf die aristotelische Wahrnehmungstheorie zurückgehende sensus communis (gr. κοινη αισθησις) galt im Mittelalter als eigenständiges, die Wahrnehmung der Einzelsinne synthetisierendes Vermögen.

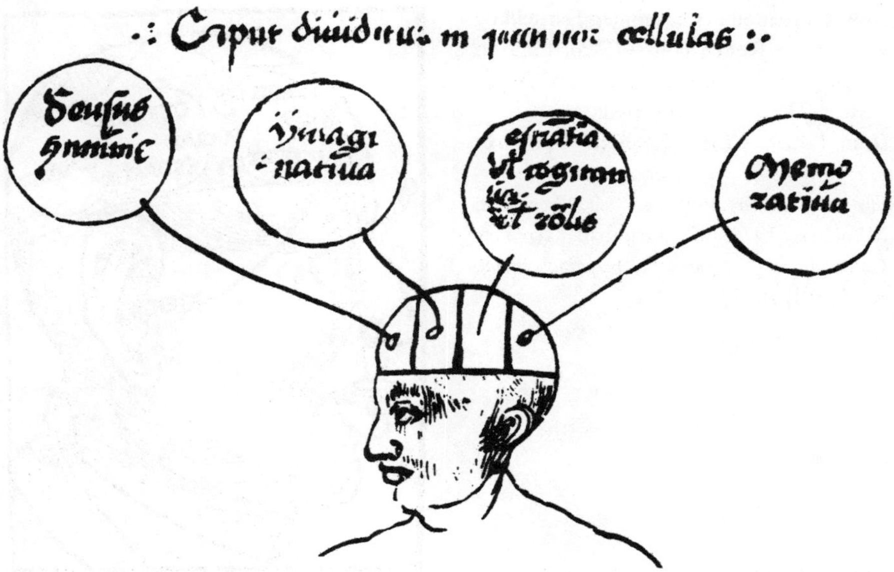

Abb. 2: Darstellung eines Krankheitsmannes; in den Kreisen sind die Gehirnfunktionen von links nach rechts bezeichnet mit: »sensus communis«, »ymaginativa«, »estimativa vel cogitativa vel rationalis« und »memorativa«. (Kopenhagen, Kgl. Saml., Ms. Ney 84b, fol. 5r.)

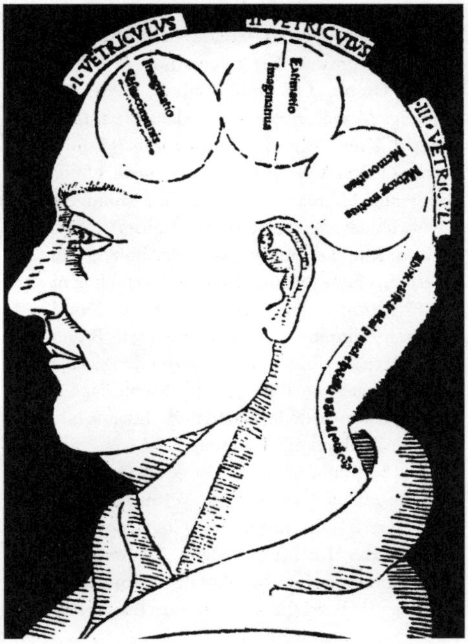

Abb. 3: Darstellung der Hirnfunktionen nach Albertus Magnus.
(Aus: Edwin Clarke, Kenneth Dewhurst: *Die Funktionen des Gehirns – Lokalisationstheorien von der Antike bis zur Gegenwart*, München 1973, 29. Original: Albertus Magnus: *Philosophia pauperum sive philosophia naturalis*, Brescia 1490.)

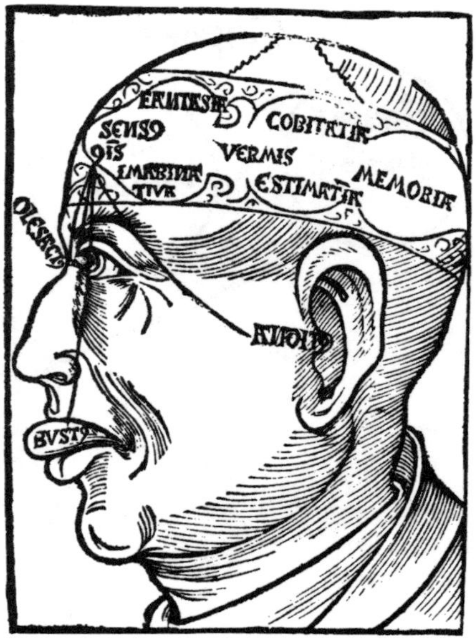

Abb. 4: Variation der bekannten Darstellung von Gregor Reisch (1467–1525), 1525 im Chirurgiebuch von Hieronymus Brunschwig (1450-1512) dargestellt.
(Aus: Edwin Clarke, Kenneth Dewhurst: *Die Funktionen des Gehirns – Lokalisationstheorien von der Antike bis zur Gegenwart*, München 1973, 42. Original: *Geronimo Cortes: Lunario, y pronostico perpetuo general*, Alcala, n.P. 1614.)

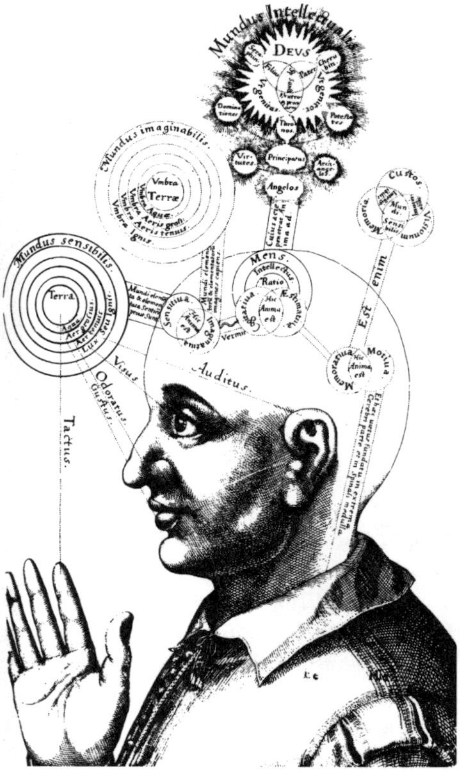

Abb. 5: Diagramm der Gehirnfunktionen nach Robert Fludd.
(Aus: Robert Fludd: *Tomus secundus de supernaturali, naturali, praeternaturali et contranaturali Microcosmi historia*, Oppenheim 1619, 217.)

Die lateinischen Texte lauten von links nach rechts: Außen: 1. Kreis Mundus sensibilis: Terra, Aqua, Aer grossus, Aer tenuis, Lux seu ignis-Tactus, Gustus, Odoratus, Auditus, Visus. Verbindung: Mundi elementa et elementata prout sunt. 2. Kreis Mundus imaginabilis: Umbra Terrae, Umbra Aquae, Umbra aeris grossi, Umbra aeris tenuis, Umbra ignis. Verbindung: Mundi elementorum et elementatorum imagines capiens. 3. Kreis Mundus intellectualis: Seraphin, Deus, Cherubin- Filius, Spiritus Sanctus, Pater-Ut genitas, Ab utroque procedent, Ut genitor-Dominationes, Thronos, Potestates-Virtutes, Principatus, Archangelos- Angelos. Verbindung: cuius acie penetrat Anima ad. 4. Kreis: Memoria, Custos, Visionum-Mundi, Intelligibilis, Imaginabilis, Sensibilis. Verbindung: Est enim.

INNEN: 5. (frontaler) Kreis: Hic Anima est-Sensitiva-Imaginativa. Verbindung: Vermis. 6. (mittlerer) Kreis: Hic Anima est-Cognitiva-Aestimativa-Ratio, Intellectus, Mens. 7. (okzipitaler) Kreis: Hic Anima est-Memorativa-Motiva. Verbindung: Et haec fundatur in extrema Cerebri parte et in spinali medulla.

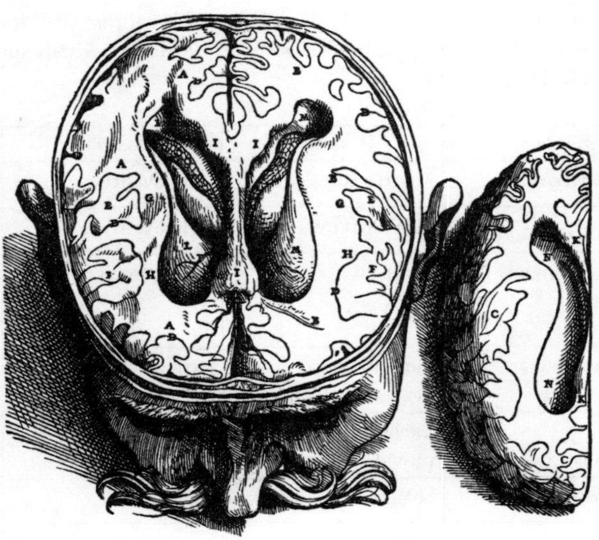

Abb. 6: Aufsicht auf das horizontal geschnittene Gehirn mit eröffneten Seitenventrikeln.
(Andreas Vesal: *De humani corporis fabrica libri septem*, Basel 1543, fol. 608.)

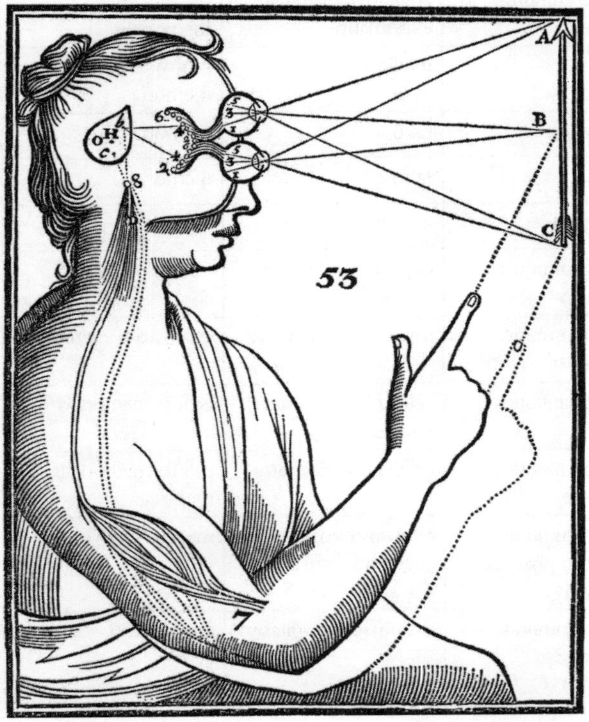

Abb. 7: Darstellung der Gehirnfunktionen nach Descartes.
(Aus: René Descartes: *Über den Menschen*, übers. u. hg. von K. E. Rothschuh, Heidelberg 1969, 115.)

Der Holzschnitt demonstriert das Zusammenspiel von Muskelbewegung und Sinneswahrnehmung: Von dem Objekt B gehen Lichtstrahlen aus, über Eindrücke auf der Netzhaut gelangen sie zu den Nervenröhrchen des Augennervs und strömen weiter zu den korrelierenden Öffnungen auf der inneren Kammeroberfläche, die Spiritusabstrahlung bewirkt dann die Neigung der Epiphyse in der Weise, daß die Spiritus bei Position 8 in die Nervenfaser bzw. Röhre gelenkt werden, die die Bewegung des Armes in Position 7 auslösen.

Tab. 1: Lokalisation der Geisteskräfte, verändert nach Walter Sudhoff: *Die Lehre von den Hirnventrikeln in textlicher und graphischer Tradition des Altertums und Mittelalters*, Archiv für Geschichte der Medizin, Band VII, Heft 3, 179 f.

	I. cellula	II. cellula	III. cellula
POSEIDONIOS	φανταστικον	λογιστικον	μνημονευτικον
NEMESIOS	αισθησις	διανοητικον	μνημονευτικον
AUGUSTINUS	sensus communis phantastica imaginaria	rationalis	motus omnis
JOANNES DAMASKENOS	φανταστικον	διανοητικον	μνημονευτικον
COSTA BEN LUCA	sensus phantasia	intellectus cogitatio providentia cognitio	memoria motus
RAZES	imaginatio	cogitatio	memoria
HALY ABBAS	phantasia	cogitatio	memoria
DIE LAUTEREN BRÜDER	Vorstellungskraft (phantasia)	Denkkraft (cogitatio)	Gedächtnis (memoria)
AVICENNA	sensus communis phantasia	cogitativa imaginativa existimatio	conservativa memorialis
CONSTANTINUS AFRICANUS	sensus phantasia	intellectus ratio	motus memoria
COPHO	phantasia	ratio	memoria
ADELARD V. BATH	phantasia	ratio	memoria
AVENZOAR	imaginativa	cogitativa	memoria
AVERROES	sensus communis imaginatio	cogitativa extimativa	reminiscibilis conservativa
ALGAZEL	sensus communis imaginativa	imaginativa cogitativa	aestimativa memoria
WILHELM VON CONCHES	cellula phantastica	cellula logistica sive rationalis	cellula memoralis
RICHARDUS SALERNITANUS	cellula phantastica imaginatio	cellula logistica ratio	cellula memorialis memoria
ALBERTUS MAGNUS	sensus communis imaginatio phantasia et estimativa	estimativa (imaginativa) cogitativa formativa	memorativa virtus motiva
THOMAS VON AQUINO	sensus communis phantasia sive imaginatio	existimativa cogitativa	memorativa

RICARDUS ANGLICUS	operationes sensibiles	ymaginationes cogitationes	
WILHELM VON SALICETO	sensus communis phantasia imaginatio	cogitatio existimatio	memoria
LANFRANC	sensus communis ymaginativa phantasia	aestimativa	conservat sententias pronuntiatas (memoria)
HEINRICH VON MONDEVILLE	sensus communis ymaginativa	aestimativa	secreta thesaurizat (memoria)
MONDINO	fantasia sensus communis imaginativa	cogitativa et rationalis	motiva memorativa
GUY DE CHAULIAC	sensus communis imaginativa	cogitativa et rationalis	servativa memorativa
GREGOR REISCH	sensus communis fantasia imaginativa	cogitativa estimativa	memorativa

Theoretische und literarische Modellierung der Imagination in der französischen Frühaufklärung

Von Rudolf Behrens

I.

Im Jahre 1805 legte Karl Victor von Bonstetten, ein Mitglied des Kreises um Mme de Staël und Benjamin de Constant,[1] eine umfangreiche *Recherche sur la nature et les lois de l'imagination* vor, die mit einem negativen Urteil über die Bemühungen des vorangegangenen Jhd.s um Klärung des Gegenstandes beginnt. Alle Versuche, dieses zentrale Vermögen zu erhellen, seien aufgrund der ungenügend beantworteten Fragen zum psychischen Apparat des Menschen Flickschusterei geblieben – so lautet der Duktus seiner Einführung.[2] Ähnlich, aber skeptischer in bezug auf die Behebung dieses Mangels, lautete das Urteil Johann Gottfried Herders 1785 in den *Ideen zur Philosophie der Geschichte der Menschheit*, indem er die diffizile Schnittstellenposition der Phantasie zwischen der körperlichen und der geistigen Substanz und damit das für die Anthropologie der Aufklärung prekäre *commercium*-Problem für die mangelhafte Erhellung des Vermögens verantwortlich machte.[3]

Solche Bilanzierungen markieren den Einstieg in eine anthropologische Wende, die sich gegen Ende der Aufklärungszeit vollzieht, wenn die alten, metaphysisch

[1] Der kosmopolitisch orientierte, sowohl in der deutsch- als auch in der französischsprachigen Kultur beheimatete Schweizer Bonstetten, hat an Werken vor allem Reiseberichte, pädagogische sowie im weiteren Sinne anthropologische Schriften hinterlassen. Zu seiner Biographie sowie zur Einordnung in die schweizerische Intellektuellenszene und in den Kontext der ›groupe de Coppet‹ vgl. Stefan Howald: *Aufbruch nach Europa – Karl Viktor von Bonstetten, 1745–1832, Leben und Werk*, Basel / Frankfurt/M. 1997.

[2] Vgl. Charles Victor de Bonstetten: *Recherches sur la nature et les lois de l'imagination*, Tome I, Genève 1807, 2: »La théorie de l'imagination est si peu connue, que la plupart des modernes ne voyent dans cette faculté que le pouvoir de se représenter les objets absens.« Es folgt dann zunächst eine Auseinandersetzung mit der stark physiologisch beeinflußten Theoriegeschichte des 18. Jhd.s, bis dann eine – dem Anspruch nach – völlig neuartige, auf Introspektion und geradezu phänomenologischer Wahrnehmungsanalyse aufruhende Konzeptualisierung der Imagination erfolgt, die als zentrales intellektuelles Vermögen alle Gedankenoperationen steuere.

[3] »Überhaupt ist die Phantasie noch die unerforschteste und vielleicht die unerforschlichste aller menschlichen Seelenkräfte: denn da sie mit dem ganzen Bau des Körpers, insbesonderheit mit dem Gehirn und den Nerven zusammenhängt […]: so scheint sie nicht nur das Band und die Grundlage aller feinern Seelenkräfte sondern auch der Knote des Zusamenhanges zwischen Geist und Körper zu seyn, gleichsam die sprossende Blüthe der ganzen sinnlichen Organisation zum weitern Gebrauch der denkenden Kräfte.« (Johann Gottfried Herder: *Ideen zur Philosophie der Geschichte der Menschheit*, in: ders.: *Sämtliche Werke*, hg. von Bernhard Suphan, Bd. XIII, Berlin 1887, 307 f.)

ZÄK Sonderheft · Jahrgang 2002 · © Felix Meiner Verlag 2002 · ISSN 1439-5886

fundierten, aber auch die sensualistisch orientierten Physiologien die Erfahrung mit der psychischen Realität der Imagination nicht mehr begreiflich machen können.[4] Sicher wird mit solchen Urteilen auch das Bewußtsein getragen, nun – um 1800 – an die Schwelle zu einer teleologisch vorbereiteten Neuperspektivierung der Imagination zu gelangen. Aber die Härte der Urteile über die Vergangenheit mag auf den ersten Blick erstaunen. Immerhin ist die Imagination unter verschiedensten Sigeln ein regelrechtes Dauerthema in unterschiedlichsten diskursiven Feldern des 18. Jhd.s gewesen. Überhaupt lenken solche Abrechnungen um 1800 die Aufmerksamkeit auf die Frage, wie das aufklärerische Denken ganz generell und unbeschadet der jeweiligen physiologischen Voraussetzungen mit der Imagination umgegangen ist und warum denn offenbar so wenig Einheitliches und Synthetisierbares dabei herausgekommen ist.[5] Der Anspruch alles wissen zu wollen, den Menschen über sich selbst in mündiger Selbstverantwortung ins reine kommen zu lassen, dieser Anspruch hat jedenfalls keineswegs vor demjenigen Vermögen Halt gemacht, das unmittelbar sinnlich Erfahrbare in welche Richtung auch immer zu transzendieren und es sich damit, mit durchaus unterschiedlichen Zielen und Effekten, verfügbar zu machen. Die Zahl der Schriften, die sich im 18. Jhd. direkt oder indirekt, billigend oder jubilierend, theoretisch konsistent oder rhapsodisch umherstreifend zur Imagination geäußert haben, belegt dies.[6]

[4] Diese Krise kündigt sich in der deutschen Aufklärung schon nach der Jahrhundertwende an. Vgl. dazu Gabriele Dürbeck: *Einbildungskraft und Aufklärung – Perspektiven der Philosophie, Anthropologie und Ästhetik um 1750*, Tübingen 1998 (Studien zur deutschen Literatur 148).

[5] Die Geschichte des Imaginationskonzepts in der (französischen) Aufklärung ist trotz einzelner paradigmatisch ausgerichteter Einzelstudien noch nicht hinreichend erforscht. Zu verweisen ist hier vor allem auf folgende Studien: Jean Starobinski: *Jalons pour une histoire du concept d'imagination*, in: ders.: *L'œil vivant II. La relation critique*, Paris 1970, 174–195; Jacques Marx: *Le concept d'imagination au XVIII*[ième] *siècle*, in: *Thèmes et figures du siècles des Lumières – Mélanges offerts à Roland Mortier*, publ. par Raymond Trousson, Genève 1980, 147–159; Annie Becq: *Genèse de l'esthétique française moderne – De la raison classique à l'imagination créatrice 1680–1814*, Pisa 1984 (2. Aufl.: Paris 1994 (Bibliothèque de l'Évolution de l'Humanité 9); Robert Morin: *Diderot et l'imagination*, Paris 1987; Ursel-Margret Becker: *Jacques Delille ›L'imagination‹ – Ein Beitrag zu einer Imaginationstheorie des ausgehenden 18. Jahrhunderts*, Bonn 1987; Isabel Zollna: *Einbildungskraft (imagination) und Bild (image) in den Sprachtheorien um 1800 – Ein Vergleich zwischen Frankreich und Deutschland,* Tübingen 1990 (Kodikas / Code: Supplement 19); Paola Sosso: *Jean-Jacques Rousseau – imagination, illusions, chimères*, Paris 1999. Die umfassend angelegte, die Entwicklung zwischen Bacon und der deutschen Romantik über einige exponierte Texte verfolgende Arbeit von Karlheinz Barck (*Poesie und Imagination – Studien zu ihrer Reflexionsgeschichte zwischen Aufklärung und Moderne*, Stuttgart / Weimar 1993) berührt zwar auch die französische Aufklärung, ist aber gerade für diese Epoche wenig hilfreich. Die Arbeit verfolgt – aus anderen Gründen, als es bei der Studie von Becq der Fall ist – die auch in historisch übergreifenden Forschungen immer wieder anklingende These, es handle sich bei der Geschichte der Imagination um eine Emanzipationsgeschichte, an deren modernem Zielpunkt, der romantischen Einbildungskraft, das kreative und in sozialer Hinsicht emanzipatorische Potential des Vermögens endlich freigesetzt werde.

[6] Erst in der vorromantischen Ära um 1800 kommen selbständige Publikationen auf, die der Funktionsweise der Imagination in Hinblick auf ihre Rolle im Zusammenhang der geistig-körper-

Man könnte nun vermuten, es sei die eingangs angesprochene Zwischenlage am Schnittpunkt zwischen Körper und Seele gewesen, die alle Theorien der Imagination in die Kontroversen um Lösungsvorschläge für das schwierige *commercium*-Problem hineingezogen und insofern blockiert habe. Das ist sicher nicht falsch, wenn man auch zumindest für Frankreich nach 1750 die Hypothese einer sensitiven Materie und damit die Möglichkeit der Überwindung der alten Polaritäten voraussetzen darf.[7] Allerdings würde man bei dieser einfachen Ursachenvermutung in jedem Fall übersehen, daß das aufklärerische unbedingte Wissen-Wollen, wie die Imagination den Zugriff auf das sinnlich Erfahrbare steuert und um den Zugriff auf das nicht sinnlich Erfahrbare quasi sinnlich erweitert, sich noch in ein wesentlich tiefer greifendes Problem verstrickt, in die bekanntermaßen jeder Aufklärung eigentümliche Dialektik nämlich, daß der wissenwollende Zugriff auf die Sache das Subjekt scheinbar ermächtigt, den Gegenstand seines Zugriffs aber keineswegs neutralisiert. Es mag vielmehr sein, daß schon manche aufklärerische Positionen nicht nur an der Komplexität des Phänomens gescheitert sind, sondern auch mit dem eigentümlichen Rückkoppelungseffekt konfrontiert waren, mit dem alle Versuche, das Vermögen theoretisch und disziplinarisch in den Griff zu bekommen, in eine weitere *Er*mächtigung der Imagination und in eine *Ent*mächtigung des Subjekts einmünden. Möglicherweise ist dies auch eine der Ursachen dafür, daß im 18. Jhd. trotz vielfältigster Klärungsbemühungen die Vorstellungen von der Imagination trotz vollmundiger Theoriesätze eigentümlich instabil bleiben und in jeweils nachfolgenden und Bezug nehmenden Explikationen als korrekturbedürftig ausgewiesen werden.

In einer schönen Stelle des *Rêve de d'Alembert* hat Diderot diesen Effekt vorgeführt. Ich will nur einen Moment bei diesem Text bzw. der uns hier interessierenden Stelle verweilen. Der *Rêve* ist als Gespräch angelegt zwischen dem zunächst unruhig träumenden, dann erwachenden Mathematiker d'Alembert, der sorgenvoll neben

lichen Vermögen und damit im Kontext anthropologischen Wissens gewidmet sind. (Hervorgehoben seien dabei neben dem eingangs zitierten Werk Bonstettens folgende Texte: Jacob Henri Meister: *Lettres sur l'imagination*, Zürich 1794; Jean-Simon Lévesque de Pouilly: *Théorie de l'imagination*, Paris 1803; Jacques Delille: *L'imagination* 1806.) Aber die erste Jahrhunderthälfte, die noch ganz im Zeichen grundsätzlicher Auseinandersetzungen zwischen konkurrierenden physiologischen Modellen (cartesianischer, sensualistischer oder materialistisch-vitalistischer Provenienz) steht, kennt durchaus – zumindest in zunehmender Weise gegen die Jahrhundertmitte hin – erkenntnistheoretische bzw. protoanthropologische Traktate, die sich zumindest partiell mit der Imagination auf einer theoretischen Erklärungsebene befassen. Erwähnt werden sollen dabei wenigstens folgende Texte: Étienne Bonnot de Condillac: *Essai sur l'origine des connoissances humaines*, Paris 1745; Julien Offray de La Mettrie: *Histoire naturelle de l'âme*, La Haye 1745; Isaac Bellet: *Lettres sur le pouvoir de l'imagination des femmes enceintes*, Paris 1745; Antoine Le Camus: *Médecine de l'esprit*, Paris 1753; Guillaume Lambert Godart: *Physique de l'âme humaine*, Berlin 1755.

[7] Vgl. dazu Roselyne Rey: *Naissance et développement du vitalisme en France de la deuxième moitié du 18ᵉ siècle à la fin du Premier Empire*, Oxford 2000 (Studies on Voltaire and the Eighteenth Century 381) und Anne C. Vila: *Enlightenment and Pathology: Sensibility in the Literature and Medicine of Eighteenth-Century France*, Baltimore / London 1998.

dessen Ruhebett wachenden Mlle de L'Espinasse und dem von ihr herbeigebetenen Arzt Bordeu. Der fiktive Dialog entwickelt sich zunächst zwischen der L'Espinasse und Bordeu, und zwar über die Fragmente der Traumrede, die der schlafende d'Alembert von sich gegeben hatte und die nun in der tastenden Erinnerung der L'Espinasse wiedergegeben sowie durch den verständig zuhörenden Arzt Bordeu gedeutet werden. D'Alemberts Traum, so wird durch die dreifache Transformation hindurch sichtbar, betraf offenbar die Hypothese einer belebten, sensitiven Materie, aber auch die Voraussetzungen und Konsequenzen, die diese Theorie für ein traditionell gedachtes Verhältnis von Körper und Seele, von Denken und Fühlen, Bewußtsein und Unbewußtem haben würde.[8] Bordeu überrascht nun seine Gesprächspartnerin dadurch, daß er ihre unsicheren Rekonstruktionsbemühungen um d'Alemberts Traumrede spielend komplettieren kann, da der Traum offenbar keineswegs einer wirren, im Fiebertraum sich äußernden Einbildungskraft entsprungen war, sondern paradoxerweise unter den Voraussetzungen einer materialistischen Erklärung des Lebensprinzips eine innere Konsistenz erkennen läßt.[9] Später dann, wenn d'Alembert erwacht ist, verkompliziert sich die Situation der erzählerischen Brechungen der Theorie dadurch, daß d'Alembert in das Gespräch über den Gegenstand seines eigenen Traumes eingreift. In dieser Phase nun, wenn die Grundlinien einer Theorie der sensiblen Materie durch die Autorität des Arztes Bordeu vollständig entwickelt sind, fragt d'Alembert selbst den klugen Arzt, die letzten Bedenken gegenüber den Konsequenzen seiner eigenen Traumbotschaft ausreizend: »Mais l'imagination, mais les abstractions?«[10] Wo also, so lautet die leicht entrüstete Frage, wo soll dieses zentrale Vermögen, das so viel Kopfzerbrechen in den alten dualistischen Systemen bereitet hatte, in der Theorie der belebten Materie seinen Ort haben? Bordeu will darauf sofort reagieren, aber er wird in seinem Drang zum Dozieren unterbrochen, denn die L'Espinasse nimmt sich die Freiheit, in aller Ausführlichkeit das bislang sprunghaft rekonstruierte Gedankengebäude einer heuristischen Geschichte der belebten Materie in ihrer Vorstellung noch einmal Revue passieren zu lassen. Sie will das bislang fragmentarisch Erörterte, um es vor ihrem inneren Auge als ein Ganzes und Überprüfbares zu sehen, im Kontinuum der erzählerischen Rede abbilden. Was Bordeu, wenn die Frage nach der Imagination

[8] Vgl. dazu Herbert Dieckmann: *Théophile Bordeu und Diderots ›Rêve de d'Alembert‹*, in: *Romanische Forschungen* 52 (1938), 55–122; Jacques Roger: *Les sciences de la vie dans la pensée française du XVIIIe siècle*, Paris 1963, hier vor allem 614–669; Aram Vartanian: *Diderot and the Phenomenology of the Dream*, in: *Diderot Studies* VIII (1966), 217–253; Ursula Winter: *Der Materialismus bei Diderot*, Genève / Paris 1972; Paolo Quinti: *La pensée critique de Diderot – Matéralisme, science et poésie à l'âge de l'Encyclopédie 1742–1782*, Paris 2001, 328–353.

[9] Zu den jüngeren Arbeiten, die eine innere, geradezu diskursive Verwandtschaft zwischen dem Inhalt des d'Alembertschen Traumes und der sprachlichen Ausfaltung der im Traum verhandelten Theoreme in den Blick nehmen, gehört an erster Stelle Wilda Anderson: *Diderot's Dream*, Baltimore / London 1990, hier vor allem 41–76.

[10] Denis Diderot: *Œuvres philosophiques*, publ. par Paul Vernière, Paris 1964, 366.

schon fast vergessen scheint, an systematischen Erklärungen nachschiebt, erweist sich dann als ziemlich schematisch.[11] Die eigentliche Leistung, so deutet diese Gesprächskonstruktion an, liegt im Vollzug der Imagination, in dem, was die L'Espinasse aufgrund des meditierenden Nachdenkens in ihrer Rede erzählerisch zusammengestellt hat und nun, die Autoritäten mit Verve unterbrechend, noch einmal selbstversichernd vorbringen will. Das heißt nichts anderes als: Die Theorie besagt möglicherweise nicht viel, sie wird durch die gesprächshafte Praxis des Vorstellungsvermögens, durch die Anstrengung der erzählerischen und selbstreflexiven Bemühung um Veranschaulichung in den Schatten gestellt. Überspitzt gesagt: Die Imagination holt die Bemühungen um ihre Theorie wieder ein; es gibt keinen Punkt, von dem aus sie als das Jenseits eines imaginationsfreien Denkens gedacht werden kann.[12]

Ob dieses Fazit Diderots für den Umgang der französischen Aufklärung mit der Imagination verallgemeinerbare Geltung beanspruchen darf oder nur auf die von ihm ins Spiel gebrachte Annahme einer sensiblen Materie bezogen ist, sei dahingestellt. Die Argumentationsfigur macht jedenfalls darauf aufmerksam, daß die Theorie eines kognitiven Vermögens das eine, der praktische Vollzug aber ein anderes ist. Das spricht nicht gegen den Wert einer explizierenden Theorie, wohl aber für die Annahme, daß der faktische Vorgang des Imaginierens sich immer Bahn brechen und die größere Aufmerksamkeit auf sich ziehen wird. Es legt aber auch die Vermutung nahe, daß es für die historische Forschung vielleicht generell ertragreicher wäre, anstatt bloße Theorie- und Ideengeschichte zu treiben, danach zu fragen, wie sich Theorien mit rekonstruierbaren Vollzügen der Imagination verschränkt, was sie angestoßen, in Bewegung gesetzt und modelliert haben, mit welchen Anschlußfähigkeiten für soziale Praktiken sie ausgestattet und in welche Aufmerksamkeitsfelder sie selber eingelassen waren.

Nun kann hier nicht die Geschichte dieser Interdependenzen in der Aufklärungsepoche rekonstruiert werden. Ich will mich vielmehr auf die ersten Jahrzehnte des französischen 18. Jhd.s beschränken und dort an einem Beispiel, allerdings an einem – wie mir scheint – repräsentativen Beispiel herausarbeiten, in welcher Weise eine Theorie in eine bestimmte Praxis eingegangen ist und sie strukturiert hat. Daß die Praxis in meinem Fall eine rein fiktional modellierte ist, mag vielleicht Anlaß zu

11 Ebd. 367: »L'imagination, c'est la mémoire des formes et des couleurs.« Das eigentlich Interessante folgt dann freilich in lakonischer Kürze, wenn Bordeu mehr allusiv als erklärend das Funktionieren der Imagination mit der schon an anderer Stelle des *Rêve* thematisch gewordenen Theorie nervlicher (und quasi-musikalischer) Schwingungen in Verbindung bringt.

12 Verwiesen sei in diesem Zusammenhang auf eine im Druck befindliche Studie, in der die implizite Theorie der Imagination in diesem Text in Hinblick darauf ausgefaltet wird, daß der Vollzug des Dialogs einen hochgradig durch Einbildungskraft gesteuerten Diskurs vor Augen führt, der an der von ihm selbst entfalteten Theorie der Ableitbarkeit aller Operationen des Lebens von sensitiven Prozessen Mimesis treibt. Vgl. Vf.: *Dialogische Einbildungskraft – Zu einer ›auseinandergesetzten‹ Theorie der Imagination in Diderots ›Rêve de d'Alembert‹*, erscheint in: *Dialog und Dialogizität im Zeitalter der Vernunft*, hg. von Dietmar Rieger / Gabriele Vickermann, Tübingen 2003.

dem Bedenken geben, hier handle es sich letztlich bloß um eine zwischen unterschiedlichen Diskursen funktionierende Abhängigkeit von Aussagen. Da aber die empirische Wirklichkeit sozialer Praxen, welche die Imagination betreffen, kaum je anders als über aufgeschriebene und insofern erzählerisch modellierte Geschichten erschlossen werden kann, mag es nicht falsch sein, hier zunächst einmal das literarische Feld als einen diskursiven Bereich in den Blick zu nehmen, in dem imaginative Praxen probeweise Gestalt annehmen und in Hinblick auf die tatsächliche Alltagspraxis präformiert werden.

II.

Mein Beispiel ist ein Roman des Abbé Prévost, die *Histoire d'une Grecque moderne* von 1740.[13] Es ist ein Roman, der in gewisser Weise die entscheidenden Grundelemente fast aller Romane dieses vielleicht symptomatischsten Romanciers der frühen Aufklärung komprimiert. Da ist zunächst das eigentümlich schillernde Profil der Helden. Als aus der Ich-Perspektive erzählte Protagonisten sind sie mit einer schwer kontrollierbaren Abhängigkeit von der eigenen Sinnlichkeit geschlagen, die sie steuerlos den Eindrücken und Begierden ausliefert, die der sinnliche Apparat ihnen als Orientierungsmarken anbietet. Da diese Protagonisten nach den Vorgaben einer augustinisch eingefärbten Anthropologie gebaut sind[14], prädestiniert sie besonders die *concupiscientia occulorum*, der Eintritt in die Sphäre sündiger Sinneslust über den Ge-

[13] Vgl. zu diesem Roman – besonders im Hinblick auf die unterschwellige Eifersuchts- und Selbsttäuschungsproblematik – folgende Forschungen: Jean Sgard: *Prévost romancier*, Paris 1968; James P. Gilroy, *Prévost's Théophé – A Liberated Heroine in Search of Herself*, in: *The French Review* 60 (1987), 311–318.; Jean Sgard, *L'Abbé Prévost – Labyrinthes de la mémoire*, Paris 1986; Peter V. Conroy, Jr.: *Image claire, image trouble dans ›L'Histoire d'une Grecque moderne‹ de Prévost*, in: *Studies on Voltaire and the Eighteenth Century* 217 (1983), 187–197; James F. Jones, Jr.: *Textual Ambiguity in Prévost's ›Histoire d'une Grecque moderne‹*, in: *Studi Francesi* 80 (1983), 241–256; Alan J. Singerman: *L'Abbé Prévost – L'amour et la morale,* Genève 1987, 211–295; Shirley Jones: *Virtue, Freedom and Happiness in the ›Histoire d'une Grecque moderne‹*, in: *Nottingham French Studies* 29 (1990), 22–30; Arnaldo Pizzorusso: *La ›Histoire d'une Grecque moderne‹ – Il sospetto e la velleità*, in: ders.: *Letture di romanzi – Saggi sul romanzo francese del Settecento,* Bologna 1990, 71–92; Richard A. Francis: *The Abbé Prévost's First-Person Narrators*, Oxford 1993 (Studies on Voltaire and the Eighteenth Century 306); Nancy K. Miller: *›L'Histoire d'une Grecque moderne‹, no-win hermeneutics*, in: dies.: *French Dressing – Men, Women and Ancien Régime fiction*, New York / London 1994, 105–120, 219–221; Jean Sgard: *Le titre comme programme – ›Histoire d'une Grecque moderne‹*, in: *Rivista di letterature moderne e comparate* 47 (1994), 233–239; Alan J. Singerman: *Relecture ironique de l',Histoire d'une Grecque moderne‹*, in: *Cahiers de l'Association internationale des études françaises* 46 (1994), 355–370; Elisabeth Lavezzi: *L'odalisque au livre – Livre et lecture dans ›Histoire d'une Grecque moderne*‹, in: *L'Épreuve du lecteur – Livres et lectures dans le roman d'Ancien Régime*, publ. par Jan Herman / Paul Pelckmans, Louvain-la-Neuve / Paris 1995, 251–260; Jonathan D. Walsh: *Jealousy, Envy, and Hermeneutics in Prévost's ›L'Histoire d'une Grecque moderne‹ and Proust's ›A la Recherche du temps perdu*‹, in: *Romance quarterly* 152 (1995), 67–81.

[14] Vgl. Jean Deprun: *Thèmes malebranchistes dans l'œuvre de Prévost*, in: *L'Abbé Prévost*. Actes du Colloque d'Aix-en-Provence, 20 et 21 décembre 1963, Aix-en-Provence 1965, 155–172.

sichtssinn also, zu unmäßigem Liebesbegehren, das zu Eskalationen führt, die sich schließlich allen Kontroll- und Bremsmanövern entziehen. Als erzählende Subjekte wiederum behaupten zwar Prévosts Helden mehr oder weniger entschieden, eine Position rückschauender Klarsicht gefunden zu haben. De facto zeigt sich aber im Verlauf der Narration, daß sie sich allzu gerne im Labyrinth ihrer Erinnerungen verlieren. Sie geben dem Sog ihres eigenen Erzählens nach und gleiten bei der autobiographischen Beurteilung in wechselnde Positionen hinein, die es dem Leser schwer machen, zwischen dem Geschehenen und dem erzählerisch Überformten zu unterscheiden.

Im Falle unseres Bezugstextes bestimmt ein besonderes Raffinement die Erzählung, das vorab erläutert werden soll. Ihr Ich-Erzähler, der französische Botschafter im osmanischen Konstantinopel, situiert sich von vorneherein in einer Position unzulänglichen Begreifens, denn er informiert den Leser in einer eigentümlichen *captatio benevolentiae* über die möglichen Verzerrungen seines Erzählens. Er wird davon berichten, so kündigt er an, wie er eine schöne junge Griechin aus dem Serail eines befreundeten Türken losgekauft, sie dann im Sinne westlicher Autonomievorstellungen erzogen hat, und wie sie sich gerade aufgrund der Aneignung solch moralisch gestützten Selbstverständnisses seinem verdeckten Begehren entziehen konnte. Von vorneherein steht so die narrative Rekonstruktion unter einem massiven Verdacht. Sie scheint, wie der Erzähler es selbst zu Beginn formuliert, durch den Affekt der »passion violente« in ihrer Sachhaltigkeit getrübt. Das sexuelle Begehren, unerfüllt, aber dadurch nicht weniger die Wahrnehmung prägend, wirkt offenbar auf seiten des Erzählers nach, und es ermöglicht ihm nur eine defizitäre Einsicht in die inneren Beweggründe der schönen Griechin, sich seinen Ansprüchen zu entziehen. Nun ist dieses Begehren zum Zeitpunkt des Erzählens immer noch ungestillt. Es kann auch gar nicht mehr gestillt werden, denn in der Zwischenzeit, d. h. nach dramatischen Abenteuern in Konstantinopel unter Beteiligung weiterer Verehrer und der durch äußere Umstände provozierten Rückreise des Erzählers samt seiner Griechin nach Paris, ist die »grecque moderne« mit dem Namen Théophé gestorben. Deshalb färbt das ungestillte und nur partiell eingestandene Begehren des Erzählers auf die sprachliche Rekonstruktion der Vergangenheit ab. Verspricht doch einzig die retrospektive Imagination eine kompensatorische Erfüllung – wenn auch um den Preis einer permanenten Verzerrung der Geschichte, die man freilich anders als über den Diskurs des Erzählers nicht erfassen kann.[15]

15 In Hinblick auf die täuschende Leistung der Imagination und der entsprechenden moralistischen Funktion ihrer erzählerischen Diskursivisierung im Roman vgl. Vf.: *Zwiespältige Einbildungskraft – Zum Thema der Selbsttäuschung im erkenntnistheoretischen Diskurs und im Roman (Prévosts ›Histoire d'une Grecque moderne‹)*, in: *Lüge und (Selbst-)Betrug – Kulturgeschichtliche Studien zur Frühen Neuzeit in Frankreich*, hg. von Franziska Sick / Helmut Pfeiffer, Würzburg 2001, 95–118. In der Folge akzentuiere ich hier einige Aspekte, die in dem genannten Aufsatz breiter ausgefaltet sind.

Die Frage, die sich angesichts dieser Geschichte unmittelbar stellt, betrifft die Rolle, welche die Imagination auf der Ebene der erzählten Figuren (vor allem des Protagonisten) und – wichtiger noch – auf der Ebene des Erzählerbewußtseins spielt. In welchem Maße weiß der Erzähler um die Mechanismen der Einbildungskraft, die ihn in seinem Handeln und Erzählen bestimmen? Wie deutet und wie konzeptualisiert er sein so offenbar durch das Imaginäre konditionierte Verhalten? Wie verhält sich in seinem Erzähldiskurs das theoriegeleitete Wissen um die Imagination und deren Täuschungen zu seiner narrativen Ausfaltung? Um nun zu verstehen, wo denn der Kern dieses Problems liegt, das den Erzähler zu einem eigentümlich unsicheren und ins Imaginäre abgleitenden Erzählen führt, soll in der Folge diejenige Konzeption psycho-physiologischer Defizienzen und Selbsttäuschungsgefahren in den Blick genommen werden, die die Folie abgibt, auf der der Erzähler und Protagonist der *Histoire* sein Verhalten modelliert.

III.

Diese Folie wird nicht aus zeitgenössischen, aufklärerischen Theorien gebildet. Das frühe 18. Jhd. hat erstaunlicherweise keine physiologisch durchdachte Erkenntnislehre entwickelt, die auf durchschlagende Weise wirksam geworden wäre. Entsprechend bewegt sich auch das theoretische Wissen um die Imagination dieser Zeit, obwohl es in vielen Texten verschiedentlich umgeschichtet wird, auf den Fundamenten, welche die cartesianische Ideenlehre in ihren spätklassischen Ausformulierungen bereitgestellt hatte. Es ist allerdings nicht so sehr Descartes selbst als vielmehr Nicolas Malebranche, der oratorianische Vermittler cartesischen Gedankenguts in einem augustinisch geprägten Milieu, der die Grundannahmen der rationalistischen Erkenntnislehre ins 18. Jhd. hineingetragen hat[16], auch wenn sein Hauptwerk, *De la*

[16] An neueren Gesamtdarstellungen, die das philosophische Œuvre des Autors unter verschiedenen Aspekten würdigen, sind zu nennen: Henri Gouhier: *La philosophie de Malebranche et son expérience religieuse*, Paris ²1948; Geneviève Rodis-Lewis: *Nicolas Malebranche*, Paris 1963; André Robinet: *Système et existence dans l'œuvre de Malebranche*, Paris 1965; Ferdinand Alquié: *Le cartésianisme de Malebranche*, Paris 1974; Steven Nadler: *Malebranche and Ideas*, New York 1992; Tad M. Schmatz: *Malebranches's Theory of the Soul – A Cartesian Interpretation*, New York / Oxford 1996 und zuletzt: *The Cambridge Companion to Malebranche*, ed. by Steven Nadler, Cambridge / New York 2000 (darin weiterführende Literatur). Zu der Bedeutung Malebranches für sehr unterschiedliche Felder der frühen Aufklärung, vor allem aber für ein protopsychologisches Denken in einem anthropologischen Kontext, ist zu verweisen auf André Robinet: *La tradition malebranchiste au XVIIIe siècle*, in: *Revue de l'Université de Bruxelles* 2/3 (1972), 166–187. Vgl. auch: *Die Philosophie des 17. Jahrhunderts*, hg. von Jean-Pierre Schobinger, Bd. 2. 2, *Frankreich und Niederlande*, Basel 1993 (Grundriß der Geschichte der Philosophie, begründet von Friedrich Ueberweg, völlig neubearbeitete Ausgabe, Basel 1983 ff.), § 19 ›*Nicolas Malebranche*‹, Kap. Wirkungsgeschichte, 752–760. Zur Bedeutung Malebranches für die Entwicklung der Ästhetik im 18. Jhd. vgl. die in Anm. 5 benannte Arbeit von Annie Becq sowie dies.: *Lumières et modernité: De Male-*

recherche de la vérité, mit seinem Erscheinungsdatum 1674/75 noch in die Zeit der Hochklassik fällt. Mit diesem Buch hat nun Malebranche nicht nur eine auf physiologischer Ebene äußerst differenzierte Theorie der Imagination vorgelegt. Er hat damit auch – was noch entscheidender ist – ein analytisches Instrumentarium zur Verfügung gestellt, das weit in die Alltagspraxis imaginativer Prozesse hineinreicht. Der Traktat formuliert dabei zunächst einmal eine Erkenntnislehre, die ihren Ausgangspunkt von einem zentralen Befund nimmt: Dem Menschen als dem in Leib und Seele gegliederten und über Gottes Okkasionalitätswirken[17] in einer Verbindung der beiden Substanzen artikulierten Wesen sind in der kommunikativen Alltagspraxis nur solche Erkenntnismittel möglich, die durch die Beteiligung des Körpers in ihrem Wahrhaftigkeitsgrad unter einem Vorbehalt stehen. Ausdrücklich schreibt Malebranche im Vorwort der *Recherche*, daß es dem Menschen bloß so ›scheine‹, als ob Körper und Seele in ihm eine einzige, sich verbindende Substanz bilden, und daß dieser Schein ihn sogar glauben lasse, der Körper spiele dabei den wichtigeren Part.[18] Gegenüber diesem unmittelbaren ›Schein‹ will Malebranche die körperlichen Anteile unterschiedlicher Erkenntnis- und Wahrnehmungsakte diagnostizieren und dabei das Spektrum möglicher Irrtümer bzw. habitualisierter Selbsttäuschungen ausfalten, wobei die Imagination als besonders prekäres Vermögen im Vordergrund steht.

Das physiologische Gerüst der Imagination, wie es im ersten Teil des zweiten Buchs entwickelt wird, greift auf Descartes' *De l'homme* (1632) und *Les passions de l'âme* (1649), aber auch auf den *Traité de l'Esprit de l'homme* von Louis de La Forge (1666) zurück, um die physiologische Grundlage aller sinnlich bedingten Wahrnehmungsvorgänge sowie aller Korrespondenzen zwischen Erkenntnisakten der Seele und Sinneswahrnehmungen als ein verzweigtes System von »fibres« zu modellieren, dessen äußere Körpergrenzen die Sinne sind. Deren physische Reize vermitteln sich weiter durch die Bewegung der cartesischen *spiritus animae* (»esprits animaux«) über die »fibres« nach innen, d.h. in den Bereich des »cerveau« und damit bis hinein in die Seele.[19] Nach innen ist dieses System kapillarer Röhrchen durch folgende In-

branche à Baudelaire, Paris 1994. Zum Einfluß Malebranches auf die Aberglaubenskritik im frühen 18. Jhd. vgl. Martin Pott: *Aufklärung und Aberglaube – Die deutsche Frühaufklärung im Spiegel der Aberglaubenskritik*, Tübingen 1992.

17 Zu den Grundannahmen, mit denen die Okkasionalisten (u.a. Cordemoy, de la Forge und eben Malebranche) die Abstimmung zwischen körperlichen Bewegungen und Modifikationen der Seele zu erklären suchten, vgl. Pierre Clair: *Louis de la Forge et les origines de l'occasionalisme*, in: *Recherches sur le XVIIe siècle* 1 (1976), 63–72, sowie Rainer Specht: *Commercium mentis et corporis*, Stuttgart / Bad Cannstatt 1966.

18 Vgl. Nicolas Malebranche: *De la recherche de la vérité – Livres I–III*, in: ders.: *Œuvres complètes*, Tome I, publ. par Geneviève Rodis-Lewis, Paris 1972, 11. Nach dieser Ausgabe wird in der Folge im laufenden Text unter Angabe der für diese Edition üblichen Kapitelangaben zitiert.

19 Eine detaillierte Erläuterung der Geschichte dieser Konzeption findet sich bei Edwin Clarke: *The Doctrine of the Hollow Nerve in the Seventeenth and Eighteenth Centuries*, in: *Medicine, Science and Culture – Historical Essay in Honor of Owsei Temkin*, ed. by Lloyd S. Stevenson / Robert P.

stanzen begrenzt: Einmal durch die Seele, die – ohne das cartesische Übergangsorgan der Zirbeldrüse zu benötigen – Zugang zu den sinnlich hervorgerufenen Daten (und deren Korrelation mit unabhängig von diesen bestehenden, reinen Ideen) hat. Weiterhin grenzt das System der »fibres« an das Herz als Sitz der affektiven Leidenschaften, die sich ihrerseits durch den Datenfluß der sinnlichen Wahrnehmungen, aber auch durch die von der Seele ausgehenden Bewegungen der »esprits animaux« erregen und beeinflußen lassen. Schließlich mündet das Fibernsystem in die Imagination, die theoretisch über alle im Gehirn bzw. in der »mémoire« gespeicherten Spuren (»traces«) der »esprits animaux« verfügt und ihrerseits durch eine Art Rückfluß der *Lebensgeister* ohne Tätigkeit der Sinne der Seele Eindrücke eines sinnlichen ›Als-ob‹ verschaffen kann, ohne daß diesem Eindruck ein empirisches Äquivalent auf Seiten der Sinneswahrnehmung entspricht. Diese Unabhängigkeit von unmittelbaren sinnlichen Eindrücken, mit der die Imagination in der Seele bildliche Konfigurationen hervorrufen kann, geht einher mit einer zweifachen, polaren Abhängigkeit hinsichtlich der verursachenden Instanz (II, I, I, § II): Zum einen kann es die Seele selbst sein, die über den Willen innere Bilder hervorruft (»imagination active«); zum anderen kann es aber auch der Körper sein, der gänzlich ohne die Kontrolle des Willens der Seele solche Bilder vorstellt (»imagination passive«).

Signifikant für den Fortgang der Argumentation Malebranches ist hier, daß sich das Augenmerk auf einen Aspekt richtet, der sich später wie ein Leitfaden durch seine Ausführungen ziehen wird: Es ist der Umstand, daß schon durch die basale Abhängigkeit der Imagination von körperlichen Parametern die Prozesse der Bildproduktion höchst instabil, weil der unendlichen Vielfalt wechselnder Einflußfaktoren unterworfen sind.[20] Bezeichnend für den Fortgang der Erörterungen ist weiterhin der große Umweg, den Malebranche einschlägt, wenn er in den nachfolgenden Kapiteln die rein körperlich konditionierten Instabilitäten der Imagination näher bestimmt. Dabei finden nämlich neuere und ältere Erkenntnisse der Medizin Berücksichtigung. So wird die Abhängigkeit der Fließgeschwindigkeit der »esprits animaux«, die sich letztlich noch von Galens Konzeption subtilster Körperteilchen herleiten, von der Konsistenz des Bluts ebenso als Kontingenzfaktor in Anschlag gebracht wie der das Blut verändernde Einfluß des Chylus oder des Weins sowie der eingeatmeten Luft. Ebenfalls wird – in Übereinklang mit den Grundlagen der Humoralpathologie – die individuelle Beschaffenheit der Nervenbahnen sowie innerer Organe als Störfaktor namhaft gemacht (II, I, II–IV). In all diesen Ausführungen wird deutlich, daß es der menschliche Körper mit seinen unkalkulierbar vielfältigen Varietäten unterschiedlichster Funk-

Multhauf, Baltimore / Maryland 1968, 123–141, sowie bei Michael Sonntag: *Die medizinischen Spiritus im 18. Jahrhundert*, in: *Die Seele – Ihre Geschichte im Abendland*, hg. von Gerd Jüttemann / Michael Sonntag / Christoph Wulf, Weinheim 1991, 165–179.

[20] »L'homme ne demeure guéres longtems semblable à lui-même: tout le monde a assez de preuves intérieures de son inconstance.« (II, I, I, § III, 195)

tionen ist, der das kontingente (und damit für Malebranche zu reduzierende) Moment in die Prozesse der Imagination hineinbringt.

Das theoretische Kernstück der Erläuterung der Imagination bildet indes in II, I, V die Entwicklung eines Konzepts der »liaison des idées de l'esprit avec les traces du cerveau«. Hier wird die Imagination als herausgehobene Schnittstelle zwischen den beiden Substanzen Körper und Seele ausgewiesen. Drei Ursachen für die »union de l'âme avec le corps« gibt Malebranche an, wobei die erstgenannte die beiden folgenden mitbedingt: 1. den beständigen göttlichen Willen, eine solche Korrelation zwischen den getrennten Substanzen grundsätzlich im Sinne einer okkasionalen Maßnahme zu garantieren; 2. die Gleichzeitigkeit, mit der körperliche Wahrnehmungen und sinnenunabhängige Ideen in der Seele aufgenommen werden müssen, wenn sie eine Einheit eingehen sollen; 3. den menschlichen Willen, eine solche Verbindung im Einzelfall herzustellen. Mit diesem Kernstück einer grundsätzlich durch Gott okkasional garantierten Substanzenkorrelation läßt sich nun eine Vielzahl von kommunikativen Prozessen erklären (Gedächtnisleistungen, Imagination, Zeichenbegriff, Theorie der Sprache, rhetorische Phänomene)[21], von denen aber in unserem Zusammenhang lediglich das Problemfeld der Imagination interessieren soll.

Von entscheidender Bedeutung ist dabei das Theorem, demgemäß topologisch benachbarte »traces«, d.h. Spuren von Bewegungen der »esprits animaux«, im inneren Endbereich der »fibres«, sich wechselseitig erregen können, sofern nur eine der Bahnen mit den ›Lebensgeistern‹ beschickt wird (II, I, V, § II). Dieser Mechanismus eines durchaus auch unwillkürlich möglichen Erregens benachbarter, und das heißt auch: als irgendwie ähnlich abgelegter Spuren (»liaison mutuelle des traces«), erklärt für Malebranche unmittelbar die assoziative Funktionsweise des Gedächtnisses sowie alle Gewohnheiten (»habitudes«) geistiger oder körperlicher Art, die ja vor dem Hintergrund des skizzierten Assoziationsmechanismus[22] als eingefahrene Korrelierung von Aktivierungsprozessen innerhalb der Spuren verstanden werden können (II, I, V, §§ III–IV). Die besondere Gefahr geht dabei von dem beunruhigenden Umstand aus, daß sich diese assoziative Selbsterregung der Spuren »machinalement« vollziehen und somit in einem Bereich des Unbewußten verharren, den es eigentlich im cartesischen System im strengen Sinne gar nicht geben kann.[23] Ist dieser

[21] Zur zentralen Stellung der okkasionalistisch gedachten ›union‹ bei Malebranche und ihrer Differenz zur cartesischen Fassung des Problems vgl. Tad M. Schmaltz: *Descartes and Malebranche on Mind and Mind-Body Union*, in: *Archiv für Geschichte der Philosophie* 73 (1991), 129–170 und ders.: *Malebranche and Descartes on Mind-Body Distinctness*, in: *Journal of the History of Philosophy* 32 (1994), 49–79.

[22] Zu der Frage, inwieweit Malebranche eine Vorläuferrolle für die im 18. Jhd. entstehenden Assoziationstheorien zukommt, vgl. John P. Wright: *Association, Madness, and the Measures of Probability in Locke and Hume*, in: *Psychology and Literature in the Eighteenth Century*, ed. by Christopher Fox, New York 1987, 103–127, sowie Eckhard Lobsien: *Kunst der Assoziation: Phänomenologie eines ästhetischen Grundbegriffs vor und nach der Romantik*, München 1999.

[23] Vgl. dazu Geneviève Rodis-Lewis: *Le problème de l'inconscient et le cartésianisme*, Paris 1950.

Mechanismus schon in seiner generellen Wirkung beunruhigend, so erreicht er eine noch wesentlich bedrohlichere Qualität dadurch, daß die Selbsterregung sowie die Erregbarkeit der »fibres« altersabhängig (und somit variabel) sind, sowie durch die Übertragungsmechanismen der »traces«, die sich in der körperlichen Symbiose zwischen der schwangeren Frau und dem Embryo über den Umweg der Imagination der Mutter ergeben können (Muttermale, Mißbildungen, Zeichnungen).[24] Zentral ist in diesem Zusammenhang auch die Unterscheidung zwischen »traces naturelles«, die sich – sozusagen als Epiphänomen der Erbsünde – aufgrund ererbter Übertragungen im Wortsinn als ›Einbildungen‹ ergeben haben und entsprechend geradezu unauslöschlich sind, und »traces acquises«, die sich im Zuge von Sinneserfahrungen in einem eher kontingenten Modus eingestellt haben und relativ leicht durch sich überlagernde »traces« ausgelöscht werden können. Mit dem erstgenannten Befund wird auf der Basis der cartesischen Psycho-Physiologie so etwas wie eine ›biologische Individualdisposition‹ erklärbar.

Der zweite Teil des zweiten Buchs stellt nun durch einen weit ins Empirische gerichteten Blick die Anschließbarkeit des theoretischen Konzepts mit den Gegebenheiten der Alltagspraxis sicher. Im Prinzip greift Malebranche hier in moralistisches Terrain über. Er differenziert zunächst einmal die spezifischen Qualitäten der Imagination in Abhängigkeit von Geschlecht und Alter und führt die Modellierfähigkeit des Vermögens durch Übung vor (Kap. I). Die nachfolgenden Kapitel behandeln dann nach der Erörterung des Gewohnheitsphänomens (Kap. II) weitere qualitative Ausdifferenzierungen, die sich an sozialen Parametern orientieren, vor allem aber die besondere Imaginationsanfälligkeit des Gelehrtenstandes (Kap. III), die Steuerung der Imagination durch Lektüre (Kap. IV), die Verhärtung des Wissenstransfers durch eingeschränkte Perspektivierungen des Wissens durch den einzelnen Gelehrten (Kap. V–VII) sowie unterschiedliche Intensitätsgrade der Imagination (Kap. VIII).

Das dritte Buch (*De la communication contagieuse des imaginations fortes*)[25] steuert dann weiterhin auf pathologische Konfigurationen zu. Es engt damit den Blickwin-

[24] Malebranche ›physiologisiert‹ damit eine weit in die Antike zurückreichende medizinische Meinung, die als geschlechtskonstituierendes ›Wissen‹ auch noch – und gerade – im 18. Jhd. virulent bleibt. Vgl. dazu Erika Fischer-Homberger: *Krankheit Frau und andere Arbeiten zur Medizingeschichte der Frau*, Bern / Stuttgart / Wien 1979 und Marie-Hélène Huet: *Monstrous Imagination*, Cambridge/Mass. 1993. Zu den sich daraus ergebenden Implikationen für die ›wissenschaftliche‹ Gender-Konstitution vgl. Claudia Honegger: *Die Ordnung der Geschlechter – Die Wissenschaften vom Menschen und das Weib, 1750–1850,* Frankfurt/M. / New York 1991 und Londa Schiebinger: *The Mind has no Sex? – Women in the Origins of Modern Science*, Cambridge/Mass. 1991 sowie dies.: *Nature's Body – Gender in the Making of Modern Science*, Boston/Mass. 1993.

[25] Gerade dieser Teil hat Malebranches zweifelhaften Ruf als ›Gegner der Imagination‹ gefestigt. Besonders unerbittlich hat sich in jüngster Zeit Karlheinz Barck geäußert, indem er Malebranche aufgrund dessen mangelnder Bereitschaft, die Emanzipation der Phantasie zu betreiben, als Negativfolie für eine teleologisch skizzierte Befreiungsbewegung der Phantasie ausgewiesen hat (Barck: *Poesie und Imagination* [Anm. 5], 25–35) Es ist dagegen das Verdienst Gabriele Dürbecks,

kel weiter ein und konzentriert sich auf solche irrtumsträchtigen Effekte der Imagination, die sich im weiteren Sinne über ein Machtgefälle im Kommunikationsakt artikulieren (»[...] je veux dire de la force que certains esprits ont sur les autres pour les engager dans leurs erreurs.« [II, III, I § I]). In gewisser Weise handelt es sich hier um eine rudimentäre ideologiekritische Rhetorik, die sich als analytische Theorie von zeichenbezogenen Manipulationsprozessen versteht. Pascals *Pensées*, vor allem die einschlägigen Fragmente zu »habitude«, »imagination« und die Errichtung von Macht über Zeichen, dürften hier als unausgesprochener Bezugstext eine Rolle spielen.[26] Malebranche geht dabei von der Annahme aus, daß die generell beobachtbare menschliche Neigung zur Nachahmung und zum Mitleid auf eine von Gott installierte Disposition der sozialen »liens naturels« zurückgeht, die ihrerseits über das Kommunikationssystem der »fibres« und »traces« eine alles soziale Leben tragende Grundsympathie zwischen miteinander in Kontakt tretenden Menschen ermöglichen.[27] Vereinfachend gesagt nutzen nun diejenigen, die von ihrer psychophysiologischen Bedingtheit her über eine besonders ausgeprägte Imagination verfügen, die auf die sympathetische Geneigtheit ausgerichteten »liens naturels« ihrer Mitmenschen aus, um mithilfe einer intensiven Bildlichkeit die eigene Botschaft in der Imagination des Adressaten zu implantieren. Zwar wird diese gleichsam natürliche Überzeugungskraft mittels ›frappierender‹ Imagination auch als neutral zu bewertende Kommunikationserleichterung ausgewiesen (II, III, I, § VI); aber der Umstand, daß mit einer solchen Imaginationsleistung sich die ›sinnliche‹ Qualität der benutzten Bilder sozusagen über die bildlich bloß bescheiden zu konfigurierenden Ideen legt und damit körperliche Automatismen über die »liaison des traces« freisetzt, ruft in Malebranche den Einspruch sowohl des Cartesianers als auch des augustinisch geprägten Psychologen hervor.[28]

Bewertet man resümierend die Leistung der Erläuterungen, die Malebranche zu den Funktionsweisen der Imagination vorlegt, und stellt sie dabei in den Kontext ihrer Rezeption durch das frühe 18. Jhd., dann fallen zwei Aspekte ins Auge. Zum

diese Abqualifizierung als Konsequenz einer Vernachlässigung des für Malebranche bestimmenden anthropologischen Umfelds ausgewiesen zu haben (vgl. Dürbeck: *Einbildungskraft* [Anm. 4], 86–112).

26 Zu verweisen ist hier vor allem auf Gérard Ferreyrolles: *Les reines du monde – l'imagination et la coutume chez Pascal*, Paris 1995 und Andreas Gipper: *Lüge und Rhetorik bei Pascal oder von der homöopathischen Wirkung des Selbstbetrugs*, in: *Lüge und (Selbst-)Betrug* [Anm. 15], 31–44.

27 In diesem Kontext ist auch das quasi semiotische Interesse zu verstehen, das Malebranche (zusammen mit anderen cartesianischen Okkasionalisten wie Géraud de Cordemoy und Bernard Lamy) für die soziale Vernetzung einer Gesellschaft über vielfältigste Zeichensysteme entwickelt hat. Vgl. dazu Geneviève Rodis-Lewis: *Langage humain et signes naturels dans le cartésianisme*, in: *Le Langage*. Actes du XVIIIe congrès des sociétés de philosophie de langue française, Bd. 1, Neuchâtel 1966, p. 132–136.

28 »Il est maintenant facile de juger par les choses que nous venons de dire, que les déreglemens d'imagination sont extrémement contagieux, & qu'ils se glissent & se répandent dans la plûpart des esprits avec beaucoup de facilité.« (II, III, I § VI)

einen konturiert Malebranche die aus der cartesianischen Erkenntnislehre her bekannten Mechanismen der Imagination auf eine moralistische Analytik hin, und zwar dadurch, daß er das cartesianische Modell mit Wissensformen kompatibilisiert, die sich älteren epistemologischen Traditionen verdanken (so vor allem mit der Humoralpathologie und weit in die Antike zurückreichenden Vorstellungen vom ›Versehen‹ in der Schwangerschaft). Zum anderen – und dies ist eine Konsequenz jener Verschleifung von divergenten Wissensformen – eröffnet Malebranche ein immenses Beobachtungsfeld, das die scheinbar bloß repressive Analytik der imaginativen Mechanismen in ihrer faktischen Geltungskraft vor der Entdeckung der Phänomene selbst zurücktreten läßt. M.a.W.: Nicht das hinter der Analytik stehende normative Gerüst einer theologisch-metaphysisch begründeten Kontrolle der imaginativen Prozesse macht Malebranches *De la recherche de la vérité* so interessant und erfolgreich. Vielmehr ist es die frappierende Pragmatisierung des cartesianischen Ansatzes und ineins damit die mit physiologischer Terminologie geadelte Fokussierung des Blicks auf eine Vielzahl lebensweltlicher Parameter (Lebensalter, Gesundheitszustand, biologische Disposition der »traces«, situative Umstände, Affektlage usw.), die jetzt eine schier unbegrenzte Applikationsmöglichkeit des theoretischen Wissens sicherstellen. Die mehrfach nachgewiesene Rezeption Malebranches im gelehrten Diskurs bis weit in die zweite Hälfte des 18. Jhd.s hinein,[29] aber auch die erstaunliche Präsenz des Textes durch zahlreiche Editionen[30] belegen, daß Malebranche unabhängig von seinen sehr spezifischen und in gewisser Weise im 18. Jhd. prekär werdenden epistemologischen Prämissen ein Feld von Beobachtungsmöglichkeiten samt kontrollierender Hygienemaßnahmen strukturiert hat, das jetzt aus dem tradierten Wissen zur Imagination nicht mehr wegzudenken ist, ja geradezu das dominante Verstehensraster der ersten Hälfte des Aufklärungsjahrhunderts bildet. Nicht zuletzt mag dabei der Umstand entscheidend sein, daß Malebranches Verschränkung von theoretisch-physiologischem Wissen mit moralistischer Beobachtung das Moment der Kontingenz, das den imaginativen Prozessen zugrunde liegt, so stark akzentuiert. Die Imagination, das ergeben schließlich seine Analysen in der Summe, ist vor allem deshalb so gefährlich, weil sie in ihrer Funktionsweise von zahlreichen körperlichen Faktoren abhängt und deshalb für das Bewußtsein des Imaginierenden gemäß dem großen Varietätenspektrum körperlich-kontingenter Faktoren unberechenbar, wohl aber von außen moralistisch beobachtbar ist. Gerade dies wird aber das aufklärerische Denken des 18. Jhd.s besonders interessieren. Es öffnet sich ja in dem Maße, wie die normativen sinnversichernden Systeme des Weltverstehens suspendiert werden, der Empirie der Phänomene. Ob diese Öffnung

[29] Vgl. vor allem die in Anm. 16 aufgeführten Arbeiten von Becq und Robinet.

[30] Die in Anm. 18 benannte kritische Edition vermerkt im Vorwort neben den Ausgaben in sechs Textstufen, die zu Lebzeiten Malebranches (gest. 1715) erschienen sind, auch die nachgewiesenen Neuausgaben des 18., 19. und 20. Jhd.s. Demnach sind für das Jahr 1721 allein vier, für 1735/36 zwei Neuausgaben, für 1740 eine neue Edition, für 1749 wiederum sechs und für 1762 drei verschiedene Ausgaben nachgewiesen.

auf die Phänomene hin freilich in dem hier zugrundeliegenden Feld zu stabilen und stabilitätsfördernden Ergebnissen führt, ob also im Falle der kontrollierenden Analyse imaginativer Prozesse ein disziplinierender Zugriff erfolgt, der die tief in der biologischen und lebensweltlichen Kontingenz verankerte Imagination stillstellt, ist zumindest fraglich. Unser romaneskes Beispiel, dem wir uns gleich wieder zuwenden wollen, setzt hinter solche Hoffnungen jedenfalls ein deutliches Fragezeichen.

IV.

Wenn man Prévosts *Histoire* auf der Folie der psycho-physiologischen Ausfaltung der Imagination liest, wie sie Malebranche zur Verfügung gestellt hatte, dann zeigt sich ein eigentümliches Spiel. Denn einerseits ist der Protagonist ganz offensichtlich nach dem Muster von Malebranches Mechanik gestrickt, andererseits hat Prévost ihn als Ich-Erzähler mit genau dem theoretischen, von Malebranche herkommenden Wissen ausgestattet, mit dem er die eigenen Defizienzen wenigstens im nachhinein analytisch klären *könnte*. In der Tat läßt Prévost den Erzähler permanent seine eigene Imagination oder diejenige anderer Figuren beiläufig oder gezielt ansprechen und fokussiert den Blick des Lesers damit auf die Frage, ob und wie dieses instabile Vermögen hier kontrolliert wird. Es gibt darüber hinaus auch Passagen, in denen der Erzähler aufschlußreiche Situationen, in denen er als erzählte Figur im Mittelpunkt steht, regelrecht unter dem Generalnenner der Imagination wiederaufleben und sein theoretisches Wissen einfließen läßt. Einige dieser Textstellen will ich hier wenigstens in groben Zügen erläutern, um an ihnen zu zeigen, wie wenig das theoretisch konzeptualisierte Wissen um die Imagination den Erzähler befähigt, seine eigene Imaginationspraxis zu disziplinieren. Aufschlußreich ist z. B. die Passage, in der der Erzähler seine Reaktion auf eine ausführliche Lebensbeschreibung Théophés rekapituliert[31]: »Après avoir expédié quelques affaires importantes, je ne pus me mettre au lit sans *me représenter* toutes les circonstances de ma visite. Elles me *revinrent même en songe*. Je me trouvai *plein de cette idée à mon réveil*, et mon premier soin fut de faire demander au maître de langues comment Théophé avait passé la nuit. Je ne me sentais point rappelé à elle par un penchant qui me causât de l'inquiétude; mais *ayant l'imagination remplie de ses charmes*, et ne doutant point qu'ils ne fussent à ma disposition, j'avoue que je consultai ma délicatesse sur les premières repugnances que je m'étais senties à lier un commerce de plaisir avec elle. J'examinai jusqu'où ce caprice pouvait aller sans blesser la raison. Car les caresses de ses deux amants lui avaient-elles imprimé quelque tache, et devais-je me faire un sujet de dégoût de ce que je n'aurais point aperçu si je l'avais ignoré? Une flétrissure de cette espèce ne pouvait-elle pas être réparée par le repos et les soins de quelques jours, surtout dans un âge

[31] Antoine-François Prévost d'Exiles: *Histoire d'une Grecque moderne*, in: *Œuvres*, publ. par Jean Sgard, Bd. IV, Grenoble 1982, 6–121, hier 30 (Hervorh v. m., R. B.).

où la nature se renouvelle incessamment par ses propres forces? D'ailleurs ce que j'avais trouvé de plus vraisemblable dans son histoire, était l'ignorance où elle était encore de l'amour. Elle avait à peine seize ans. Ce n'était pas Chériber [ein Konkurrent des Erzählers beim Liebeswerben] qui avait pu faire naître de la tendresse dans son cœur, et l'enfance où elle était à Patras l'en avait dû défendre avec le fils du gouverneur, autant que le récit qu'elle m'avait fait de ses dégoûts. *Je me figurai* qu'il y aurait de la douceur à lui faire faire cet essai, et je souhaitai, *en y réfléchissant de plus en plus*, d'avoir été assez heureux pour lui en faire éprouver quelque chose.«

Der Gegenstand dieser erzählerischen Erinnerung ist ein doppelter. Einerseits wird ein imaginativer Raum des gleichsam kreativen Erinnerns rekonstruiert. In ihm läßt das erzählte Ich, offenbar beeindruckt sowohl von den undeutlichen erotischen Initialerfahrungen Théophés als auch von dem starken, an ihn als den väterlichen Befreier geknüpften Hoffnungen auf eine moralische Rettung, die sinnlichen Eindrücke des vergangenen Tages Revue passieren. Dabei spinnt das erzählte Ich offenbar bereitwillig die in Théophés Bericht angelegten oder auch nur in ihn hineingehörten seduktiven Momente in der Phantasie fort. Andererseits legt der Erzähler, also das erzählende Ich, Wert darauf, daß dieses imaginative Ausspekulieren eines noch undeutlichen Begehrens reflexiv durchbrochen wird von skrupulösen Hemmungen, die den »caprice« abbremsen. Freilich sind dies reflexive Bremsmanöver, die sich nicht aus der ursprünglich maßgeblichen Haltung des väterlichen und philanthropischen Befreiers herleiten, sondern eher die Dezenz des gutsituierten Verführers tangieren, der sich nicht gern auf eine Stufe stellen will mit den orientalischen Vorgängern. So mündet die Situation nach dem Zerstreuen der unangenehmen Verdächte denn auch folgerichtig in den imaginär antizipierten ›apprentissage d'amour‹ ein (»Je me figurai [...]«), den sich der Nachsinnende, jetzt befreit von seinen Skrupeln möglicher Indezenz, vor Augen führt.

Das eigentümliche Ineinandergreifen von Passagen, die im Modus einer Selbstaffizierung die vergangenen Situationen des Getriebenwerdens durch die eigene Imagination rekapitulieren, und solchen Passagen, die ausdrücklich die gleichzeitige Selbstreflexion vor Augen führen, findet sich durchgängig an Scharnierstellen im Handlungsablauf. Überhaupt scheint manches an Undeutlichkeit in der Position des Erzählers daher zu rühren, daß er sich als erzähltes Ich in einer paradoxen Gleichzeitigkeit von Versunkensein in den faszinierenden Bildern der Imagination und affichierter Selbsttransparenz vorführt. So sehr nämlich die sinnliche und imaginative Beeindruckbarkeit des erzählten Ich betont wird, so sehr deuten in gegenläufiger Richtung manche Hinweise des Erzählers auf eine ausgesprochen wache Vertrautheit mit der eigenen Schwäche. Diese Vertrautheit drückt sich nicht zuletzt darin aus, daß der Erzähler in seiner eigenen Narration häufig die Terminologie der postcartesischen Psycho-Physiologie benutzt, um Vorgänge der sinnlichen Anschauung, der Erinnerung oder der Imagination zu beschreiben. So z. B. in der folgenden Passage, die sich für eine weitergehende Analyse deshalb anbietet, weil sie die inneren Turbulenzen nach dem mißglückten Verführungsversuch sowie die gleichzeitigen

Versuche einer analytischen Bewältigung vorführt[32]: »*Les premières traces* que je retrouvai le matin *dans ma mémoire* furent celles qui s'y étaient si doucement *gravées* en m'endormant. Elles s'y étaient *étendues avec tant de force* qu'ayant comme effacé celle de mon premier projet [das Projekt, Théophé zu heiraten und damit das eigene Begehren in eine anerkannte soziale Form zu integrieren], il ne me revint pas le moindre désir qui ressemblât à ceux dont je m'étais entretenu depuis plusieurs jours. *Je brûlais de me revoir* avec Théophé, mais c'était dans l'espérance de la trouver telle que j'avais eu *tant de plaisir à me la figurer*, ou du moins *de la voir dans la disposition* que je lui avais supposée.«

Aufschlußreich an diesen Überlegungen ist einmal die in der Terminologie enthaltene Distanz, mit der der Botschafter die Dynamik der »traces« verfolgt, die die Erlebnisse des Vortages in seiner Seele zurückgelassen haben. Zum anderen ist aber bemerkenswert, wie trotz dieser analytischen Matrix die Introspektion auf die Diagnose hinausläuft, daß die in Relation zu den Erwägungen einer Ehelichung sinnlich attraktiveren Bilder wegen ihrer stärkeren »force« den Sieg davontragen und sich der Nachsinnende, wie der Erzähler wiederum distanzlos berichtet, dieser Dynamik gerne überläßt. Man sieht daran: Das nach außen hin aufrechterhaltene Bewußtsein, die schöne Griechin selbstlos von der sexuellen Sklaverei im Serail befreit und auf den Weg der sittlichen Autonomie gebracht zu haben, wird zwar gelegentlich in der Narration durch freimütige Bekenntnisse zu einer lustbetonten Einbildungskraft konterkariert. Aber solche Inkonsistenzen der Selbstsicht haben keine langfristigen Auswirkungen im Sinne einer Selbstkorrektur. Im Gegenteil, die partielle Einsicht des Erzählers in unbewußte Verschiebungen seitens des erzählten Ich sind punktueller Natur und verhindern nicht, daß der Erzähler bei der nächstbesten Gelegenheit sein früheres Ich wiederum als bloß wohlmeinenden Mentor der Griechin modelliert und den Grund zunehmender Zerrüttung des Verhältnisses in den – eifersüchtig vermuteten bzw. imaginativ ausgemalten – Eskapaden Théophés liegen sieht. Interessanterweise ist in das Romangeschehen auch eine Nebengeschichte eingelegt, die ein fulminantes Beispiel für die hereditären Dispositionen zur Verführbarkeit durch sinnliche Begierden bereithält.[33] So sehr nun der Erzähler in der Lage ist, die Geschichte dieser geradezu deterministisch konfigurierten Disposition in allen Details nachzuerzählen, so wenig fällt es ihm ein, diese Erkenntnisse probeweise per Analogieschluß auf sich selber zu übertragen. Daß auch er – wie im übrigen fast jeder der Romanerzähler Prévosts – genau unter jener durch die Mechanik entsprechender »traces« konditionierten starken Imagination leidet, die Malebranche so

32 Prévost: *Histoire* [Anm. 31], 51 (Hervorh. v. m., R. B.).

33 Es ist die Geschichte einer ehemaligen Mitbewohnerin des Serails, die sich mit Théophé angefreundet hatte und nun ebenfalls durch den Erzähler auf den Weg der Tugend gebracht werden soll; wobei allerdings die erblichen Belastungen, ans Licht gebracht durch eine entsprechende erzählte Vorgeschichte, die Dame – sinnigerweise eine Sizilianerin – sozusagen als therapieresistent gegen alle Versuche ausweisen, die fatale Abhängigkeit von sinnlicher Lust einzugrenzen.

ausführlich als Ursache für die Bewegungsflüsse entsprechender »esprits animaux« beschrieben hatte, kommt ihm nicht in den Sinn.

Man wird in der Kopräsenz der aus der Psycho-Physiologie ausgeliehenen Begrifflichkeit und der distanzlosen Empathie des Erzählers gegenüber seinem erzählten Ich einen Ironie-Effekt sehen können, der letztlich auf eine Entwertung des erkenntnistheoretischen Wissens von der leichten Täuschbarkeit des Bewußtseins durch die Imagination hinausläuft. Die Ironie erreicht dabei einen Höhepunkt, wenn der Erzähltext die verwendete analytische Begrifflichkeit von den ›impressions‹, den ›traces‹ und dem Nachfahren der Spuren ins Wörtliche wendet und somit die seine eigene Lexik bestimmende Obsession unfreiwillig kenntlich macht. Das ist z. B. der Fall, wenn der Erzähler berichtet, wie er in einer Phase unbeherrschter Eifersucht Théophés Bett durchwühlt, um an der »figure du lit« die verborgenen »traces« einer vermuteten Liebesnacht zu entdecken[34]: »J'observai jusqu'aux moindres circonstances *la figure du lit*, l'état des draps et des couvertures. J'allai jusqu'à mesurer la place qui suffisait à Théophé, et à chercher si rien ne paraissait foulé hors des bornes que je donnais à sa taille [...] il me semblait que rien n'était capable de me faire méconnaître *ses traces*. Cette étude, qui dura longtemps, produisit un effet que j'étais fort éloigné de prévoir. N'ayant rien découvert qui n'eût servi par degrées à me rendre plus tranquille, la vue du lieu où ma chère Théophé venait de reposer, *sa forme que je voyais imprimée*, un reste de chaleur que j'y trouvais encore, *les esprits qui s'étaient exhalés d'elle* par une douce transpiration, m'attendrirent jusqu'à me faire baiser mille fois tous les endroits qu'elle avait touchés. Fatigué comme j'étais d'avoir veillé toute la nuit, *je m'oubliai* si entièrement dans cette *agréable occupation que le sommeil s'étant emparé de mes sens*, je demeurai profondément endormi dans la place même qu'elle avait occupée.«

Diese Passage ist in mehrfacher Hinsicht erhellend. Zunächst einmal führt sie auf eine geradezu komische Weise vor Augen, daß der Erzähler über die Terminologie der cartesianisch-malebranchistischen Psycho-Physiologie verfügt, sie aber nicht auf den hier verhandelten, in seiner Sachhaltigkeit problematischen eigenen Wahrnehmungsvorgang anwendet, sondern in einer Art Verschiebung auf das Objekt projiziert, das in ihm die Eifersuchtsimaginationen erst hervorruft. Die Suche im Labyrinth sensorieller Spuren entäußert sich sozusagen in die Spurensuche im praktischen Leben. In kaum überbietbarer Ambiguisierung der Sprache wird das Bett Théophés, von dessen Wahrnehmung aus die Imaginationen ihren Lauf nehmen, zum imaginären Bildspeicher. Dessen vermeintliche Spuren fährt der eifersüchtig und glücklos Begehrende im wahrsten Sinne des Wortes nach, um des ›Eindrucks‹ habhaft zu werden, der ihm die Gewißheit über die Treulosigkeit Théophés geben könnte, dessen Absenz ihm aber auch die offenbar gewünschte Perpetuierung des imaginativen Eifersuchtsgefühls garantiert. Daß ihm über die »agréable occupation« schließlich der Schlaf die Sinne raubt und er – zum Erstaunen der später Hinzu-

[34] Prévost: *Histoire* [Anm 31], 104 (Hervorh. v. m., R. B.).

kommenden – justament auf dem Umriß der begehrten Théophé einschläft, pointiert dabei noch die eigentümliche Selbstvergessenheit, in der Angst und Wunsch, Negation und Erfüllung in einem symbolischen Akt koinzidieren. Aber eine solche Verdichtung, in der das Bemühen um die klare Unterscheidung zwischen Einbildung und Wahrheit endgültig kollabiert, kann eben nur die erzählerische Rekonstruktion in einem imaginären Entwurf zustandebringen.

Was sagt nun unser Fallbeispiel zum Verhältnis von Imaginationstheorie und fiktional modellierter Praxis der Imagination im frühen 18. Jhd. aus? Sicherlich handelt es sich hier um ein besonders extremes und nicht in jeder Hinsicht verallgemeinerbares Spiel, mit dem Prévost analytische Theorie und praktischen Vollzug konfrontiert und in gewisser Weise auch ineinanderlaufen läßt. Unzweifelhaft ist ebenso, daß dieses Beispiel, abgesehen von der moralistischen Skepsis gegenüber dem Nutzen analytischen Wissens um das Funktionieren der Imagination, die Zweideutigkeit einer empfindsamen Literatur herausstreicht, wenn sie im Modus der Ich-Erzählung das prekäre Vermögen in seinen Wirkungen diagnostizieren will, gleichzeitig aber auch die Imagination braucht, um über den affektisch angesprochenen Leser dem zu verarbeitenden Gegenstand überhaupt Gestalt geben zu können. Mit Blick auf manche vergleichbare Romane der Zeit scheint mir das Beispiel aber auch symptomatisch für eine ganz grundsätzliche Ambiguität, in das der cartesisch-malebranchistische Dualismus jede Thematisierung der Imagination verstrickt. Denn Malebranches Lehre funktioniert einerseits wie ein Dispositiv, das ein immenses psychologisches Beobachtungsfeld strukturiert. Andererseits erlauben die epistemologischen Grundlagen und die auf ihr aufbauende Terminologie in erster Linie nur einen disziplinarischen Zugriff, der im Prinzip jegliche Imagination dem körperlich kontaminierten Jenseits des wünschenswerten reinen Denkens zuordnet und somit letztlich eine nur theoretische Versöhnbarkeit von Erkenntnis und Imagination unterstellt.

Ich hatte schon darauf hingewiesen, daß man gleichwohl dem malebranchistischen Ansatz zur Imaginationstheorie nicht gerecht wird, wenn man ihn immer wieder als eine verengte, repressiv ausgerichtete Theorie schilt, aus der sich die Aufklärung erst habe emanzipieren müssen. Tatsächlich scheint mir unser Beispiel zu belegen, daß zumindest die Romanliteratur der frühen Aufklärung sich an diesem Dispositiv abgearbeitet hat und gerade dadurch die unermeßliche Vielgestaltigkeit imaginativer Prozesse hat vermessen können. Diese Literatur schließt bekanntlich ganz grundsätzlich an moralistische Grundfragen an, die sie experimental ausfaltet. Aber ein Kernpunkt berührt dabei eben die Frage, wie das Imaginäre in die Praxis des Lebensvollzugs hineingewirkt ist, wie es jeden Versuch der Selbststeuerung des Subjekts gefährdet und damit wohl einen Raum eröffnet, den man Erfahrung, zumindest fiktional modellierte Erfahrung eines subjektiven Innenraums nennen kann.

V.

So fruchtbar die eben erörterte Konstellation zwischen Theoriewissen und literarischer Fallmodellierung für einen deregulierten, man könnte auch sagen: freibeuterischen Wissenstransfer zwischen dem cartesisch-malebranchistischen Dispositiv und dem romanesken Ausschreiten des Imaginären in der frühen Aufklärung auch sein mag – die sie begründende Ambivalenz der Imagination zwischen den Polen lebensweltlicher Faszination und theoriegeleiteter Stigmatisierung verlangt auf Dauer nach Auflösungen. Zwei Wege, die diese Ambivalenz zumindest mildern, haben sich alternativ in den späteren 40er Jahren angeboten. Der eine Weg wird 1745 durch Condillacs *Essai sur l'origine des connoissances humaines* beschritten, der andere 1747 durch La Mettries *L'Homme machine*. Beide Antworten auf die instabile Lage in der frühen Aufklärung seien hier zum Schluß wenigstens noch angedeutet.

Condillac entfaltet im *Essai* eine Systematik der menschlichen Erkenntnisoperationen, die er – Locke zuspitzend – in genealogischer Perspektive konsekutiv aus der reinen »sensation« ableitet. In dieser aufeinander aufbauenden Kette von Operationen und Erkenntnishaltungen der Seele – Sinneswahrnehmung, Bewußtsein, Reminiszenz, Aufmerksamkeit, Erinnerung, Kontemplation und Reflexion – nimmt die Imagination je nach Grad ihres Geleitetseins durchaus verschieden zu bewertende, im wesentlichen aber zwei Funktionen wahr. Als ungeregelte und unwillkürliche Imagination lenkt sie die Aufmerksamkeit der Seele als eine Art Instinkt auf unmittelbar zu befriedigende Bedürfnisse. Als regulierte dagegen nimmt sie in den höheren Erkenntnisvermögen insofern einen Königsplatz ein, als sie die Beherrschung *der* und das freie Spiel *mit den* wachzurufenden Sinnesempfindungen ermöglicht. Interessanterweise löst Condillac die Imagination dazu aus der alten, physiologisch prekären Nachbarschaft des rein mechanischen Gedächtnisses heraus und weist ihr die übergeordnete Fähigkeit zu, im Gedächtnis gespeicherte Sinneseindrücke über die Zuordnung von Zeichen beliebig systematisieren und kombinieren zu können. Die Sinneseindrücke erhalten mit der Zuordnung von sprachlichen Zeichen gleichsam Signaturen, über welche die Imagination einen situationsunabhängigen Zugriff auf die gespeicherten Bilder erhält und dabei – auf dem Wege der gelenkten Aufmerksamkeit – auch in der Kombinationsmöglichkeit von Bildformen und Bezeichnungen nicht eingeschränkt wird.[35] Daran wird deutlich, daß Condillac die Imagination nicht primär als eine störende, sinnlich verführende und unterhalb des Bewußtseins von der wahren Erkenntnis wegführende Kraft ausleuchtet, wie es der cartesianischen Tradition und darin besonders dem Ansatz Malebranches entspricht. Seine

[35] Vgl. dazu die Ausführungen in den Kapiteln I. II. III: (»Comment la liaison des idées, formées par l'attention, engendre l'imagination, la contemplation et la mémoire«) und I. II. IV. (»Que l'usage des signes est la vraie cause des progrès de l'imagination, de la contemplation et de la mémoire«) aus Étienne Bonnot, Abbé de Condillac: *Essai sur l'origine des connoissances humaines*, in: *Œuvres philosophiques*, Bd. 1, publ. par Georges Le Roy, Paris 1947 (Corpus général des philosophes français, Auteurs modernes XXXIII), 1–118, hier 17–21.

Erkenntnislehre kennt schon von den sensualistischen Grundannahmen her keinen Punkt, an dem eine augustinisch gedachte *concupiscientia* den Verlauf eines Erkenntnisprozesses unterminieren könnte. Statt dessen erscheint die Imagination tendenziell gebändigt, indem sie ihren Hauptplatz an der Schnittstelle zwischen dem jedem Menschen eigenen Archiv der Sinneseindrücke und dem kulturellen, sprachlichen Ordnungssystem einnimmt.[36] Mit anderen Worten und überspitzt formuliert: Sie verläßt den heiklen und unberechenbaren Ort im individuellen menschlichen Körper und läßt sich auf der Seite des gesellschaftlichen Wissenszuwachses in die Pflicht zur kollektiven Vermehrung des Wissens nehmen. Das heißt auch: Condillac entschärft die Imagination in ihrer körperbedingten Kontingenz und lenkt den Blick prospektiv darauf, daß ihre höhere Leistung darin besteht, das anwachsende Weltwissen verwalten zu können. Aufklärung als Prozeß rational geleiteter Wissensperfektibilisierung kann daran programmatisch anknüpfen, verliert aber dabei – und das ist die Kehrseite dieser semiotischen Disziplinierung der Imagination – das empirische menschliche Subjekt selber aus dem Blick.

Eine konträre Richtung in der Neubewertung der Imagination schlägt dagegen La Mettrie ein. In seinem Traktat *L'homme machine* stellt er nicht, wie Condillac, der dualistisch-rationalistischen Erkenntnislehre eine sensualistische entgegen. Gegen den cartesischen Dualismus, aber auch gegen die sensualistisch hergeleitete Systematik von Denkoperationen, entwickelt er einen Begriff von lebendiger, sensitiver Materie, aus der sich alle vermeintlichen Denkoperationen evolutionär ergeben haben.[37] La Mettries Maschinenbegriff ist daher völlig anders geartet als der mechanistische Descartes'. Die der ›machine‹ zugrundeliegende Materie ist eben nicht auf reine Ausgedehntheit reduziert und braucht auch nicht durch animalistische oder okkasionalistische *Be*lebungen seitens einer Nicht-Materie in Bewegung gesetzt

[36] An Forschungen, die sich dem Zusammenhang von Sprach- und Erkenntnistheorie sowie Wissensformationen in bezug auf die hier interessierende Imaginationstheorie bei Condillac widmen, seien vor allem folgende hervorgehoben: Isabel F. Knight: *The Geometric Spirit. The Abbé de Condillac and the French Enlightenment*, New Haven / London 1968; Herman Parret: *Idéologie et sémiologie chez Locke et Condillac – La question de l'autonomie du langage devant la pensée*, in: *Contributions to an Understanding of Linguistics. For Pieter Verburg on the Occasion of his 70th Birthday*, ed. by Werner Abraham, Lisse (NL) 1975, 225–248; Ellen McNiven Hine: *Condillac and the Problem of Language*, in: *Studies on Voltaire and the Eighteenth Century* 106 (1973), 21–62; *Condillac et les problèmes du langage*, publ. par Jean Sgard, Genève / Paris 1982; Gianni Paganini: *Signes, imagination et mémoire de la psychologie de Wolff à l'Essai de Condillac*, in: *Revue des sciences philosophiques et théologiques* 72 (1988), 287–300; Gianni Paganini: *Psychologie et physiologie de l'entendement chez Condillac*, in: *Dix-huitième Siècle* 24 (1992), 165–178; François Duchesneau: *Condillac et le principe de liaison des idées* in: *Revue de Métaphysique et de Morale*, Janvier/Mars 1999, 53–79.

[37] Zu diesem Zusammenhang, der hier in ungebührlicher Vereinfachung nur angerissen wird, sei einführend auf folgende neuere monographische Forschungen verwiesen: Kathleen Wellmann: *La Mettrie – Medecine, Philosophy, and Enlightenment*, Durhem / London 1992; Birgit Christensen: *Ironie und Skepsis. Das offene Wissenschafts- und Weltverständnis bei Julien Offray de La Mettrie*, Würzburg 1996; Ursula Pia Jauch: *Jenseits der Maschine. Philosophie, Ironie und Ästhetik bei Julien Offray de La Mettrie (1709–1751)*, München 1998.

zu werden. Skeptisch gegenüber allen terminologischen Systematiken, die das Leben in den Griff bekommen wollen, bringt der Arzt La Mettrie dagegen die pure Beobachtung der Komplexität aller ihm zugänglichen Lebensäußerungen in Anschlag und plädiert für die Annahme einer theoretisch nicht abgesicherten, sich selbst bewegenden Materie.[38] Das Prinzip, das diese Materie beim Menschen in Bewegung hält und alle Bewegungsabläufe bis hin zu den Denkoperationen koordiniert, kann nun keine Seele mehr sein, schon weil diese nicht der sinnlichen Wahrnehmbarkeit zugänglich ist. An ihre Stelle setzt La Mettrie – und dies ist angesichts der terminologischen Tradition ein Paukenschlag – die Imagination ein.[39] Sie, die in den meta-

[38] Die Interpretation von *L'homme machine*, dem bekanntesten der Werke La Mettries, und seine Bewertung im Kontext der Herausbildung einer in sich konsistenten materialistischen Philosophie des 18. Jahrhunderts sind bekanntermaßen problematische Unterfangen. Zum einen stoßen sich diese Bemühungen immer wieder an der terminologischen Inkonsequenz sowie an der Verschleifung inkompatibler Theoreme (so vor allem aus der cartesianischen Physiologie und der aristotelisch-scholastischen Erkenntnislehre, die dem Empirischen bekanntlich eine weitaus größere Bedeutung gewährt und insofern dem diffusen Empirismus La Mettries entgegenkommt). Vgl. zu dem letztgenannten Aspekt vor allem Panajotis Kondylis: *Die Aufklärung im Rahmen des neuzeitlichen Rationalismus*, Stuttgart 1981, 248–257. Zum anderen ist es nicht leicht, ironische Argumentationen, Provokationen und konstruktive terminologische Umbenennungen tradierter Begriffe zu unterscheiden und in Hinblick auf die jeweilige Argumentationsstrategie zu bewerten. Es sei deshalb hier nur angedeutet, daß La Mettrie als argumentativen Kern seines Konzepts vom ›homme machine‹ unter Rückgriff auf die physiologischen und anatomischen Arbeiten von Boerhaave und Haller auf eher diffuse Weise ein Prinzip von »organisation« der (lebendigen) Materie übernimmt, das sich auf die von den Genannten beobachteten Phänomene der Irritabilität bezieht und dabei so etwas wie ein lebensorganisierendes Prinzip unterstellt, das freilich noch nicht so klar konturiert ist, wie es dann später u.a. bei Bordeu und Diderot (im *Rêve de d'Alembert*) erscheint.

[39] Die zentrale Passage lautet: »L'Imagination, ou cette partie fantastique du cerveau, dont la nature nous est aussi inconnue, que sa manière d'agir, est-elle naturellement petite, ou foible? Elle aura à peine la force de comparer l'Analogie, ou la ressemblance de ses idées; elle ne pourra voir que ce qui sera vis-à-vis d'elle, ou ce qui l'affectera le plus vivement; et encore de quelle manière! Mais toujours est-il vrai que l'imagination seule aperçoit; que c'est elle qui se représente tous les objets, avec les mots et les figures qui les caractérisent; et qu'*ainsi c'est elle encore une fois qui est l'Ame puisqu'elle en fait tous les Rôles*. Par elle, par son pinceau flateur, le froid squélette de la Raison prend des chairs vives et vermeilles; par elle les Sciences fleurissent, les Arts s'embellissent, les Bois parlent, les Echos soupirent, les Rochers pleurent, le Marbre respire, tout prend vie parmi les corps inanimés. C'est elle encore qui ajoute à la tendresse d'un cœur amoureux, le piquant attrait de la volupté. Elle la fait germer dans le Cabinet du Philosophe, et du Pédant poudreux; elle forme enfin les Savans, comme les Orateurs et les Poëtes. Sotement décriée par les uns, vainement distinguée par les autres, qui tous l'ont mal connüe, elle ne marche pas seulement à la suite des Graces et des beux Arts, elle ne peint pas seulement la Nature, elle peut aussi la mesurer. Elle raisonne, juge, pénètre, compare, approfondit. Pourrait-elle si bien sentir les beautés des tableaux qui lui sont tracés, sans en découvrir les rapports? Non; comme elle ne peut se replier sur les plaisirs des sens, sans en goûter toute la perfection, ou la volupté, elle ne peut réfléchir sur ce qu'elle a mécaniquement conçû, sans être alors le jugement même. Plus on exerce l'imagination, ou le plus maigre Génie, plus il prend, pour ainsi dire, d'embonpoint; plus il s'agrandit, devient nerveux, robuste, vaste et capable de penser. La meilleure Organisation a besoin de cet exercice.« (Julien Offray de La

physisch fundierten Erkenntnistheorien immer ein unteres oder gar dem mechanischen Körper geschuldetes Vermögen war, rückt nun in die vakante Position ihrer ehemaligen Antagonistin ein. Diese Konstruktion hat zweifellos polemische Implikationen und muß mit dem Umstand verrechnet werden, daß La Mettrie in seine eigene, schwankende Terminologie Ironien und terminologisch z.T. grob wirkende Provokationen einwebt.[40] Abgesehen davon hat diese neuerworbene Zentralstellung der Imagination allerdings überraschende und – wenn ich richtig sehe – historisch weit nach vorne reichende Implikationen. Denn sie rückt in den Blick, daß möglicherweise alle Denkoperationen Verfahren der Ein- und Umbildung sind, Verfahren also, die auf der Transformation gestalthafter Informationen aufruhen und insofern nie aus der körperlichen Dimension, die sie umfaßt, entlassen sind.[41] Im Vergleich zu Condillacs Verortung der Imagination an der Grenze zu den symbolischen Ordnungsgefügen der Gesellschaft ist diese tentative und geradezu hemdsärmelige Restituierung im menschlichen Körper sicher mit vielen theoriebezogenen Fragezeichen versehen. Aber sie eröffnet dafür der späteren Aufklärung, vor

Mettrie: *L'homme machine. Die Maschine Mensch*, übers. und hg. von Claudia Becker, Hamburg 1990 [Philosophische Bibliothek 407], 60f., Hervorh. v. m., R. B.

[40] Die Argumentation in dem vorausgegangenen Zitat (Anm. 39) ist offensichtlich wenig präzise. Manche Passagen lesen sich gar wie kopierte topische Elogen der Imagination, so wie man sie in Rhetoriken, aber auch in Poetiken und ästhetischen Diskursen findet. Jenseits dieses beschworenen ubiquitären Status der Imagination ist freilich ohne Einschränkung auch gesagt, daß sie letztendlich die Seele ›ist‹, und zwar, weil sie deren ›Rollen‹ – d.h. die Funktionen, die man in metaphysisch gestützten Erkenntnistheorien der Seele zuschreibt, um sie zu charakterisieren – übernimmt. Mit dieser eigentümlichen Argumentation wird auch deutlich, daß La Mettrie die geläufige Terminologie zur Strukturierung des Wahrnehmungsapparates als der provisorischen Verständigung dienende Worthülsen übernimmt, um dann die heiklen und die Theorie als Ideologie mittragenden Schlüsselbegriffe, die ja auf je spezifischen wissenschaftlichen Konzepten fußen (wie hier das Konzept ›Seele‹) zu unterminieren und provokativ gegen ihm adäquater scheinende Begriffe (und Konzepte) auszutauschen.

[41] Vgl. dazu auch folgende Passage: »Voiez cet Oiseau sur la branche, il semble toujours prêt à s'envoler; l'imagination est de même. Toujours emportée par le tourbillon du sang et des Esprits; une onde fait une trace, effacée par celle qui suit; l'Ame court après, souvent en vain: Il faut qu'elle s'attende à regretter ce qu'elle n'a pas assez vîte saisi et fixé: et c'est ainsi que l'imagination, véritable Image du tems, se détruit et se renouvelle sans cesse. Tel est le cahos et la succession continuelle et rapide de nos idées; elles se chassent, comme un flot pousse l'autre; de sorte que si l'imagination n'emploie, pour ainsi dire, une partie de ses muscles, pour être comme en équilibre sur les cordes du cerveau, pour se soutenir quelques tems sur un objet qui va fuir, et s'empêcher de tomber sur un autre, qu'il n'est pas encore tems de contempler; jamais elle ne sera digne du beau nom de jugement.« (La Mettrie, *L'homme machine* [Anm. 39], 68). Auch wenn es sich hier um eine letztlich poetische Beschreibung und eben nicht um eine wissenschaftlich verortbare Definition der Imagination handelt (eine solche wird man allerdings im Traktat auch nicht finden), so wird doch eines deutlich: Die Imagination (alias: die Seele) ist dasjenige Prinzip, das Wahrnehmung und Urteil als konsekutive und sich dennoch überlappen könnende Operationen der Sinne (und aller sensitiven Quellen) steuert mit der Funktion, aus dem schier unbegrenzten Datenfluß von Sensationen vielfältigste Konfigurationen zu erstellen, durch die sich menschliches Leben als letztlich ausschließlich körperliches Geschehen erst vollziehen kann.

allem dann bei Diderot, den nicht weniger folgenreichen Weg, die Empirie der menschlichen Imaginationstätigkeit in der Form einer erfahrungs- und phänomenorientierten Anthropologie zu erkunden.

Der Text der Imagination

Modelle des Traums in der Literatur um 1800

Von Peter-André Alt

Für Harro Müller-Michaels

I. Klassische Traumbilder im Zeichen der Disziplinierung

»Erst senkt sein Haupt aufs kühle Polster nieder, / Dann badet ihn im Tau aus Lethes Flut!« So lautet die Anweisung des Luftgeists Ariel in der Exposition von Goethes zweitem *Faust* (v. 4629 f.). Der Schlaf ist ein Fluß des Vergessens, in dessen Strömen das Tagesbewußtsein ausgelöscht wird. Lethe entfaltet ihre eigene kontemplative Wirkung auf die Geängstigten und Beladenen. Gegen die Last des ständigen Erinnerungszwangs tritt der Zauber einer vorübergehenden Gedächtnis- und Bewußtseinstilgung. Vom Traum ist, bezeichnend genug, in Ariels Aufforderung nicht die Rede. Shakespeares *The Tempest* (1611) zeigte den Luftgeist noch als Hexer, der den Menschen mit dem Schlaf auch verwirrende Träume bringt. Goethes Faust aber soll traumlos in den Strom des Vergessens eintreten. Wo die Gedächtnislandschaft von Lethes Tau überzogen werden muß, droht die geheimnisvolle Sprache der Träume und mit ihr die irrisierende Macht der Einbildungskraft nur störend zu wirken.[1]

Goethes klassisches Œuvre bietet kaum größere Traumsequenzen. Schon das vor dem Aufbruch nach Weimar, während der ersten Schweizreise im Frühsommer 1775, entstandene Gedicht *Auf dem See* setzte gegen die »Goldne(n) Träume« das, was allein das Auge erfassen kann[2]: »Hier auch Lieb und Leben ist.« Wilhelm Meister wird später, dieser Akzentuierung gemäß, nahezu traumlos durch seine Bildungsgeschichte gehen: damit es seine soziale Disziplinierung nicht verschläft, muß das zu erziehende Subjekt wach bleiben.[3] Daß Werther das Leben als Traum er-

1 Das anregende Buch von Harald Weinrich (*Lethe – Kunst und Kritik des Vergessens*, München 1997) widmet dem Komplex des Traums leider kaum Aufmerksamkeit, obgleich er als Scharnier zwischen Tagbewußtsein und Vergessen eine ganz eigene anthropologische Dimension besitzt.

2 Johann Wolfgang Goethe: *Sämtliche Werke* I, Artemis-Ausgabe, Zürich 1977 (zuerst 1948–54), 56.

3 Eine Ausnahme bilden Wilhelms Träume von Mariane; vgl. Goethe: *Wilhelm Meisters Lehrjahre*, in: *Sämtliche Werke* [Anm. 2], VII, S. 47, 459 (Buch I,12; Buch VII,2). Dazu auch das Standardwerk von Albert Béguin: *Traumwelt und Romantik – Versuch über die romantische Seele in Deutschland und in der Dichtung Frankreichs*. Aus dem Französischen übertragen von Jürg Peter Walser, Bern 1972 (zuerst 1937), 196 f.

scheint, wie er im Brief vom 22. Mai 1771 erklärt, darf daher den Zweifel an seiner Fähigkeit zur aktiven Auseinandersetzung mit der bestehenden Wirklichkeit nähren, den der weitere Romanverlauf bestätigt.[4] Die Helden der klassischen Dramen wandern nahezu ohne Träume durch die ihnen zugeordnete Erfahrungslandschaft. Iphigenie sucht zwar das Land der Griechen mit der Seele, büßt jedoch niemals ihr taghelles Bewußtsein ein, das es ihr erlaubt, die Technik der instrumentellen Vernunft durch die vermeintlich herrschaftsfreie Praxis der offenen Kommunikation zu verdrängen. Während Euripides seine Heldin am Beginn der Tragödie von Orests Tod träumen läßt und auf diese Weise mit dem Schatten des über den Atriden liegenden Fluchs konfrontiert, verzichtet Goethe auf eine solche Exposition, weil sie sein heller getöntes Psychogramm Iphigenies um deutliche Grade verdunkelt hätte.[5] Tasso wiederum ist, wie die Prinzessin erklärt, als Künstler »in den Reichen süßer Träume« (v. 174) zu Hause, soll aber den Weg durch die Desillusionierung gehen, der ihn zum schmerzlichen Zusammenstoß mit den Vertretern des Realiätsprinzips führen wird. Der kurze Moment, da ihn der Herzog aus seiner Gunst verstößt, erscheint ihm wie das Erwachen aus einem Traum – so der Monolog zu Beginn des vierten Aufzugs (v. 2189). Das Leben hingegen ist kein Traum, auch nicht für den Künstler, der sich ihm aussetzen muß, um zu erkennen, daß selbst eine kultivierte höfische Gesellschaft seiner Arbeit im Ensemble sozialer Regelungskonzepte (»Erlaubt ist, was sich ziemt«, v. 1006) stets nur nachgeordnete Bedeutung zuweist. Goethes klassische Anthropologie verlangt die Konzentration auf den Moment. Sie sucht das Individuum auf die erfahrbare Gegenwart zu verpflichten, hinter der die Schemen seiner unbewußten Wünsche und Hoffnungen verblassen.

Von einer ganz anderen Position zeigt Hölderlins Elegie *Brod und Wein* (1800), daß die Traumarbeit des Menschen der Erfahrung des erfüllten Augenblicks abträglich zu sein droht. Die geschichtsphilosophische Utopie, die mit dem Bild des ›kommenden Gottes‹ verknüpft ist, schließt für Hölderlin den Zustand der unbedingten Präsenz ein, wie ihn auch Goethes Iphigenie anstrebt. »Schlummerlos« und »wachend zu bleiben bei Nacht« sei das Ziel desjenigen, der die Hoffnung auf eine Versöhnung der in Geschichte und Gesellschaft hervortretenden Antagonismen hegt.[6] Die »junonische Nüchternheit«, die Hölderlins chiliastische Geschichtstheologie der Epiphanie in dunkler Zeit als signifikant abendländische Denkhaltung begleitet, fordert bewußte Gegenwart, nicht Schlaf.[7] Der Traum aber bleibt den Göt-

[4] Ebd., IV, 274.

[5] Euripides: *Iphigenie auf Tauris*, v. 42–60. Vgl. dazu Georges Devereux: *Träume in der griechischen Tragödie – Eine ethnopsychoanalytische Untersuchung*, übers. von Klaus Staudt, Frankfurt/M. 1985 (zuerst 1976), 409 f.

[6] Friedrich Hölderlin: *Sämtliche Werke* II/1. Große Stuttgarter Ausgabe, hg. von Friedrich Beißner, Stuttgart 1943 ff., 91 (v. 35 ff.).

[7] Vgl. dazu den Brief an Casimir Ulrich Böhlendorff vom 4. Dezember 1801; ebd., VI/1, 426. Zum systematischen Kontext des Verhältnisses von Eigenem und Fremden, wie es Hölderlin hier exponiert, immer noch verbindlich: Peter Szondi: *Hölderlin-Studien*, Frankfurt/M. 1967, 85 ff.

tern vorbehalten, die wie Titan »in den Armen der Erde« ruhen dürfen.[8] Das *Eleusis*-Gedicht, das Hegel im August 1796 mit einer persönlichen Widmung aus Bern an Hölderlin sendet, skizziert ein vergleichbares Bild. Die eucharistische Vision, die in den Abendmahlszeichen Brot und Wein den Vorschein der geschichtlichen Vereinigung mit Christus erblickt, ist nur im metaphorischen Sinn »der süßen Phantasien Traum«[9]. Die Versöhnung des Widerstreitenden, die in der dionysischen Erfahrung des christlichen Opfers geschieht, vollzieht sich gemäß der Botschaft des Gedichts allein dort, wo der Mensch wach bleibt und die heilige Wahrheit der Nacht bewußt erfährt.[10]

In der Serie der klassischen Dramen Goethes besitzt die Schlußszene des *Egmont* (1788) einen Sonderstatus, weil sie sich außerhalb der Zone der Bewußtseinspräsenz abspielt. Sie zeigt, gestützt auf die Technik der Allegorie, den im Gefängnis schlafenden Helden, dem im Traum die Personifikation der Freiheit in Gestalt seiner Geliebten begegnet. Der bildmächtige Schluß des Trauerspiels inszeniert hier das Bekenntnis zum Leben und liefert eine wirkungsvolle Illustration der spinozistischen Lehre des *memento vivere*, wie sie zumal die *Lehrjahre* souverän entfalten. Schillers Rezension von 1788 nennt dieses Finale abschätzig einen »Salto mortale in eine Opernwelt«[11]; seine Weimarer Bühnenfassung des Jahres 1796, die aus Anlaß eines Iffland-Gastspiels erarbeitet wurde, verzichtet folgerichtig auf die Traum-Sequenz. Schillers Einwand galt zumal der kathartischen Wirkung, die von der gesamten Szene ausging. Nach seiner Tragödienauffassung, wie er sie zu Beginn der 90er Jahre in den *Thalia*-Abhandlungen fixierte, sollte die Bereinigung der vom tragischen Geschehen aufgewühlten Affekte allein über die Freiheit der ästhetischen Erfahrung, im Kopf des Zuschauers erfolgen.[12] Der allegorische Traum trägt jedoch die Vision der Versöhnung von Individuum und Geschichte unmittelbar auf die Bühne. Weil Goethe, wie er noch im Alter gestehen wird, der Tragödie keine formale Lösungskompetenz zutraut, verlegt er die kathartische Dimension auf eine gleichsam materielle Ebene jenseits wirkungsökonomischer Strategien.[13] Die Imagination des allegorischen Traumbildes soll dem Zuschauer eine Harmonisierung von privater und

[8] Hölderlin: *Sämtliche Werke* [Anm. 6], II/1, 95 (v. 159).

[9] Georg Wilhelm Friedrich Hegel: *Werke* I, hg. von Eva Moldenhauer / Karl Markus Michel, Frankfurt/M. 1986, 230.

[10] Vgl. Manfred Frank: *Der kommende Gott – Vorlesungen über die Neue Mythologie*, Frankfurt/M. 1982, 245 ff.; Jochen Hörisch: *Brot und Wein – Die Poesie des Abendmahls*, Frankfurt/M. 1992, 198 ff.

[11] Schiller-Texte werden zitiert nach: *Schillers Werke*. Nationalausgabe, begr. von Julius Petersen, fortgeführt von Lieselotte Blumenthal und Benno von Wiese, hg. im Auftrag der Stiftung Weimarer Klassik und des Schiller-Nationalmuseums Marbach von Norbert Oellers, Weimar 1943 ff. (= NA); hier: NA XXII, 208. Im Fall der klassischen Dramen erfolgen Belege innerhalb des fortlaufenden Textes mit der jeweiligen Verszahl nach dieser Ausgabe.

[12] Exemplarisch hier *Ueber das Pathetische* (1793), ebd., NA XX, bes. 210 ff.; vgl. auch *Vom Erhabenen* (1793), ebd., NA XX, bes. 186 ff.

[13] Goethe: *Nachlese zu Aristoteles' Poetik* (1827), in: *Sämtliche Werke* [Anm. 2], XIV, 709 ff.

öffentlicher Sphäre vor Augen führen, die das Drama der Politik selbst nicht zeigen kann.[14] Für den Kritiker Schiller aber droht gerade dieser Vorgang die eigentliche Leistung der Tragödie zu unterdrücken. Die szenische Vergegenwärtigung des Traums verhindert, daß der Zuschauer ihn auf der Grundlage einer »selbstveranlaßten Wahrnehmungssimulation« (Luhmann)[15] im eigenen Kopf imaginär sich vorstellt und dadurch eine individuelle Form der ästhetischen Erfahrung – als Vorstufe seiner sozialen Emanzipation – entfaltet.[16] Bevorzugt Goethe im *Egmont* das Imaginäre als Produkt szenischer Präsentation, so verleiht ihm Schiller einen außertheatralischen Status, indem er es zum Element der tragischen Wirkung macht, die idealiter den je aktuellen Bühnenmoment überschreitet.

Träume werden daher in Schillers Dramen nicht durch eine allegorische Aktion, sondern im Medium des Berichts vergegenwärtigt. Die Aufgabe solcher Traumerzählungen liegt darin, daß sie die Antizipation des künftigen Geschehens mit der Illustration psychischer Zustände verbinden. Vom Orakel der attischen Tragödie erben sie ihren zweideutigen Zeichencharakter, der sie in die Zone der Ambivalenz rückt. Schon Lessing betonte in seiner *Seneca*-Studie, die 1755 im zweiten Stück der *Theatralischen Bibliothek* erschien, daß man die mythologischen Figuren des antiken Dramas, die die neuere Bühne nicht mehr »leiden« könne, durch die Darstellung von Träumen, in denen »etwas orakelmäßiges« mitschwingt, ersetzen müsse.[17] Schiller hat sich an dieses Programm, das Lessing in der *Miss Sara Sampson* mustergültig anwendet[18], konsequent gehalten. So erzählt die Gräfin Terzky im Schlußteil der *Wallenstein*-Trilogie von einem Angsttraum, der als objektives Warnungszeichen und subjektiver Ausdruck einer innerseelischen Disposition gleichermaßen erscheinen kann. Sie sei, so berichtet sie dem Herzog, im Traum durch »einen langen Gang« gelaufen, »durch weite Säle, / Es wollte gar nicht enden – Türen schlugen / Zusammen, krachend – keuchend folgt ich, konnte / Dich nicht erreichen – plötzlich fühlt ich mich / Von hinten angefaßt mit kalter Hand, / Du warsts, und küßtest

[14] Der Traum Egmonts zeigt nicht zuletzt, daß Goethe Freiheit nur in Übereinstimmung mit persönlicher Erfüllung, nicht aber als Abstraktion vom Realwert der menschlichen Empfindungen betrachten kann.

[15] Niklas Luhmann: *Die Kunst der Gesellschaft*, Frankfurt/M. 1995, 16.

[16] Wolfgang Iser hat Traum und Halluzination – durchaus im Sinne dieses historischen Wirkungskonzepts – als Formen der ›Evidenzerfahrung‹ des Imaginären bezeichnet (Wolfgang Iser: *Das Fiktive und das Imaginäre – Perspektiven literarischer Anthropologie*, Frankfurt/M. 1991, 311). Der von Iser praktizierte Ansatz einer phänomenologischen und theoriegeschichtlichen Analyse des Fiktiven und Imaginären leidet jedoch darunter, daß er die literarischen Muster der Repräsentation dieser Kategorien nur unzureichend aufhellt.

[17] Gotthold Ephraim Lessing: *Werke* IV, hg. von Herbert G. Göpfert u.a., München 1970 ff., 88.

[18] Zu denken ist an Saras Traumerzählung in Szene I,7, die eine Topographie der Angst ausleuchtet, von deren psychischer Ordnung das Trauerspiel seinen eigentlichen Ausgang nimmt (ebd., II, 18 f.). Vgl. dazu Gisbert Ter-Nedden: *Lessings Trauerspiele. Der Ursprung der modernen Dramatik aus dem Geist der Kritik*, Stuttgart 1986, 48 f., Peter-André Alt: *Tragödie der Aufklärung – Eine Einführung*, Tübingen / Basel 1994, 205 f.

mich, und über uns / Schien eine rote Decke sich zu legen –« (v. 3503 ff.) Die krachenden Türen und das Bild der roten Decke verweisen auf den Mordanschlag, dem der Held wenig später zum Opfer fallen wird. »Glaubst du nicht«, so fragt die besorgte Gräfin den Herzog beschwörend, »daß eine Warnungsstimme / In Träumen vorbedeutend zu uns spricht?« (v. 3481) Neben diese Orakelfunktion, die Wallenstein absichtsvoll ignoriert, tritt das Drama des Unbewußten. Die sexuelle Komponente, die der Traum der Terzky im Motiv des Kusses unter der roten Decke berührt, verknüpft sich mit der Dimension der Angst, die er modellhaft veranschaulicht. Furcht und Begehren bilden die Grundantriebe der Gräfin, deren Interesse an der Erotik der Macht sie zu einer Wahlverwandten der Lady Macbeth werden läßt (»Frau Machiavelli« hat man sie zutreffend genannt[19]). Der Traum bleibt einer doppelten Zeichenordnung verbunden: seine objektive (wenngleich ambivalente) Rolle versieht er dort, wo er der Ökonomie der Tragödie dient und die Funktion des Orakels übernimmt; als Medium psychischer Dispositionen offenbart er zugleich die begrifflich kaum erfaßbaren Affekte des Menschen, die sich als entscheidende Triebkräfte auf dem Spielfeld des Machtdiskurses erweisen, wie ihn Schillers Trilogie in Szene setzt.

Verschattet scheint diese psychische Dimension des Traums dagegen in der *Jungfrau von Orleans* (1801) und der *Braut von Messina* (1803). Beide Dramen zeigen Träume als Zeichenspuren einer metaphysischen Ordnung, die für den Menschen letzthin undurchsichtig bleiben. Johanna erfährt ihren patriotischen Auftrag, der sie an die Spitze des französischen Befreiungsheeres führen wird, nach eigener Überzeugung in der Form eines zweifachen Traums. Während sie unter einer als ›Druidenbaum‹ geltenden Eiche schläft, vernimmt sie die Stimme des heiligen Geistes und der Jungfrau Maria, die sie auf ihre militärische Mission vorbereiten (v. 405 ff., 1070 ff.). Schillers Drama läßt offen, ob diese Träume authentische Zeugnisse göttlicher Offenbarung oder Produkte der Autosuggestion darstellen sollen (beide Erklärungsmuster wären mit dem Typus der *romantischen Tragödie* vereinbar, den die *Jungfrau von Orleans* nach dem Willen des Autors repräsentiert). Anders als ihre somnambulen Schwestern, die Heldinnen Kleists, gerät Schillers Johanna freilich nie in jene Trancezustände, die ein verfeinertes Sensorium für unbewußte Kräfte verraten. Ihre Traumberichte bekunden einen religiösen Enthusiasmus, hinter dem wiederum die patriotische Gesinnung zum Vorschein kommt, welche die mächtige Triebfeder ihres militärischen Handelns darstellt. In Johannas Träumen von der vaterländischen Sendung verdeckt die Politik letzthin das subjektive Moment. Ihre Zeichen stammen zwar aus dem Requisitenarsenal der religiösen Semantik, lassen sich aber auf die moralisch sanktionierte Mission der Patriotin unmittelbar abbilden. Zwischen der Ordnung des Traums und jener der Politik besteht nur eine graduelle, keine qualitative Differenz.

[19] Dieter Borchmeyer: *Macht und Melancholie – Schillers »Wallenstein«*, Frankfurt/M. 1988, 120.

Nach dem Vorbild von Sophokles' *Trachinierinnen* und *Philoktet* gewinnen die Träume in der *Braut von Messina* eine Ambivalenz, die sich freilich vor der Instanz der Vernunft auflöst. Die um Rat gebetenen Ausleger versagen angesichts der Widersprüchlichkeit der offenkundig divergierenden Berichte. Der von der Fürstin bemühte christliche Mönch entnimmt ihrem Traum vom Lamm, das Löwe und Adler versöhnt, die Botschaft, eine Tochter werde dereinst »der Söhne streitende Gemüther / In heißer Liebesglut vereinen« (v. 1350 f.). Daß diese Prognose nur scheinbar in Gegensatz zu den Warnungen des arabischen Orakeldeuters steht, der dem Fürsten nach seinem Traum von einer Feuer entfachenden Lilie prophezeite, die Tochter werde die Söhne »tödten« (v. 1318 ff.), entgeht den Figuren des Dramas, weil sie allein auf den Wortlaut, nicht aber auf den tieferen Sinn der zweideutigen Bildsprache achten. Der Verlauf der Tragödie bekräftigt die dialektische Einheit beider Interpretationen, wenn die mit Hilfe der Mutter nach der Beerdigung des Fürsten herbeigeführte Versöhnung im Moment plötzlich aufflackernder Eifersucht in einen gewalttätigen Affekt umschlägt und die ›heiße Liebesglut‹, die die Brüder gleichermaßen mit der unerkannt gebliebenen Schwester verbindet, den rasenden Haß des Mörders Don Cesar schürt. Die traditionell anmutende Schicksalssemantik der beiden Träume verweist in ihrer Zweideutigkeit auf die Dialektik der Leidenschaften, ohne jedoch einer subtilen Psychologie des Unbewußten Raum zu geben.

Der transzendentale Bezugsrahmen des literarischen Traums ist beim klassischen Schiller die unscharf konturierte, vom Menschen punktuell beeinflußbare Vorsehung. Sein Zeichenrepertoire steht im Bann einer an der Antike ausgerichteten Tragödienökonomie, die individuelle Nuancierungen weitgehend ausschließt. Träume liefern das Material für eine Dramaturgie, die den Menschen paradoxerweise allein dort zum Subjekt machen kann, wo seine konkrete Individualität beschädigt wird: im Zustand des Leidens. Zur Psychologie des Opfers tritt bei Schiller punktuell, wie der Traum der Terzky zeigt, das Spiel der Begehrungskräfte, welche das Individuum steuern. Die Macht des Unbewußten, die Schiller als versierter Kenner der zeitgenössischen Erfahrungsseelenkunde schwerlich bestritten hätte, besitzt im Schutzraum des klassischen Dramas freilich nur höchst begrenztes Geltungsrecht. Wo der Traum in die Welt des Menschen einbricht, stört er zwar den reibungsfreien Vollzug von Ordnung, doch vermag der scharf nachdenkende Zuschauer die Widersprüche, die er aufgibt, mit den Mitteln des Verstandes zu lösen. Das Imaginäre, das sich im Modell des Traums abzeichnet, bleibt ein sekundäres Element innerhalb der klassischen Lehre von der ästhetischen Erfahrung als Vorstufe der sozialen Freiheit.

II. Traumtheorien am Ende des 18. Jahrhunderts

Mediziner und Anthropologen befassen sich seit der Mitte des 18. Jahrhunderts ausführlicher mit dem Traum. Sie vollziehen dabei maßgebliche Umwertungen der älteren, vom Rationalismus bzw. der christlichen Orthodoxie bestimmten Theorien.

René Descartes und Christian Wolff hatten noch die Auffassung vertreten, daß der Traum keiner vernünftigen Ordnung unterliege, vielmehr einer wirren, letzthin unsystematischen Dramaturgie gehorche.[20] Unumstritten galt bis zur Jahrhundertmitte die Ansicht, der Traum bilde das Erprobungsfeld jener *perceptiones obscurae*, der *dunklen* (*verworrenen*) Vorstellungsinhalte, welche die insbesondere von Alexander Gottlieb Baumgarten repräsentierte *psychologia rationalis* der Leibniz-Wolffschen Schulphilosophie nur als irregulären (also unerfreulichen) Nebenschauplatz des seelischen Geschehens betrachtete.[21] Die nach 1750 aufkommende *empirische Psychologie* bekundet dagegen ein zuvor unbekanntes Interesse an diesen dunklen Vorstellungsinhalten. Man versucht jetzt nicht mehr, sie gewaltsam dem Profil der Vernunftkräfte anzupassen, sondern sie in ihrer Phänomenologie, im Zusammenhang konkreter Erfahrungsdaten zu beschreiben. Triebbedürfnisse, Ängste, Trancezustände, Erscheinungen wie der Somnambulismus, nicht zuletzt der Komplex der psychopathologisch bedingten Versehen (seit Freud: Fehlleistungen) rücken fortan in den Mittelpunkt des Interesses. Neben die Differenzierung des analytischen Anspruchs, die sich in der empirischen Ausrichtung der aufgeklärten Traumlehre bekundet, tritt die Suspension des religiösen Erklärungsmodells. Charakteristisch ist hier der über 30 Spalten umfassende, aus dem Jahr 1745 stammende Artikel des Zedlerschen Universallexikons, der übernatürliche, durch Gott oder den Teufel eingegebene Träume von natürlichen, durch die Gedanken- oder Erfahrungswelt des Individuums gesteuerten unterscheidet. Ausdrücklich hebt er hervor, daß die göttliche Trauminspiration biblischen Zeiten vorbehalten, mithin für Fragen der modernen Psychologie bedeutungslos sei.[22] Während sich noch die Frühaufklärung am

[20] Descartes geht von einem grundlegenden Unterschied zwischen Wachzustand und Traum aus. Im Wachzustand lassen sich alle Erscheinungen exakt miteinander verbinden, während der Traum durch sprunghafte Handlungsfolgen gekennzeichnet bleibt (René Descartes: *Meditationen über die Grundlagen der Philosophie mit den sämtlichen Einwänden und Erwiderungen* VI [1641]. Zum erstenmal vollständig übersetzt und herausgegeben von Arthur Buchenau, Hamburg 1972, 44). Die Traumwelt ist aber auch klar vom Feld der Einbildungskraft geschieden. Die menschliche Imagination bleibt vom Denkvermögen gelenkt, unterliegt also letzthin einer Steuerung durch Kräfte der Vernunft, die im Traum nach Descartes nicht wirken (vgl. VI, 18). Vgl. auch Christian Wolff: *Vernünfftige Gedancken von Gott, Der Welt und der Seele des Menschen, Auch allen Dingen überhaupt* ([11]1751, zuerst 1720). *Gesammelte Werke*, hg. von J. École u.a., Hildesheim / Zürich / New York 1962, Abt.I, Bd.II, §§ 143 ff. (mit der Hypothese, der Traum widerspreche der Ordnung der Wahrheit und Vernunft). Anders als Descartes vertritt Wolff jedoch die Ansicht, der Traum werde von der Einbildungskraft gestaltet; die Imagination ist hier nicht allein dem Wachzustand zugeteilt, sondern entfaltet ihre Arbeit als produktives seelisches Vermögen auch während des Schlafs.

[21] Bei Baumgarten finden sich diese ›dunklen Empfindungen‹ ausdrücklich dem Traum zugeordnet: Alexander Gottlieb Baumgarten: *Metaphysica*, Halle [8]1779 (zuerst 1739), § 556; vgl. § 623.

[22] [Johann Heinrich Zedler:] *Grosses vollständiges Universal-Lexicon aller Wissenschaften und Künste, welche bißhero durch menschlichen Verstand und Witz erfunden und verbessert worden* [...]. 64 Bde. u. 4 Supplement-Bde., Halle / Leipzig 1732–50; 1751–54, Bd. XXXXV, Sp. 177 ff. Die Unterscheidung zwischen natürlichen und übernatürlichen Träumen findet sich auch bei Christian

Problem der religiös imprägnierten Traummetaphysik abarbeitet, scheint dieser Komplex in der Jahrhundertmitte abgeschlossen. Die aufgeklärten Seelenärzte rechnen einzig mit dem Material der individuellen Psyche jenseits divinatorischer Eingebung.

Einer der wichtigsten Pioniere auf dem Feld der empirischen Psychologie ist der Schweizer Johann George Sulzer, der im Rahmen einer »Physik der Seele«[23] die erfahrungsgestützte Beobachtung solcher Formen des (nach zeitgenössischer Terminologie) *unwillkürlichen Denkens* vorantreibt. Sulzers zunächst französisch verfaßte Abhandlungen erschienen seit Beginn der 50er Jahre in den Annalen der Berliner Akademie der Wissenschaften; 1773 versammelte der erste Band seiner *Vermischten philosophischen Schriften* die deutschen Übersetzungen. Mit leichter Hand skizziert Sulzer hier eine Theorie des Traums, die Mustercharakter auch für die spätere *Erfahrungsseelenkunde* besitzen wird. Im Traum, so Sulzer, bleibt der Psyche des Menschen das Datenmaterial, das der Wahrnehmungsapparat während des Wachzustands permanent einzuspielen pflegt, entzogen. Den leeren Schaltplatz, von dem aus der Seele die nötige Arbeit zugeteilt wird, übernimmt während der Schlafphase die Imagination. Sie liefert der Psyche Bilderfolgen, die diese in Tätigkeit setzen und ihrerseits Emotionen erzeugen. Erinnerungsvermögen und Urteilskraft bleiben während des Schlafs suspendiert, so daß auch vernunftwidrige, phantastische Geschehensabläufe von der Seele als selbstverständlich erfaßt und gleichsam unkontrolliert verarbeitet werden.[24] Sulzers knapp gehaltene Theorie erschließt recht genau den Vorgang der Traumtätigkeit, nicht jedoch das, was Freud später den »latenten Trauminhalt« nennen wird.[25] Die Einbildungskraft ist für ihn gleichsam die Hebamme, die den Menschen im Traumzustand mit Motivketten und Erzählungen versorgt, ohne daß geklärt wird, aus welchen Materialien sich diese mäeutische Kunst speist. Denselben Ansatz vertritt der Traumartikel des *Zedler*, der an der herausragenden Rolle der Imagination bei der Hervorbringung des Traums ebenso wie Wolffs *Deutsche Metaphysik* (1720) keinen Zweifel läßt. Unterschieden werden hier allein die Formen der Kausalität: Von Träumen, die ein physischer Zustand anstößt, finden sich jene mit einer rein innerseelischen Ursache abgegrenzt. In beiden Fällen operiert die Einbildungskraft als Regisseurin der eigentlichen Traumhandlung, jedoch bleibt offen, aus welchen Energiepotentialen sie ihre Tätigkeit ableitet.[26]

Wolff: *Vernünfftige Gedancken von Gott* [Anm. 20], §§ 799 ff. – Zur Traumtheorie des ausgehenden 18. Jahrhunderts vgl. den informativen Beitrag von Manfred Engel: *»Träumen und Nichtträumen zugleich« – Novalis' Theorie und Poetik des Traums zwischen Aufklärung und Hochromantik*, in: *Novalis und die Wissenschaft*, hg. von Herbert Uerlings, Tübingen 1997, 143–169, bes. 144 ff.

23 Johann George Sulzer: *Vermischte philosophische Schriften* I, Leipzig 1773, 100 u. 199.

24 Ebd., I, 221 f.

25 Sigmund Freud: *Die Traumdeutung* (1900), Frankfurt/M. 1977, 144 f.

26 [J.H. Zedler] *Universal-Lexicon* [Anm. 22], XXXXV, Sp.178 ff.; vgl. Ch. Wolff, *Vernünfftige Gedancken von Gott* [Anm. 20], §§ 799 ff.

Das leere Zentrum der Traumtheorie wird auch von späteren Autoren kaum angemessen gefüllt. Platners wegweisende (wenngleich nicht voraussetzungslose) *Anthropologie für Aerzte und Weltweise* (1772) verzichtet auf eine konsistente Darstellung des Traums. Dort wo sie über psychische Stadien jenseits des Wachzustands spricht, neigt sie zur vereinfachenden Pathologisierung; darin bekundet sich ihre Abkunft von der rationalistischen Psychologie Baumgartens. Der Traum erscheint Platner als Medium, das ein »falsches erdichtetes Bewußtseyn« vermittelt, unkontrollierte Assoziationsströme auslöst und eine »Verwirrung der Ideen« hervorbringt.[27] Das Spiel freier Gedankenverbindungen, die der Herrschaft des Verstandes entzogen bleiben, betonen ähnlich bereits die älteren Traumlehren der hallensischen Mediziner Johann August Unzer und Johann Gottlob Krüger, die sich ihrerseits auf den Animismus Georg Ernst Stahls stützen.[28]

Traum und Somnambulismus repräsentieren zentrale Themen auch für die bunt gemischten Beiträge aus Karl Philipp Moritz' *Magazin zur Erfahrungsseelenkunde* (1783–1793). Der anfängliche Mitherausgeber Karl Friedrich Pockels betont 1787 in einem Aufsatz *Ueber den Einfluß der Finsterniß in unsere Vorstellungen und Empfindungen*, daß die Einbildungskraft nachts das Zepter im Reich der Seele übernehme und den Menschen »dem Spiel seiner Phantasie« überlasse.[29] Er wiederholt diesen letzthin auf Sulzer zurückweisenden Gedanken ein Jahr später im ersten Teil seiner *Psychologischen Bemerkungen über Träume und Nachtwandler*. Der Traum, so heißt es bei Pockels, öffne die seelische Aktivität für die Impulse der Imagination und suspendiere damit jede Form einer vernünftigen bzw. moralischen Kontrolle. Hier dürfen die Leidenschaften ihr häßliches Haupt heben, weil sie keine Instrumente der Disziplinierung befürchten müssen[30]: »Mangel an alle Scham, wilde Affecten, Verachtung religiöser Gegenstände, Blasphemien, und andre abscheuliche Gedanken und Empfindungen, die uns im Wachen nicht beunruhigen, bemerken auch die vortreflichsten Menschen an sich, wenn sie träumen. Ich glaube alles rührt daher, weil die Seele vermöge der fast allein herrschenden Einbildungskraft durch die Vorstellung sinnlicher verführerischer Bilder so sehr hingerissen wird, daß sie sich die Gründe der Moralität nicht mehr deutlich vorstellen kann, wenigstens sie auf ihre Handlungen zu appliciren vergißt.« Im Feld der Traumtheorie wiederholt sich damit, kaum verdeckt, der verjährte Prozeß gegen die wild wuchernde Einbildungs-

27 Ernst Platner: *Anthropologie für Aerzte und Weltweise*. Erster Theil, Leipzig 1772. Faksimile-Neudruck, mit einem Nachwort hg. von Alexander Košenina, Hildesheim New York 1998, 56 (§ 158), 176 (§ 535), 219 (§ 636).

28 Johann August Unzer: *Gedanken vom Schlaf und den Träumen*, Halle 1746; Johann Gottlob Krüger, *Versuch einer Experimental=Seelenlehre*, Halle 1756 (bes. 180 ff.).

29 Karl Friedrich Pockels: *Ueber den Einfluß der Finsterniß in unsere Vorstellungen und Empfindungen, nebst einigen Gedanken über die Träume*, in: *Magazin zur Erfahrungsseelenkunde* 5 (1787), 2. Stück, 88–102, hier 94.

30 Karl Friedrich Pockels: *Psychologische Bemerkungen über Träume und Nachtwandler*, in: *Magazin zur Erfahrungsseelenkunde* 6 (1788), 3. Stück, 76–89, hier 85.

kraft, deren Tendenz zur moralischen Indifferenz bereits die Vertreter der älteren Aufklärungspoetik – an der Spitze Gottsched und Breitinger – betont hatten. Was die Imagination produziert, während der Mensch träumt, bleibt der Richtinstanz der Ratio entzogen. Der Schlaf der Vernunft, so vermutet die Traumtheorie des späten 18. Jahrhunderts, gebiert Ungeheuer.

Auch der dezidierte Kantianer Salomon Maimon hält in einem 1792 für das *Magazin* verfaßten Beitrag die Imagination für die Triebfeder, die die besonderen Assoziationsströme des Traums aktiviert. Unterschieden werden von Maimon drei Formen solcher Verknüpfungsarbeit: das Prinzip der räumlich-zeitlichen Kontiguität; das Gesetz der Ähnlichkeit; schließlich die (aus der Ordnung der Vernunft entlehnte) Kausalitätsregel, die Ursache und Wirkung bzw. Grund und Folge zum Muster der imaginativen Vernetzung erhebt. Maimon vertritt damit die Überzeugung, daß Träume – ähnlich wie für Baumgarten die *perceptiones obscurae* – kein Gegenmodell zur Welt der Ratio bilden, sondern deren Prinzipien durchaus in ihre assoziative Ökonomie übernehmen können.[31] Kontiguität, Ähnlichkeit und kausale Dependenz stellen hier die Gesetze der Traumarbeit dar, die auf verblüffende Weise jenen der vernünftigen Urteilslogik gehorchen. Schemenhaft zeichnen sich in Maimons Ansatz die Grundmuster der Freudschen Traumanalyse ab. Das Moment der Kontiguität, das die Gleichzeitigkeit bestimmter Traummotive gewährleistet, läßt sich mit der *Verdichtung* vergleichen, während die Verknüpfung von Assoziationsfolgen nach dem Prinzip der Ähnlichkeit an die *Verschiebung* erinnert.[32]

Zumindest Schiller dürften die moderneren Theorien des Traums, wie sie die Spätaufklärung entwickelte, vertraut gewesen sein. Im Psychologiekurs seines Karlsschullehrers Jacob Friedrich Abel, der zum regelmäßigen Programm des philosophischen Unterrichts gehörte, wurden Themen aus dem Umfeld der durch die Arbeiten Sulzers und Platners vorgezeichneten Aufgabenkreise behandelt. Auch Abel befaßt sich mit den *dunklen Vorstellungen* jenseits des Bewußtseins. In den für die mündlichen Prüfungen vom Dezember 1780 ausgearbeiteten *Theses philosophicae*, die das Programm des von Schiller belegten Jahreskurses widerspiegeln, berührt Abel Probleme der psychischen Aktivität im Zustand des Träumens. Ähnlich wie Sulzer betrachtet er den Traum als Produkt der Einbildungskraft, deren Wirkung jedoch von körperinternen Regungen unterstützt oder doch beeinflußt werden kann. Näher beleuchtet finden sich Typen des Trauminhalts und Formen ihrer Verknüpfung. Vorahnungen und Erinnerungen stellen Abel zufolge das zentrale Traummaterial dar. Die seelische Energie, die zur Aktivierung der Imagination führt, veranlaßt zudem eine beträchtliche Beschleunigung des Ablauftempos der Traumhandlung. Die erhöhte Assoziationsgeschwindigkeit zählt zu den entschei-

[31] Salomon Maimon: *Ueber den Traum und das Divinationsvermögen*, in: *Magazin zur Erfahrungsseelenkunde* 9 (1792), 1. Stück, 70–88, hier 76.

[32] Zur Verdichtungs- und Verschiebungsarbeit im Traum vgl. Sigmund Freud: *Die Traumdeutung* [Anm. 25], 235 ff., 255 ff.

denden Merkmalen der Traumdramaturgie, deren Gesetze Abel auf die Leistung der Einbildungskraft zurückführt; weil diese frei von Vernunftzwängen operiert, vermag sie ihre Tätigkeit konzentrierter und schneller als im Wachzustand zu verrichten.[33] Auch bei Abel bleibt freilich offen, aus welchen Quellen sich das Traummaterial speist. Eine erste Ahnung darüber, daß hier Probleme der Triebökonomie eine Rolle spielen, verrät zumindest sein Hinweis auf das Lustgefühl, das Kindheitserinnerungen im Traum freisetzen können (»sensus voluptatis ex aliquo objecto, quem pueri habebamus«[34]). Ähnlich wie die Beiträge aus Moritz' *Magazin* wagen sich Abels Thesen jedoch nicht ins ungesicherte Terrain des Unbewußten vor. Solche leeren Stellen zeigen, daß der Traum in den anthropologischen Theorien des späten 18. Jahrhunderts keine eigene Semantik besitzt. Er steht nach einem Wort Foucaults noch vor dem Feld der Bedeutungen, weil keine epistemologische Ordnung existiert, die seine Zeichensprache gliedert und seine imaginäre Struktur systematisch erschließt.[35]

Diesen Befund bekräftigt indirekt Kants *Anthropologie* (1798) mit ihrem pragmatischen Ansatz. Kants Beobachtungen zu unserem Thema fallen irritierend dürftig aus, weil sie ihm einen semantischen Code verweigern. Das Träumen lasse sich, heißt es lapidar, nicht regelhaft beschreiben, insofern es sich außerhalb der systematischen Beobachtung vollziehe. Der Schlaf bedeutet für Kant die Aufhebung der sozialen Umweltbedingungen, denen das Leben des Menschen sonst gehorcht[36]: »Wenn wir wachen, so haben wir eine gemeinschaftliche Welt; schlafen wir aber, so hat jeder seine eigene.« Hegel wird fünfunfzwanzig Jahre später in seinen (erst 1837 veröffentlichten) *Vorlesungen über die Philosophie der Geschichte* auf ganz ähnliche Weise die Isolation des Träumers beschreiben[37]: »Der Geist hat aufgehört, für sich gegen Äußerliches zu sein, und so hört überhaupt die Trennung des Äußerlichen und Einzelnen gegen seine Allgemeinheit und sein Wesen auf.« Während Hegel diesen Zustand als Eintritt des Ganzen ins Besondere, der Welt ins Individuum auffaßt, kann Kant ihn jedoch einzig für das Moment einer letzthin zufällig strukturierten Erfahrungsdimension halten. Er sieht im Träumen eine Übung der Affekte, die, ohne daß der Körper dabei angespannt wird, ihre Triebenergie entfalten können. Die »unwillkürliche Agitation der inneren Lebensorgane durch die Einbildungskraft«[38], die der Traum herbeiführe, stellt einen physiologisch motivierten Vor-

33 Jacob Friedrich Abel: *Eine Quellenedition zum Philosophieunterricht an der Stuttgarter Karlsschule (1773–1782).* Mit Einleitung, Übersetzung, Kommentar und Bibliographie hg. von Wolfgang Riedel, Würzburg 1995, 81 f.; vgl. die Übersetzung, 495 f.

34 Ebd., 83 (These XXVI).

35 Michel Foucault: *Einleitung*, in: Ludwig Binswanger: *Traum und Existenz. – Einleitung von Michel Foucault.* Übersetzung und Nachwort von Walter Seitter, Bern / Berlin 1992 (zuerst 1954), 13.

36 Immanuel Kant: *Werke* XII, hg. von Wilhelm Weischedel, Frankfurt/M. 1977, 496; vgl. 477.

37 Hegel: *Werke* [Anm. 9], XII, 176.

38 Kant: *Werke* [Anm. 36], XII, 496.

gang dar, der die Leidenschaften bewege, aber keine unmittelbaren Folgen für das Gemüt zeitige. Die einzige Wahrheit, die Kant auf dem abschüssigen Gelände der Psychologie des Unbewußten gelten lassen möchte, ist jene, die besagt, daß, wer schläft, notwendig auch träumt, selbst wenn er beim Erwachen keine Erinnerung an die imaginären Abenteuer der Nacht mehr besitzt. Wissenschaftlich beschreibbar ist dieser Umstand für Kant jedoch nicht. Der Traum bildet für die pragmatische Anthropologie einen Gegenstand, der sich einzig über Negationen, damit aber wissenschaftlich nur unzureichend erfassen läßt.

Es gehört zu den auffälligen Merkmalen der spätaufklärerischen *Erfahrungsseelenkunde*, daß sie zwar das Gesetz der Assoziation als logisches Grundmuster des Traums beschreibt, aber weder dessen Symbolik noch die besondere Anatomie seiner erzählerischen Ordnung näher beleuchtet. Der Hinweis auf die poetische Dimension des Traums, wie ihn Ludwig Heinrich Jakob in seinem *Grundriß der Erfahrungs-Seelenlehre* (1791) bietet, ist zumeist nur ein Gemeinplatz, aus dem keine methodischen Konsequenzen abgeleitet werden.[39] Als »Mutterland der Phantasie« bezeichnet Jean Paul 1795 in seinem Essay *Über die natürliche Magie der Einbildungskraft* (innerhalb der *Quintus Fixlein*-Erzählung) den Traum, ohne sich jedoch näher mit seinen erzählerischen Qualitäten zu befassen.[40] In einem kleineren Beitrag zu seiner Zeitschrift *Adrastea* hat Herder 1801 zumindest die enge Verwandtschaft von Märchen und Träumen hervorgehoben. Auf einer freilich schwankenden methodischen Grundlage sucht er zu erläutern, welche Beziehungen zwischen dem literarischen Text und den Botschaften des Schlafs bestehen. Nicht die Sprache jedoch sieht Herder als *tertium comparationis*, sondern »die magische« und »moralische Gewalt«, die Märchen und Traum verbinde.[41] Überraschend mutet hier an, mit welcher Selbstverständlichkeit der Essay der Traumerzählung eine sittliche Dimension zuweist, die ihr nach den Überzeugungen der spätaufklärerischen Erfahrungsseelenkunde gerade fehlt. Die im Traum aktivierte Einbildungskraft schließt für Herder moralische Valeurs ein, insofern sie den Menschen mit seinen eigenen Wünschen und Hoffnungen konfrontiert. An diesem Punkt setzt die Frühromantik an, wenn sie die Sprache des Traums literarisch verarbeitet und in eine neue Ordnung des Wissens einlagert, die ihr auch eine eigene Semantik verschafft.

[39] Ludwig Heinrich Jakob: *Grundriß der Erfahrungs-Seelenlehre*, Halle 1791, 291; vgl. dazu Engel: »*Träumen und Nichtträumen*« [Anm. 22], 151.

[40] Jean Paul: *Sämtliche Werke* I/4, hg. von Norbert Miller, München 1959ff., 197.

[41] Johann Gottfried Herder: *Mährchen und Romane* (1801). *Adrastea* 2 (Drittes Stück), in: *Sämmtliche Werke* XXIII, hg. von Bernhard Suphan, Berlin 1877ff., 273–298, hier 289.

III. Novalis' Traumpoetik als Muster frühromantischer Erzählökonomie

Im Notizenkonvolut des *Allgemeinen Brouillon* hat Novalis Ende Dezember 1798 auf den engen Zusammenhang von Traum und Literatur hingewiesen[42]: »Der Traum ist oft bedeutend und prophétisch, weil er eine Naturseelenentwicklung ist – und also auf Associationsordnung beruht – Er ist, wie die Poësie bedeutend – aber auch darum unregelmäßig bedeutend – durchaus frey.« Das gemeinsame Dritte von Traum und Poesie bildet die Natur. Sie erscheint bei Novalis bekanntlich als sakraler Raum, in dem individuelle Lebensformen und mit ihnen, nach hermetischer Tradition (im Anschluß an Böhme und Hemsterhuis), geistige Kräfte anschaulich zutage treten (so skizziert es das Fragment *Die Lehrlinge zu Sais*, 1802). In Übereinstimmung mit Herder heißt es im *Brouillon*, ein »Mährchen« sei wie ein »Traumbild« gebaut und gerade dadurch »die Natur selbst«[43]. Wie diese naturhafte Qualität des Traums, an der jene der Poesie Maß nimmt, gedacht werden kann, hat Friedrich Schlegel sehr eigenwillig 1798 in einer unpublizierten Fragmentenserie über Probleme der spekulativen Physik erläutert[44]: »Das Zeugen ist ein gegenseitiges Essen. Schlafen ist Verdauen d[er] sinnlichen Eindrücke und Bewegungen. Wachen ist Essen von Abstr[aktem]. Träume entstehen durch die wurmförmige Bewegung d[er] Eindrücke in d[en] Eingeweiden d[es] Gehirns. Waches Träumen ist d[er] höchste Zustand, wird auch immer seelig genannt.« Novalis vermerkt nach der Lektüre von Schlegels Notizen lakonisch[45]: »Träume sind Excremente«.

Von den Theorien der spätaufklärerischen Psychologie unterscheidet sich Schlegels und Novalis' Position nur graduell, insofern sie den sinnesphysiologischen Hintergrund des Traums verstärkt ausleuchtet. Die Leistung der hier nicht mehr namhaft gemachten Imagination beruht auf einem Transfer, der Wahrnehmungsdaten (›Eindrücke‹) in Traumbilder überführt. Der Vergleich mit dem Geschäft der Verdauung soll dabei die naturhafte Qualität des gesamten Übertragungsvorgangs verdeutlichen. Der Traum repräsentiert nicht mehr das Resultat einer Interaktion von Speichermedien und Rezeptoren im Gehirn, sondern gleicht einem Auswurf des Geistes, der sich im sinnlichen Bild zum Leib verstellt. Die Metapher von der peristaltischen Bewegung verdeutlicht, welche Rolle dabei der Imagination zufällt: sie macht gleichsam das unverzichtbare Ferment aus, das den als Verdauungsprozeß gedachten Traum aktiviert.

Um die im Gehirn gespeicherten Informationen innerhalb des gleichsam physiologischen Vorgangs der Traumarbeit kommunizierbar zu machen, bedarf es eines

42 Novalis: *Werke, Tagebücher und Briefe* II, hg. von Hans-Joachim Mähl / Richard Samuel, München 1978, 693 (*Das Allgemeine Brouillon*, Nr. 959).

43 Ebd., II, 696 (*Das Allgemeine Brouillon*, Nr. 986).

44 Friedrich Schlegel: *Werke. Kritische Ausgabe* XVIII, unter Mitwirkung von Jean-Jacques Anstett / Hans Eichner, hg. von Ernst Behler, Paderborn / München / Wien 1958 ff., 147 (Nr. 289).

45 Novalis: *Werke* [Anm. 42], III, 488.

Mediums. Dieses Medium, das die Umwandlung der Sinnesdaten in die Assoziationsflüsse des Traums vollzieht, ist die Sprache. Novalis geht von einem solchen Zusammenhang aus, wo immer er literarisch arbeitet. Insbesondere sein *Heinrich von Ofterdingen* (1801) lebt aus der Substanz einer Rhetorik, die Traum und poetischen Text gleichermaßen bestimmt. Ihr Bezugsraum bleiben die Erfahrungen des Romanhelden, die sich als Erprobungsfelder für die verwandten Ordnungen von Traum und Dichtung erweisen. Die Originalität der Bildungsgeschichte, die Novalis' Fragment als Gegenentwurf zum sozialen Anpassungsprogramm von Goethes *Lehrjahren* erzählt, besteht darin, daß sie der Logik eines Traums folgt. Ihr gehorcht zumal die für den Schluß des Romans geplante Vereinigung von Natur, Geschichte und Poesie in einem *Goldenen Zeitalter*, die wiederum zur Auflösung der genau begrenzten personalen Identität des Helden führen sollte. In einer Notiz von 1798 erklärt Novalis lapidar[46]: »Ich bin nicht inwiefern ich mich setze, sondern inwiefern ich mich aufhebe –«. Diese Bemerkung, die sich ausdrücklich gegen Fichtes Subjekttheorie wendet, läßt sich auch als Fußnote zum geplanten Verlauf des Textes lesen: Der Roman soll die Aufhebung des Helden als Person beschreiben, wie sie sich im Rahmen einer gewaltig ausgespannten Zeitreise durch entfernte Länder und Epochen vollzieht. Der Prozeß der Entgrenzung aber, der das Ich in ständig sich wandelnden sozialen und geschichtlichen Beziehungen zeigt, entspricht bei Novalis der Dramaturgie des Traums. Dessen besondere literarische Ordnung enthüllt an drei Punkten die Umdeutungen, denen das Verständnis des Traums in der Frühromantik ausgesetzt wird: Im *Ofterdingen* betont Novalis ausdrücklich die Analogie von Traum- und Erzählstruktur (1); er wertet die Einbildungskraft als Ferment des Traums auf, indem er ihr eine innere Logik zuschreibt, die ihr die aufgeklärte Anthropologie noch nicht zu attestieren vermochte (2); er verweist schließlich auf die Grundfigur des Begehrens als Triebfeder der Traumtätigkeit (3).[47] Sämtliche dieser Aspekte machen die besondere Innovationskraft von Novalis' Traumpoetik aus; sie verwandeln den Roman zu einem Schauplatz der psychischen Biographie des modernen Individuums, deren Anatomie um 1800 allein im Medium der Literatur beleuchtet werden kann.

Drei Träume werden im *Heinrich von Ofterdingen* erzählt. Der berühmte, häufig mißverstandene Traum von der blauen Blume, der dem Helden im Haus seiner Eltern zuteil wird, spult bereits das komplette Programm der Romanhandlung ab. Es ist die Johannisnacht, der Moment der Sommersonnenwende. Die Zeichen der Zeit stehen auf Veränderung; das entspricht dem historischen und biographischen Bezugsfeld des Romans: dem nahenden gesellschaftlichen Umbruch im Ausgang des Hochmittelalters, zugleich dem sich ankündigenden Eintritt des eben zwanzigjähri-

[46] Ebd., II, 104 (Fichte-Studien, Nr. 278).

[47] Auf den zweiten dieser drei Punkte macht auch Engel: »*Träumen und Nichtträumen*« [Anm. 22], 161 f. aufmerksam.

gen Helden in einen selbständig organisierten Lebensweg.[48] Sehnsucht bildet nicht allein das Grundmotiv, sondern zuallererst den Auslöser von Heinrichs Traum. Die anschaulichen Erzählungen eines fremden Hausgastes wecken in ihm das diffuse Begehren nach der blauen Blume, das der Traum symbolisch konkretisieren wird. Er führt den Helden, nachdem er ihm in knappen Zügen Stationen einer imaginären Lebensreise vergegenwärtigt hat, durch ein Initiationsritual, das an eine christliche Taufe erinnert. Heinrich betritt eine Grotte, deren nähere Topographie man zu Recht als zeichenhaften Hinweis auf Weiblichkeit und Geburt betrachtet hat.[49] Er benetzt seine Hand mit dem Wasser eines unterirdischen Beckens, ehe er in die Fluten taucht und sich von den Strömen eines Flusses forttragen läßt. Wenn Heinrich am Ende seines Weges, der ihn durch eine Landschaft mit den Insignien des klassischen *locus amoenus* führt, die blaue Blume erblickt, so schließt sich nicht nur formal der Kreis. Sehnsucht und Offenbarung überlagern sich an diesem Punkt, weil das Bild schärfere Konturen gewonnen hat. Die Blume zeigt nun »ein zartes Gesicht«[50], ohne daß dieses näher beschrieben wird. Im Fortgang des Textes aber erweist sich Mathilde, die Tochter des Dichters Klingsohr, als Modellfigur des Traums, in deren Zügen Heinrich das Bild der Blume wiedererkennt.[51] In ihr fließen, wie der Romanverlauf zeigt, die Zeichenströme von Eros, Poesie, Musik und Natur gleichsam allegorisch zusammen.

Heinrichs Traum ist ein Traum des Begehrens, den die weitere Romanerzählung in eine komplexe Form der (fiktiven) Realität überführt. Jedoch wäre es falsch, die hier sich ausbildende Beziehung mit dem Verhältnis von Andeutung und Erfüllung gleichzusetzen. Traum und Roman stehen nicht (nach biblischem Muster) wie Typus und Antitypus zueinander, sondern bedingen sich gegenseitig. Die imaginäre Ordnung des Traums wird in jener der Poesie verdoppelt und dadurch zugleich überschrieben, überzeichnet. Die epische Erzählung spult nur das biographische Programm ab, das der Traum in medialer Verdichtung vorführt. Die Techniken der »Wechselerhöhung und Erniedrigung«, wie sie Novalis in den *Poëticismen* von 1798 als Grundoperationen des *Romantisierens* definiert hat, liefern dazu das gleichsam mathematische Analogon: Erzählen ist Erhöhung der im Traum gesammelten Materialien durch »qualit[ative] Potenzirung«, zugleich aber eine dem Logarithmieren vergleichbare Depotenzierung, nämlich Übersetzung des »Unbekannte(n), Mystischen(n)« in einen »geläufigen Ausdruck«[52].

48 Vgl. Lothar Pikulik: *Frühromantik. Epoche – Werke – Wirkung*, München 1992, 223 f.; Ira Kasperowski: *Mittelalterrezeption im Werk des Novalis*, Tübingen 1994, 133 ff.

49 Zur Symbolik der Höhle als weibliches Genital Sigmund Freud: *Die Traumdeutung* [Anm. 25], 293.

50 Novalis: *Werke* [Anm. 42], I, 242.

51 Ebd., I, 325. Dazu auch Manfred Engel: *Der Roman der Goethezeit*. Bd. I, Stuttgart 1993, 478 f.

52 Novalis: *Werke* [Anm. 42], II, 334 (Nr. 105).

Daß die strengen Grenzen von Poesie, Leben und Traum auf der Grundlage dieses doppelten Verfahrens verschwimmen, erweist sich zumal nach Heinrichs Begegnung mit dem Einsiedler in der unterirdischen Höhle. Das Buch, das dieser ihm zeigt, enthält Bilder von Heinrichs vergangener, gegenwärtiger und zukünftiger Erfahrungswelt. Zwar vermag er sie nicht konsequent zu deuten, weil ihm zumal die letzten Eintragungen »dunkel und unverständlich«[53] scheinen, doch bestätigen sie, daß die Logik des Traums auch sein Leben regiert: Es ist als Programm in ihm angelegt und muß im empirischen Vollzug lediglich abgespult werden. Der potentiellen Aufhebung biographischer Zeitdifferenzen, wie sie das Buch des Einsiedlers allegorisiert, entspricht die magische Allianz der Epochen, die der Roman Novalis' Plänen gemäß später vollziehen sollte. Die »kühnsten Verknüpfungen«, die nach Ludwig Tiecks Bericht über die geplante Fortsetzung »Zeitalter«[54] und Kontinente verbinden, stellen ein funktionales Element einer Erzählökonomie dar, die die Kontiguität von Traumsequenzen zum biographischen und geschichtlichen Grundgesetz erhebt.

Während Heinrichs Traum eine expansive Bewegung beschreibt, zeichnet der wenig später erzählte Traum seines Vaters den umgekehrten Weg. Wo Heinrich im Haus der Eltern von der Fremde träumt, träumt der Vater in einem römischen Gasthof von der Heimat. Die imaginäre Reise, die er unternimmt, mündet in ein häusliches Tableau, das »dunkel und eng und gewöhnlich« erscheint.[55] Der Weg, den der Vater durchschreitet, führt zur Ordnung der Familie; am Ende steht bezeichnend das Bild eines Kindes, das sich über seine Eltern erhebt, sie in den Arm nimmt und mit ihnen davonfliegt. Als Kontrafaktur zur Lebensreise des Helden zeigt der Traum des Vaters die Tendenz zu Beschränkung und Unterwerfung. Der Vater weicht, wie es der Fortgang der Handlung erweisen wird, dem Sohn und überläßt ihm freiwillig das Feld; Heinrichs inzestuösem Verhältnis zur Mutter, das der Roman recht unverhüllt darstellt, setzt er keinen Widerstand entgegen.[56] Die domestizierte Botschaft der Traumhandlung entspricht hier einer Erzählchronologie, deren geplanter Verlauf den Helden nach Tiecks Bericht mit einer Serie von machtlosen Ersatzvätern zusammenführen sollte.[57]

53 Ebd., I, 312. Der ›Unverständlichkeit‹ der Bilder korrespondiert die Sprachlosigkeit der Liebe. Friedrich A. Kittler hat zu Recht darauf hingewiesen, daß Mathilde als Personifikation des Eros stumm bleibt; Poesie firmiert auch als Vermittlungsdiskurs, der die Zeichen der Liebe in die Ordnung der Sprache überführt (Friedrich A. Kittler: *Aufschreibesysteme 1800 – 1900*, München ^{3}1995 (zuerst 1985), 92.

54 Novalis: *Werke* [Anm. 42], I, 405.

55 Ebd., I, 247.

56 So schon in der Exposition, wenn der Vater sich über den lethargischen Heinrich beklagt und erklärt, er habe am Morgen »nichts hämmern dürfen«, weil die Mutter »den lieben Sohn schlafen lassen« wollte (ebd., I, 243). Ganz selbstverständlich teilen Mutter und Sohn während der Reise nach Augsburg das Schlafzimmer (285). Nach der Begegnung mit Mathilde heißt es über Heinrich: »Seine Mutter kam auf ihn zu. Er ließ seine ganze Zärtlichkeit an ihr aus.« (324).

57 Ebd., I, 411 ff.

Der letzte Traum, den Heinrich nach dem Fest im Haus des alten Schwaning träumt, antizipiert Mathildes Tod. Der blaue Strom, auf dem sie rudert, trägt den Charakter eines Totenflusses, der Kahn, in dem sie sitzt, die Merkmale der Totenbarke, wie sie Charon, der Führer in den Hades, zu steuern pflegt. Heinrich verspürt ein beklommenes Gefühl in seiner Brust, eine Vorahnung des Verlusts, der ihm droht.[58] Im Traum muß er sich von Mathilde trennen, findet sie jedoch später wieder, angelockt durch ein Lied, das sie singt. Daß die Geliebte am Ende nicht nur die Poesie, sondern auch die Tonkunst allegorisiert, gehört zum ästhetischen Programm des Romans. Durch ihren selbstreferentiellen Charakter ist die Musik nach Novalis' Überzeugung ein Modell auch für die ideale Sprache, die, wie es im *Monolog* von 1798 heißt, »eine Welt für sich« darstellt.[59] Bereits nach der ersten Begegnung mit Mathilde hatte Heinrich geahnt[60]: »Sie wird mich in Musik auflösen.« Die Skizze zur Fortsetzung vermerkt, die blaue Blume wandle sich »zum klingenden Baume«[61]. Dem entspricht wiederum Novalis' Plan, aus Heinrich einen zweiten Orpheus zu machen (bereits das Buch des Einsiedlers zeigt ihn mit »Guitarre«[62]), der wie im Mythos von Mänaden getötet, durch Mathilde aber, so Tiecks Bericht, aus der Unterwelt gerettet werden sollte.[63] Erneut ist zu erkennen, daß der Traum das Erzählprogramm des Fragments *in nuce* enthält. Er antizipiert das geplante Romanende, an dem sich die Verbindung von Kunst und Gesellschaft, Mythos und Historie, Imagination und Wirklichkeit vollziehen sollte. Deren besonderes Merkmal liegt wiederum darin, daß sie keine dauerhafte Einheit schafft, sondern jene Unendlichkeit der Perspektiven erzeugt, die nach Nietzsches bekanntem Wort aus der *Fröhlichen Wissenschaft* der unendlichen Vielzahl der Interpretationen entspringt, die sie provoziert.[64]

Nichts wäre irriger, als dieses furiose Finale auf jenen zu Tode zitierten Satz des Novalis aus dem 16. *Blüthenstaub*-Fragment zu beziehen, der besagt, daß der »geheimnißvolle Weg« des Menschen nach »Innen« führe.[65] Das Schlußtableau des

58 Ebd., I, 325. Nicht unwichtig ist hier die Plazierung von Heinrichs Traum unmittelbar nach dem Fest im Hause Schwanings. Bereits die Begegnung mit Mathilde gehorcht deutlich der Dramaturgie eines Traums; die eigentliche Traumerzählung kann an diese Szene unmittelbar anknüpfen. Jan Assmann hat in anderem Zusammenhang darauf hingewiesen, daß Feste in der ägyptischen Kultur als ›Traumzeit‹ galten, insofern sie die strenge Rhythmisierung des Arbeitsalltags aufhoben und sich einem relativ unstrukturierten Zeitfluß unterwarfen (Jan Assmann: *Das kulturelle Gedächtnis – Schrift, Erinnerung und politische Identität in frühen Hochkulturen*, München 1992, 57).

59 Novalis: *Werke* [Anm. 42], II, 438. Über das Verhältnis von Sprache und Musik in Novalis' Poetik Pikulik: *Frühromantik* [Anm. 48], 219 f.

60 Novalis: *Werke* [Anm. 42], I, 325.

61 Ebd., I, 398.

62 Ebd., I, 312.

63 Ebd., I, 397.

64 Friedrich Nietzsche: *Die fröhliche Wissenschaft*, in: *Sämtliche Werke. Kritische Studienausgabe* III, hg. von Giorgio Colli / Mazzino Montinari, München 1999 (zuerst 1967–1977), 627 (Nr.374).

65 Novalis: *Werke* [Anm. 42], II, 233. Zur Kritik einer eilfertigen Applikation dieses Diktums

Heinrich von Ofterdingen zeigt eine Totalität der Beziehungen, die Subjekt und Objekt so wenig wie psychische und soziale Wirklichkeit zu trennen erlaubt. Indem der Traum zum Modell einer universellen Synthesis gerät, finden auch Kunst und Gesellschaft, Transzendenz und Erfahrung zu einer gleichsam mythischen Allianz. Die Vielfalt der Bezüge macht Novalis' Roman zum Zeugnis eines gewaltigen Universalitätsanspruchs, unter dessen Gesetz private und geschichtliche Erfahrung, Trieb und Geist, Natur und Vernunft auf spannungsvolle Weise zusammentreten.[66] Die mit großer Beharrlichkeit verteidigte Opposition zwischen romantischer und triebgebundener Natur, wie sie noch Odo Marquard vertritt, wird auf diese Weise hinfällig.[67] In den Kulissen der Traumwelt, die Novalis errichtet, haust ein Subjekt, das den ständigen Mangel und die dauerhafte Erfüllung, sinnliches Bedürfnis und intellektuellen Anspruch gleichermaßen kennt. So märchenhaft der Bildungsweg dieses Subjekts erscheint, so modern ist die Analyse der Kräfte, die es – gebündelt in der Traumerzählung – machtvoll bestimmen.

IV. Kleists Reisen durch die Nacht des Bewußtseins

Die Dramen Kleists werden immer wieder von Traumerzählungen durchzogen. Nahezu gewohnheitsmäßig siedeln sich ihre Helden an den Rändern der ersten Wirklichkeit an. Sie erscheinen als Tagträumer, deren somnambule Anwandlungen, Amnesien und Hysterien die stabilen Fundamente einer auf Vernunft gegründeten Welt in Zweifel ziehen. Im *Amphitryon* agieren die Menschen unter der verwirrenden Regie der in ihre Realität eindringenden Götter wie im Traum. »Ists Träumerei? Ist es Betrunkenheit? / Gehirnverrückung? Oder solls ein Scherz sein?« fragt Amphitryon seinen Diener Sosias (v. 670 f.).[68] Die Scheidewände zwischen Wirklichkeit und Imagination scheinen in Kleists dramatischer Welt so dünn, als seien sie aus Pergament. »Mir ists noch immer wie ein Traum« (v. 988), erklärt Graf Sylvester in der *Familie Schroffenstein*, weil er die Turbulenzen des permanenten Parteienstreits mit seinen Bündniswechseln und taktischen Manövern nicht mehr versteht. »Welch einen Traum entsetzensvoll träumt ich« (v. 1555), so stößt Penthesilea aus, nachdem sie ins Tagesbewußtsein zurückgekehrt ist, ahnungslos darüber, daß ihre Gefangennahme durch Achill nicht Phantasie, sondern Wirklichkeit ist. Als »Nachtwandler« im Mondschein windet sich »träumend«, wie Hohenzollern dem befremdeten Kur-

bereits Lothar Pikulik: *Frühromantik* [Anm. 48], 227. Grundlegend über die Synthese aus Ich- und Fremdbezügen in Novalis' Roman Ulrich Stadler: *»Die theuren Dinge« – Studien zu Bunyan, Jung-Stilling und Novalis*, Bern 1980, 116 ff.

66 Odo Marquard: *Transzendentaler Idealismus, romantische Naturphilosophie, Psychoanalyse*, Köln 1987, 54 ff.

67 Ebd.

68 Kleists Dramen werden zitiert nach: Heinrich von Kleist: *Sämtliche Werke und Briefe* I, hg. von Helmut Sembdner, München 1965; Belege erfolgen mit der jeweiligen Verszahl im Text.

fürsten zu demonstrieren weiß, der Prinz von Homburg den »Kranz des Ruhmes« (v. 24 ff.). Selbst auf dem platten Land bei Utrecht geraten die Grenzzäune zwischen Bewußtsein und Imagination bedrohlich ins Schwanken. Der von Ängsten gepeinigte Dorfrichter Adam ahnt, was ihm zum Schluß des Lustspiels widerfahren wird, bereits am Morgen: »Mir träumt‹, es hätt ein Kläger mich ergriffen, / Und schleppte vor den Richtstuhl mich [...]« (v. 269 f.)

Solche Äußerungen besitzen keineswegs nur metaphorischen Status. Sie zeigen vielmehr, daß der Traum in Kleists Anthropologie einen mächtigen Faktor bildet. Seine Ordnung ragt beständig in jene der Vernunft hinein, seine widerspruchsvollen Zeichen bleiben im Denken der *dramatis personae* haften. Mit ihnen aber brechen zugleich die Kräfte des Triebs hervor, denen der Mensch in den Bildern seiner Träume ausgesetzt wird. Wo immer bei Kleist Traum, Ohnmacht oder Trance das Individuum bestimmen, tritt eine eigene Welt der unbewußten Wunschökonomie in unverstellter Gewaltsamkeit zutage. Mit besonderer Prägnanz zeigt dieses die Geschehensfolge im *Käthchen von Heilbronn* (1810), das als »Ritterschauspiel«, wie es der Autor euphemistisch nennt, nur unvollkommen verdeckt, was es eigentlich ist: ein psychologisches Drama.

Bereits in der ersten Szene vor dem Femegericht spricht der Graf vom Strahl Käthchen als Träumende an (v. 382). In der Tat verraten ihre Anwandlungen von Ohnmachten und Trancezuständen ein gestörtes Verhältnis zur taghellen Verstandeswelt (v. 585, v. 646). Auch der Graf bewegt sich freilich unter dem Gesetz unbewußter Vorstellungsinhalte: den Griff nach der Peitsche, mit der er Käthchen prügeln möchte, tut er offenbar intuitiv, ohne danach erklären zu können, was ihn dazu trieb (v. 1746); ganz im Bann seiner erotischen Neigung stehend, möchte er sich der »Muttersprache« seiner Empfindungen überlassen und seine »Stimme, wie einen schönen Tänzer, / durch alle Beugungen hindurch führen, / die die Seele bezaubern [...]« (Z. 674 ff.) Gesteuert werden solche Wünsche durch seinen fiebrigen Silvestertraum, in dem ihn ein Engel mit einer Kaisertochter zusammenführte und sein heftiges Begehren nach ihr weckte (Z. 1220 ff.). Ehe er sich der ›Muttersprache‹ des Eros hingeben kann, muß der Graf freilich die Rolle des Hypnotiseurs übernehmen, der seine Stimme zum Zweck der Gemütsausforschung einsetzt. In einer verhörartigen Befragung des schlafenden Käthchen, das, wie er weiß, einem »Jagdhund« gleich »immer träumt« (v. 2045), sucht er die bisher verdeckte Ursache für die magische Anziehungskraft, die er auf sie ausübt, zu erschließen. Die Szene bleibt doppelt codiert: Der alte Diskurs der Inquisition und der moderne Diskurs der Hypnose scheinen hier überblendet. Das ungleiche Gespräch offenbart die synchrone Dramaturgie des Unbewußten; Käthchen und der Graf agierten in einem Traum mit identischem Geschehensmuster. Entscheidend bleibt jedoch die Differenz der Traumwirkungen, die das Schauspiel bis zu diesem Punkt beleuchtet. Der Graf hat seinen Traum als Ausdruck einer Abwesenheit des Bewußtseins erfahren und aus ihm keine Konsequenzen für sein Handeln abgeleitet; seine Position entspricht jener der spätaufklärerischen Traumtheorien, die ihren Gegenstand vom Feld der Bedeutungen ausschließen. Käthchen wiederum erfaßt ihren Traum als Ausdruck einer Anwesenheit des Unbewußten und folgt unter dessen Gesetz der Spur des Begehrens, die der Graf mit allen Kräften zu ignorieren suchte; ihrer Haltung korrespondiert eine moderne Auffassung des Traums als semantischer Code des menschlichen Triebhaushalts.[69] Die Differenz der Traumwirkungen reflektiert damit die unterschiedlichen Ordnungen des Traumwissens, die im kulturellen Diskurs um 1800 aufeinanderstoßen.

Der Graf ahnt erst nach dem hypnotischen Verhör Käthchens, wie stark er selbst an die Macht des Unbewußten gebunden bleibt. »Was mir ein Traum schien«, so erklärt er, »nackte Wahrheit ists: / Im Schloß zu Strahl, todkrank am Nervenfieber, / Lag ich danieder, und hinweggeführt, / Von einem Cherubim, besuchte sie / Mein Geist in ihrer Klause in Heilbronn.« (2147 ff.) Die Grenzen zwischen Einbildung und Telepathie sind im Drama endgültig niedergerissen. Unwiderlegbar bleiben allein die Leidenschaften der Figuren, deren machtvoller Charakter in der imaginär gedoppelten Begegnungsszene zutage tritt.[70] Kleist hat das Motiv der telepathischen Suggestion, wie man vermutete, aus Schuberts *Ansichten von der Nachtseite der Naturwissenschaft* (1808) bezogen, die im Jahr der intensiven Arbeit am *Käthchen* erschienen. Schubert dokumentiert hier einen authentischen Fall von Übertragungsreaktionen nach einer Elektrotherapie, den der Heilbronner Arzt Eberhard Gmelin, eine der maßgeblichen zeitgenössischen Kapazitäten auf dem Gebiet des Mesmerismus, 1797 im Rahmen seiner Studie *Ueber Thierischen Magnetismus* ausführlich beschrieben hatte.[71] Von Schubert bzw. Gmelin übernimmt Kleists Text die Darstellung einer zunächst unerklärlichen Sympathie, nicht aber deren Motivierung aus einer nervenphysiologischen Reaktion, wie sie durch elektromagnetische Behandlungen freigesetzt werden kann. Das Drama vollzieht, was der zeitgenössischen Me-

[69] Vgl. dazu Foucault, *Einleitung* [Anm. 35], 13 f.

[70] Wolf Kittler weist zu Recht darauf hin, daß Käthchen und der Graf ihre Traumerfahrungen auf höchst unterschiedliche Weise verarbeiten: während sie sich »mit somnambuler Sicherheit« bewegt, ohne bewußte Klarheit über ihren Traum zu besitzen, hat er den Traum in der Erinnerung gespeichert, handelt aber nicht nach seiner Botschaft. Zweifelhaft scheint mir jedoch, ob man hinter dieser Differenz eine geschlechterspezifische Zuordnung ausmachen sollte; Kleists Œuvre läßt, denkt man an Figuren wie Sylvester oder Homburg, keine Beschränkung des Somnambulismus auf die Frau zu (Wolf Kittler: *Die Geburt des Partisanen aus dem Geist der Poesie – Heinrich von Kleist und die Strategie der Befreiungskriege*, Freiburg 1987, 291 f.).

[71] Gotthilf Heinrich Schubert: *Ansichten von der Nachtseite der Naturwissenschaft*, Dresden 1808. Faksimile-Neudruck, Darmstadt 1967, 344 ff. Vorlage: Eberhard Gmelin: *Ueber Thierischen Magnetismus in einem Brief an Herrn Geheimen Rath Hoffmann in Mainz*, Tübingen 1797, 128 ff. Schubert hatte, wie er in seiner Autobiographie berichtet, während der Arbeit an den *Nachtseiten* in Dresden persönlichen Kontakt zu Kleist und dessen Freund Adam Müller, so daß die Kenntnis des Gmelinschen Falls sich womöglich über den mündlichen Austausch vermittelte (*Heinrich von Kleists Lebensspuren – Dokumente und Berichte der Zeitgenossen*, hg. von Helmut Sembdner, Frankfurt/M. 1984, 152 f.). – Zum medizinhistorischen Kontext Uwe Henrik Peters: *Somnambulismus und andere Nachtseiten der menschlichen Natur*, in: *Kleist-Jahrbuch* 1990, 135–152; vgl. auch Kittler: *Die Geburt des Partisanen* [Anm. 70], 205 ff.

dizin zu tun verwehrt bleibt: es siedelt die Ursachen der erotisch besetzten Übertragung in einer psychischen Ordnung an, die sich dem Zugriff der Vernunft verschließt.[72] In diesem Sinne hatte Kleist bereits in seinem um 1805/06 entstandenen Essay *Über die allmähliche Verfertigung der Gedanken beim Reden* vermerkt[73]: »Denn nicht *wir* wissen, es ist allererst ein gewisser *Zustand* unsrer, welcher weiß.«

Nicht Verknüpfung und Lösung – die zentralen Bestandteile von Schillers Tragödienästhetik –, sondern Traumatisierung und Begehren strukturieren Kleists Schauspiel. Wie stark die Macht des Unbewußten auch am Schluß wirksam bleibt, erkennt man an Käthchens Ohnmacht vor der Kirche, die jede Form der konventionellen Versöhnung konterkariert (v. 2679).[74] Die erotische Leidenschaft, die die Protagonisten steuert, läßt sich nicht wie in der klassischen Dramaturgie nach dem Modell von Interessenkollision und Harmonisierung abbilden. Der zyklische Charakter, der das Begehren stets neu reproduziert, nicht zuletzt aber die Logik von Anziehung und Abstoßung lenken Kleists Inszenierung des romantischen Stoffs. Folgerichtig bleibt es daher, wenn sich die Ohnmacht, die Käthchen am Ende des Verhörs im Expositionsakt erleidet, zum Schluß des Dramas wiederholt; konsequent ist es aber auch, daß Attraktion und Repulsion als formale Grundfiguren, in denen sich Trieb und Triebverdrängung spiegeln, das Spiel der Protagonisten bestimmen.

Es ist keineswegs das romantische Inventar, das Kleists Schauspiel zu einem modernen Psychodrama macht. Die phantastischen Elemente teilt es mit Schillers *Jungfrau von Orleans*; der Cherubim, der Käthchen aus der brennenden Burg Thurneck rettet (v. 1888 f.), erinnert in seinem märchenhaften Zuschnitt an den schwarzen Ritter, der Schillers Heldin mit dem Abgrund ihrer Angstgefühle konfrontiert (ihren eigenen Kommentar findet Kleists Szene später in den berühmten Worten des Aufsatzes *Über das Marionettentheater*, denen zufolge das Paradies »verriegelt« scheint und der »Cherub hinter uns« steht: eine Konstellation, die, gegen den Wortlaut der Bibel, die Rettung durch den Engel auch unter den Bedingungen der Vertreibung aus dem Garten Eden möglich macht[75]). Festzuhalten gilt es vielmehr, daß der doppelte Traum des am Ende vereinten Paares das Grundmuster für die Dramaturgie des erotischen Begehrens bildet, die Kleist hier erprobt. Nicht die traumähnlich an-

[72] Zum spannungsvollen Verhältnis von hypnotischer Praxis und erotischer Fixierung bereits Nietzsche: *Die fröhliche Wissenschaft*, in: *Sämtliche Werke* [Anm. 64], III, 608 f. (Nr.361).

[73] Kleist: *Werke und Briefe* [Anm. 68], II, 323.

[74] Vgl. zur traumatischen Struktur Chris Cullens u. Dorothea von Mücke: *»Das Käthchen von Heilbronn« – ›Ein Kind recht nach der Lust Gottes‹*, in: *Kleists Dramen. Interpretationen*, hg. von Walter Hinderer, Stuttgart 1997, 116–144, hier 119. Die These, daß Kleists Drama »die Einpflanzung von Sexualität als ein zentrales neues Machtdispositiv der Moderne« inszeniere, muß freilich mit dem Hinweis auf die traumanaloge Technik dieser Inszenierung verbunden werden (125).

[75] Kleist: *Werke und Briefe* [Anm. 68], II, 342. Kleists Text weicht von 1 Mos. 3, 24 deutlich ab. Der Cherubim steht nicht vor dem Garten Eden, sondern hinter dem Menschen, der Einlaß begehrt. Dieser Umstand sollte zur Skepsis gegenüber einer allzu negativ eingefärbten Auslegung des Essays veranlassen, wie sie ideengeschichtlich orientierte Forschungsbeiträge zu praktizieren pflegen.

mutenden Szenen – Käthchens wunderbare Heilung, das hypnotische Verhör, die Selbstoffenbarung des Kaisers –, sondern der zyklische Charakter des formalen Ablaufs macht die romantisch eingefärbte Modernität des Dramas aus.[76] In seinem eigentlichen Zentrum steht das Wissen von der Macht des Triebs, die das zwanghafte Prinzip der Wiederholung als geheimes Gesetz des Begehrens in den Bildern des Traums und den Ordnungen der Welt gleichermaßen kenntlich macht.

Literatur und Traum teilen miteinander, daß sie durch sprachliche bzw. sprachanaloge Assoziationsgesetze gegliedert werden. Die frühromantische Poesie zeigt in einer für die Moderne wegweisenden Form die erzählerische Ordnung des Traums; die Dramen Kleists demonstrieren verstärkt die unbewußten Mächte, die in ihm wirken: Trieb und Begehren.[77] Hundert Jahre vor Freud wird hier eine literarische Psychoanalyse avant la lettre vollzogen, die sich in der Struktur der Texte selbst abbildet. Das bedeutet auch eine Umwertung der Kategorie der Imagination, die jetzt neue Aufgaben als Magazin für die Sprachen des Unbewußten gewinnt. Falsch wäre es, den gesamten Prozeß als Vorgang der Emanzipation der Phantasie aus den Fesseln der abendländischen Vernunft zu lesen. Vielmehr handelt es sich lediglich um einen Funktionswandel, der sich am Beginn des 19. Jahrhunderts, freilich mit weitreichenden Konsequenzen für die Struktur poetischer Texte, unter beschleunigtem Tempo zuträgt. Auch er fördert die fortschreitende Ausdifferenzierung des Systems der Literatur, insofern er ihr souveränes Wissen jenseits medizinisch-psychologischer Diskurse (und ihr Wissen über dieses Wissen) unter Beweis stellt.

Am 1. Dezember 1788 schreibt Schiller aus Weimar an seinen Dresdner Freund Körner, der ihm eine Woche zuvor seine Schwierigkeiten bei der schriftstellerischen Arbeit geschildert hatte[78]: »Der Grund Deiner Klagen liegt, wie mir scheint, in dem Zwang, den Dein Verstand Deiner Imagination auflegte.« Die anströmenden Ideen, die sich in der Phase der Planung eines Textes sammelten, dürften von den Kräften

[76] So greift es zu kurz, wenn Karl Pestalozzi in seinem instruktiven Überblick zur Traumdarstellung im Drama erklärt, Kleists »*Käthchen*« präsentiere eine Wirklichkeit, die ihrerseits den Gesetzen des Traumes folge. Diese Auffassung übersieht, daß die Welt des Traums, genuin romantisch, ein letzthin unstillbares Begehren abbildet, das nicht in einer teleologischen Ordnung beruhigt werden kann (K. Pestalozzi: *Der Traum im deutschen Drama*, in: *Traum und Träumen – Traumanalysen in Wissenschaft, Religion und Kunst*, hg. von Therese Wagner-Simon / Gaetano Benedetti, Göttingen 1984, 81–102, hier 88).

[77] Die Konsequenz, die die Literaturwissenschaft aus diesem Umstand ziehen sollte, muß im Versuch bestehen, Textordnungen und anthropologische Theorien schlüssig aufeinander zu beziehen, ohne daß das eine im anderen aufgehoben wird. Das anthropologisch-psychologische Wissen ist nicht nur das Speichermagazin, aus dem sich die Literatur bedient; poetische Texte besitzen ihre eigene Kompetenz, Kenntnisse über den Menschen mit den Mitteln der Sprache zu formen und modellhaft zu inszenieren. Vgl. dazu die Überlegungen von Martina Wagner-Egelhaaf: *Traum – Text – Kultur. Zur literarischen Anthropologie des Traumes*, in: *Poststrukturalismus – Herausforderung an die Literaturwissenschaft*, hg. von Gerhard Neumann, Stuttgart / Weimar 1997, 123–144, bes. 124f.

[78] Schiller: NA [Anm. 11], XXV, 149.

der Ratio nicht zu früh kontrolliert werden. »Bei einem schöpferischen Kopfe hingegen, däucht mir, hat der Verstand seine Wache von den Thoren zurückgezogen, die Ideen stürzen pêle-mêle [bunt durcheinander, P.A.A.] herein, und alsdann erst übersieht und mustert er den großen Haufen. – Ihr Herren Kritiker, und wie Ihr Euch sonst nennt, schämt oder fürchtet Euch vor dem augenblicklichen, vorübergehenden Wahnwitze, der sich bei allen eigenen Schöpfern findet, und dessen längere oder kürzere Dauer den denkenden Künstler von dem Träumer unterscheidet.« (NA 25, 149) Fängt die Schildwache der Vernunft die Assoziationsströme bereits frühzeitig ab, so kommt der für die poetische Tätigkeit unabdingbare Prozeß der Suche, der Vorgang des Experimentierens und spielerischen Prüfens nicht zustande. Einzig dort, wo der Künstler auch Träumer sein darf, gelingt es ihm, die Magazine seiner Einbildungskraft in den Dienst der literarischen Arbeit zu stellen. Das ist eine überraschend moderne Auffassung von der ästhetischen Produktion, deren konsequente poetische Umsetzung freilich der romantischen Autorengeneration vorbehalten blieb. Kaum zufällig wiederum mag es sein, daß Schillers hellsichtige Bemerkungen über die Verbindung zwischen Traumtätigkeit und künstlerischer Imagination ein gutes Jahrhundert später von Freud in der *Traumdeutung* ausführlich zitiert werden.[79] Erst nach Freud ist die theoretische Durchdringung des Zusammenhangs von Sprache und Traum möglich geworden, den die Romantik bereits zu kennen scheint. Die Rezeption der Psychoanalyse füllt aber auch das leere Zentrum, das die Traumlehren der spätaufklärerischen Mediziner und Anthropologen preisgegeben hatten: Was die Einbildungskraft im Traum gebiert, ist das Material des Unbewußten. In den literarischen Texten der Zeit um 1800 gewinnt dieses Material, ehe es theoretisch registriert wird, schon sein eigenes Gewicht. Der Traum hat einen Schauplatz der Bedeutungen betreten, den er fortan nicht mehr verläßt.

[79] Freud: *Die Traumdeutung* [Anm. 25], 94 f.

Der Dichter und das Phantasieren

Freuds Vorstellung der Literatur

Von Gerhard Plumpe

Einzig die Imagination zeigt mir, was sein kann.
Breton

Imagination kann man die menschliche Befähigung nennen, die wahrgenommene Wirklichkeit mit einer Alternativversion zu konfrontieren. Als bloße Leistung des Bewußtseins ist sie unbeobachtbar und kommunikativ unzugänglich. Um aber mitgeteilt – und damit allererst zu einem sozialen Sachverhalt – zu werden, hat sie sich den Ordnungen der Kommunikation – wie denen der Sprache und der Diskurse – zu fügen. Keinesfalls kann die kommunizierte Imagination als Ausdruck imaginativer Bewußtseinsinhalte verstanden werden. Daß im Übergang von Bewußtsein zu Kommunikation eine Systemgrenze passiert werden muß, haben insbesondere immer wieder Künstler – teils in bedauerndem Tonfall – hervorgehoben. So konnte man meinen, daß es vor allem Ordnungen der Kommunikation – und damit der Gesellschaft – seien, die der Imagination ihre Freiheit nähmen. Nachdem die Auflösung ontologischer Prämissen aller Imagination (etwa der Lehre von möglichen Welten) das Bewußtsein der Person (emphatisch: ihre Individualität) als Ort ungebundener Einbildungskraft freigab, mochte es tatsächlich scheinen, als seien es die Zwänge und Verbindlichkeiten sprachlicher Kommunikation, die das Potential der Phantasie allein noch einengen und beschneiden könnten. Bewußtsein und Kommunikation konnten so in die Dramatik des Verhältnisses von freier Subjektivität und Konventionszwang, von Spontaneität und Codierung gebracht werden. Und es mochte ein reizvolles Programm sein, über die paradoxe Möglichkeit einer Mitteilung zu spekulieren, die der Phantasie des Bewußtseins den unbeschädigten Durchgang durch die Kommunikationscodes der Gesellschaft gestatten könnte. Hier liegt die Voraussetzung jener Hoffnungen und Projekte, die aus Ressourcen der Phantasie die Zwänge des Sozialen überwinden wollten.

In seiner berühmten Definition des Surrealismus unterstellte etwa Breton die Möglichkeit, die Gedanken des Bewußtseins authentisch und »ohne Kontrolle« zu »kommunizieren«[1], um aus dieser Möglichkeit zugleich das Projekt einer Subversion des Sozialen herzuleiten. Breton sah in den »gesprochenen Gedanken« des Bewußtseins die schöne Anarchie der Träume und in ihr bekanntlich den Gegenpol einer

[1] André Breton: *Erstes Manifest des Surrealismus*, in: *Manifeste des Surrealismus*, Reinbek b. Hamburg 1986, 26.

ZÄK Sonderheft · Jahrgang 2002 · © Felix Meiner Verlag 2002 · ISSN 1439-5886

rational normierten und disziplinierten modernen Gesellschaft. Das »wilde Bewußtsein« voller Imagination und Träumerei und die gezähmte Gesellschaft, die ihren Mitgliedern Kontrolle und Selbstdisziplin zumutet, dieses Szenario bezieht seine Plausibilität aus zwei implausiblen Hypothesen: aus der Unterstellung einer Kommunizierbarkeit des Bewußtseins und aus der weiteren Unterstellung von dessen Normabstinenz bzw. von der »Willkür« seiner Operationen, der Gedanken und ihrer Verknüpfung. Solche »kühnen« Annahmen mögen es neben anderem gewesen sein, die Freud im Jahre 1932 dazu Anlaß gaben, Breton gegenüber Distanz zu wahren[2]: »Und nun ein Geständnis, das Sie tolerant aufnehmen wollen! Ich erhalte so viele Zeugnisse dafür, daß Sie und ihre Freunde meine Forschungen schätzen, aber ich selbst bin nicht im Stande, mir klarzumachen, was Ihr Surréalisme ist und will. Vielleicht brauche ich, der ich der Kunst so fern stehe, es gar nicht zu begreifen.«

Nun stand Sigmund Freud der Kunst bekanntlich alles andere als fern[3]. In seinem Œuvre finden sich neben expliziten Interpretationen bedeutender (und weniger bedeutender) Kunstwerke fast unüberschaubar viele Hinweise und Anspielungen auf die europäische Kunst- und Literaturgeschichte, die heutige Leser erstaunen lassen und ihnen einen Eindruck jener Bildung geben können, die dem akademischen Bürgertum einmal selbstverständlich war. Freilich hatte Freuds Vertrautheit mit der Kunst auch Grenzen: Auf die avantgardistische Kunst seiner Gegenwart konnte er durchaus borniert reagieren – und der Musik stand er geradezu verständnislos gegenüber, wie er in den einleitenden Bemerkungen zu seiner Studie über den *Moses des Michelangelo* aus dem Jahre 1914 freimütig und mit symptomatischer Begründung einräumte[4]: »Ich schicke voraus, daß ich kein Kunstkenner bin, sondern Laie. Ich habe oft bemerkt, daß mich der Inhalt eines Kunstwerks stärker anzieht als dessen formale und technische Eigenschaften, auf welche doch der Künstler in erster Linie Wert legt. Für viele Mittel und manche Wirkungen der Kunst fehlt mir eigentlich das richtige Verständnis. [...] Aber Kunstwerke üben eine starke Wirkung auf mich aus, insbesondere Dichtungen und Werke der Plastik, seltener Malereien. Ich bin so veranlaßt worden, bei den entsprechenden Gelegenheiten lange vor ihnen zu verweilen, und wollte sie auf meine Weise erfassen, d. h. mir begreiflich machen, wodurch sie wirken. Wo ich das nicht kann, z. B. in der Musik, bin ich fast genußunfähig. Eine rationalistische oder vielleicht analytische Anlage sträubt sich in mir dagegen, daß ich ergriffen sein und dabei nicht wissen solle, warum ich es bin und was mich ergreift.« Klingt dieser letzte Satz nicht geradezu wie eine ›Abwehr‹, wie ein Sichsträuben gegen ein Beeindruckt-, gar Fasziniertsein, dem nicht Herr zu Werden ist, weil seine Motive im Dunkeln liegen und der analytischen Durchdrin-

2 Brief Sigmund Freuds an André Breton vom 26.12.1932, in: André Breton: *Die kommunizierenden Röhren*, München 1973, 131.

3 Vgl. Jack J. Spector: *Freud und die Ästhetik*, München 1973.

4 Sigmund Freud: *Der Moses des Michelangelo*, in: *Studienausgabe* X, hg. von Alexander Mitscherlich / Angela Richards / James Strachery, Frankfurt/M. 1969, 195–222, hier 197.

gung Widerstand leisten? Jedenfalls räumt Freud unumwunden ein, daß es Inhalte sind, die sein Interesse vor allem finden, ja man könnte zuspitzen, daß es Geschichten sind, die ihn interessieren, und zwar weithin unabhängig von den Besonderheiten ihrer diskursiven Artikulation. Geschichten scheinen ihm auch Plastiken wie eben jener Moses des Michelangelo zu erzählen: Gilt Freuds ganzer Scharfsinn doch der Frage, welchen Augenblick nach Moses Rückkehr vom Berg Sinai zu seinen das goldene Kalb umtanzenden Landsleuten der Bildhauer ausgewählt, d. h. welchen Moment eines narrativen Kontinuums er plastisch realisiert habe. Diese Frage löste er bekanntlich mit jener Technik der *schwebenden Aufmerksamkeit*, die Sinn für scheinbar insignifikante Details gewinnt und auf diese Weise den Streit der Kunsthistoriker über die Bedeutung von Michelangelos Mosesdarstellung schlichten kann. »Hat der Meister« – schreibt Freud in bezeichnender Formulierung – »wirklich so undeutliche oder zweideutige Schrift in den Stein geschrieben, daß so verschiedenartige Lesungen möglich wurden?«[5] Das Kunstwerk gleicht einer Schrift, und diese Schrift muß man lesen lernen, um sie am Ende eindeutig verstehen zu können. Die Frage ist nur, welche Codes es sind, die Kunst als Schrift möglich werden lassen und über ihr richtiges – eben ›eindeutiges‹ – Verständnis entscheiden!

Ehe diese Frage zu beantworten versucht wird, soll zunächst Freuds Methode der *Lesung* anhand seiner umfangreichsten Literaturanalyse veranschaulicht werden, die er Wilhelm Jensens Novelle *Gradiva* widmete. Jensen (1837–1911) wäre im übrigen heute allenfalls noch Germanisten als Freund und Briefpartner Wilhelm Raabes bekannt, hätte Freud seinem Namen keine bleibende Bekanntheit gegeben. *Gradiva* erschien 1903 im Druck und gehört dem damals modischen Genre der *archäologischen Erzählung* an. Was erzählt Jensen? Ich rekapituliere zunächst den ›Inhalt‹ oder das Geschehen seiner Novelle, und zwar mit Absicht ohne Rücksicht auf seine narrative Organisation als Geschichte. In einer kleinen deutschen Universitätsstadt verbindet zwei Kinder – Norbert Hanold und Zoe Bertgang, Tochter eines Zoologen – eine innige Freundschaft miteinander. Hanold begeistert sich bereits als Schüler für die Archäologie – eine zeittypische Begeisterung, wenn man etwa an die Faszination denkt, die Schliemanns Ausgrabungen in Troja und Mykene weckten. Hanold studiert das Fach, wird promoviert und Dozent an der Universität seiner Heimatstadt, verliert aber zugleich im Fortgang seiner intensiven wissenschaftlichen Arbeit die Freundin seiner Kindheit aus den Augen. Hanold erscheint seiner Umwelt rasch als weltfremder Gelehrter, ja bereits in jungen Jahren als Sonderling. Auf einer seiner Forschungsreisen stößt er im Vatikanischen Museum in Rom auf das Fragment eines römischen Reliefs, das eine junge Frauengestalt zeigt, deren graziös-auffallende Fußhaltung ihn fasziniert. Er erwirbt einen Gipsabguß dieses Reliefs, nennt die Gestalt ›Gradiva‹, die Schreitende, und läßt sein wissenschaftliches Interesse mehr und mehr von ihr gefangen nehmen. Die Gradiva verfolgt ihn bis in seine Träume; so wähnt er sich als Römer oder Grieche ins antike Pompeji des Jahres 79 zurückversetzt, wo ihm die Gradiva auf dem

[5] Ebd., 201.

Forum überraschend begegnet[6]: »Bis dahin hatte ihn kein Gedanke an ihr Hiersein angerührt, jetzt aber ging ihm auf einmal und als natürlich auf, da sie ja eine Pompejanerin sei, lebe sie in ihrer Vaterstadt und, ohne daß er‹s geahnt habe, gleichzeitig mit ihm.« Der Traum endet im Inferno des Vesuvausbruches, der die Gradiva und den erschreckt erwachenden Hanold zu begraben droht. Das suggestive Traumerlebnis bringt ihn auf die Idee, daß das Relief eine junge Frau darstellen könnte, die 79 nach Christi Geburt in Pompeji verschüttet worden sei. Er beschließt daraufhin, die Ruinenstätte aufzusuchen, um einen Fußabdruck zu finden, der seine Hypothese bestätigen könnte. Dort angelangt, ein wenig verwirrt durch die südliche Sonne und den Wein Campaniens, begibt er sich in das Ausgrabungsgelände, um aller wissenschaftlichen Skepsis zum Trotz der Aura des Ortes innezuwerden und das Geheimnis der Gradiva zu enträtseln. »Wer heißes Verlangen in sich trug, der mußte als einzig Lebendiger allein in der heißen Mittagsstille hier zwischen den Überresten der Vergangenheit stehen, um nicht mit den körperlichen Augen zu sehen und nicht mit den leiblichen Ohren zu hören. Dann [...] wachten die Toten auf und Pompeji fing an, wieder zu leben.«[7] Gradiva erscheint und schreitet mit der bewunderten Fußhaltung über das Forum. Hanold glaubt zu träumen, ist dann aber schnell davon überzeugt, daß die längst Tote für eine mittägliche Stunde ins Leben zurückgekehrt sei. Er spricht sie an, erst griechisch, dann lateinisch, sie aber antwortet in deutscher Sprache und verschwindet. Wiewohl Hanold nicht umhin kann, sich über eine deutschsprechende Pompejanerin zu wundern, hält er an seiner Hypothese fest; »wenn der Glaube selig macht – kommentiert der Autor Jensen – nimmt er überall eine erhebliche Summe von Unbegreiflichkeiten in Kauf«[8]. In den nächsten Tagen kehrt Hanold zur mittäglichen Stunde stets zum Forum zurück, und jedes Mal erscheint auch die Gradiva, die sich nun in der Tat als längst verstorbene Pompejanerin zu erkennen gibt, freilich in deutscher Sprache. Während die Gradiva bei den mittäglichen Zusammenkünften ihre Rolle als Verschüttete des Vesuvausbruchs immer überzeugender gibt, mehren sich in Hanold, der auch nachts von ihr rätselhafte Träume träumt, die Zweifel. Er zieht in den Hotels der Umgebung Erkundigungen über junge Touristinnen ein, findet aber nichts heraus. Schließlich will er ihr Geheimnis buchstäblich im Handstreich lüften; er schlägt ihr auf die Hand: sie ist keine antike Wiedergängerin, sondern eine Frau aus Fleisch und Blut, die ebenso empört wie belustigt ausruft[9]: »Du bist doch offenbar verrückt, Norbert Hanold.« So angesprochen, beginnt Hanold seine Verwirrung zu lösen, und in einem längeren Gespräch enthüllt die Gradiva ihre – dem Leser der Novelle gewiß längst offenbare – Identität: Sie, die vorgeblich Tote, ist Zoe, die Lebendige, Zoe Bertgang, die ›schön Schreitende‹ / ›Gradiva‹, die mit ihrem Vater, dem Zoologen, zur gleichen Zeit wie

[6] Sigmund Freud: *Der Wahn und die Träume in W. Jensens ›Gradiva‹*, in: *Studienausgabe* [Anm. 4], X, 9–85, hier 17.
[7] Ebd., 20 f.
[8] Ebd., 22.
[9] Ebd., 29.

Hanold nach Italien gereist war. Der verblüffte Hanold, der in der vor ihm stehenden schönen Frau die Freundin seiner Kindheit nicht wiederentdecken kann, muß sich von Zoe sagen lassen[10]: »Wenn Sie in den letzten Jahren einmal mit einem Blick auf mich achtgegeben hätten, wäre Ihren Augen vielleicht aufgegangen, daß ich schon seit längerer Zeit so aussehe.« Sie selbst hatte ihre frühe Neigung bewahrt und Hanolds ›Wahn‹ bei der auch für sie überraschenden Pompejanischen Begegnung rasch durchschaut, sich deshalb auf ihn eingelassen und die längst Tote gespielt, von der Hoffnung getragen, Hanold werde seinen ›Wahn‹ seinerseits durchschauen und hinter sich lassen können. »Daß dein Kopf eine [...] so großartige Phantasie beherbergte, hier in Pompeji mich auch für etwas Ausgegrabenes und wieder lebendig Gewordenes anzusehen – das hatte ich nicht bei dir vermutet, und als du auf einmal ganz unerwartet vor mir standest, kostete es mich zuerst ziemliche Mühe dahinter zu kommen, was für ein unglaubliches Hirngespinst deine Einbildung sich zurechtgearbeitet hatte.«[11] Vor allem durch ihre physisch attraktive Präsenz gelingt es ihr dann, Hanold von seinen Wahnideen abzubringen und gleichsam ›wiedereinzufangen‹. So steht einem Happyend schließlich nichts mehr im Wege!

Was konnte Freuds Interesse an dieser Erzählung wecken, über deren künstlerischen Rang er sich keine Illusionen machte? Es ist der Umstand gewesen, daß Jensens Erzählung nachgerade als Exemplum der Genese und der (glückenden) Therapie einer wahnhaft eskalierenden Phantasiebildung lesbar ist. Hanolds ursprüngliche Objektbesetzung verschiebt sich von der lebendigen Zoe auf die tote Figur des Reliefs (vielleicht dem Gesetz der Sublimierung folgend) und kehrt von dort – über das Intermedium einer ›lebenden Toten‹, die sich als einfühlsame Psychologin erweist – an seinen Ursprung zurück. Freud faßt das Ergebnis seiner ›Lesung‹ in folgendem Kommentar zusammen[12]: »Jede psychoanalytische Behandlung ist ein Versuch, verdrängte Liebe zu befreien, die in einem Symptom einen kümmerlichen Kompromißausweg gefunden hatte. [...] Die Übereinstimmung mit dem vom Dichter geschilderten Heilungsvorgang in der ›Gradiva‹ erreicht ihre Höhe, wenn wir hinzufügen, daß auch in der analytischen Psychotherapie die wiedererweckte Leidenschaft, sei sie Liebe oder Haß, jedes Mal die Person des Arztes zu ihrem Objekte wählt. Dann setzen freilich die Unterschiede ein, welche den Fall der Gradiva zum Idealfall machen, den die ärztliche Technik nicht erreichen kann. Die Gradiva kann die aus dem Unbewußten zum Bewußtsein durchdringende Liebe erwidern, der Arzt kann es nicht; die Gradiva ist selbst das Objekt der früheren, verdrängten Liebe gewesen, ihre Person bietet der befreiten Liebesstrebung sofort ein begehrenswertes Ziel. Der Arzt ist ein Fremder und muß trachten, nach der Heilung wieder ein Fremder zu werden.«

10 Ebd., 32.
11 Ebd., 34.
12 Ebd., 80 f.

Dieser ›Lesung‹ fügen sich auch Hanolds Träume in Freuds Analyse: Wähnt sich Hanold in seinem ersten erzählten Traum an Gradivas Seite im antiken Pompeji, so kommt darin in durch Zensur entstellter Weise sein Wunsch zum Ausdruck, mit der Freundin in einer Stadt zusammen zu sein; die Phantasie einer Rückkehr in die Vergangenheit zeigt Hanolds unbewußtes Wissen, daß er mit Zoe früher einmal tatsächlich zusammengelebt hat, in der Kindheit, die – wie das untergegangene Pompeji – verschüttet ist; schließlich weist das Inferno des Vulkanausbruches in ambivalenter Weise auf ein Verlangen nach Zoe hin, ein Verlangen, das zugleich ängstigt und in verdrängende Abwehr umschlägt, wobei sich die Wiederkehr des Verdrängten in Hanolds Fall in dem »kümmerlichen Kompromißausweg« einer wissenschaftlich legitimierten Besetzung der weiblichen Relieffigur artikuliert. In seinem zweiten Traum begegnet Hanold der Gradiva just in dem Moment, als sie eine Eidechse mit einer Schlinge zu fangen sucht und ihm befiehlt, sich still zu verhalten. Später rühmt sie ihre Fangmethode mit dem Hinweis, eine frisch verheiratete Freundin habe eben damit den schönsten Erfolg gehabt! Für Freud zeigte sich in diesem – eher penetrant wirkenden – Traum der Wunsch Hanolds, von Zoe eingefangen zu werden und zugleich ein passiv-masochistischer Zug seines Seelenlebens.

Als man Jensen später fragte, wie er sich erklären könne, in seiner Erzählung in so intime Nähe psychoanalytischer Einsichten gelangt zu sein, fiel ihm nichts anderes ein, als auf ein paar Semester Medizin zu verweisen, die er vor fünfzig Jahren studiert hätte. Freud, der Jensens Darstellung ausdrücklich eine »volle Übereinstimmung mit [der] therapeutischen Methode bescheinigte, welche Dr. J. Breuer und der Verfasser im Jahre 1895 in die Medizin eingeführt haben«[13], begründete diese Übereinstimmung allerdings mit anderen Argumenten. Während der Psychoanalytiker auf die Beobachtung von Kommunikation – der Reden seiner Analysanden – angewiesen sei, um in ihnen die *Schrift* des *Unbewußten* zu entziffern, gelange der Künstler auf dem Wege der Introspektion zu seinen Einsichten in die Dynamik des Seelenlebens. Für Freud scheint die Kunst ein ausgezeichnetes Medium zu sein, sonst abgewehrte Impulse des Es – etwa libidinöse oder aggressive Objektbesetzungen – die Grenze zwischen Unbewußtem und Bewußtem passieren zu lassen: Der Dichter »richtet seine Aufmerksamkeit auf das Unbewußte in seiner eigenen Seele, lauscht den Entwicklungsmöglichkeiten desselben und gestattet ihnen den künstlerischen Ausdruck, anstatt sie mit bewußter Kritik zu unterdrücken. So erfährt er aus sich, was wir bei anderen erlernen, welchen Gesetzen die Betätigung dieses Unbewußten folgen muß, aber er braucht diese Gesetze nicht auszusprechen, nicht einmal sie klar zu erkennen, sie sind infolge der Duldung seiner Intelligenz in seinen Schöpfungen verkörpert enthalten. Wir entwickeln diese Gesetze durch Analyse aus seinen Dichtungen, wie wir sie aus den Fällen realer Erkrankung herausfinden, aber der Schluß scheint unabweisbar, entweder haben beide, der Dichter wie der Arzt, das

[13] Ebd., 79.

Unbewußte in gleicher Weise mißverstanden, oder wir haben es beide richtig verstanden«[14].

Freuds Deutung von Jensens Erzählung ist als Paradigma der Möglichkeit psychoanalytischer Literaturinterpretation nicht ohne kritischen Einspruch geblieben. Scheint die Erzählung in ihrem analytischen Kommentar doch so restlos aufzugehen, daß sie nachgerade als Illustration Freudianischer Einsichten über die pathogenen Mechanismen der Verdrängung und der Ersatzbildung lesbar wird. Freud habe mit Jensen zu leichtes Spiel gehabt, wendet etwa Octave Mannoni ein[15]: »Die Naivität, die den Wert des Werkes schmälert, erklärt [...], warum es der Interpretation so leicht zugänglich ist. Was Jensen fehlt, ist die Kunst der Abwehr, die Kunst sich zu verhüllen. [...] Wenn er seine Phantasien unverhüllt darstellte, so deshalb, weil er nichts von ihnen verstand.« Kategorischer noch klingt Theodor W. Adornos genereller Einwand: Der Psychoanalyse »gelten die Kunstwerke wesentlich als Projektionen des Unbewußten derer, die sie hervorgebracht haben, und sie vergißt die Formkategorien über der Hermeneutik der Stoffe, überträgt gleichsam die Banauserie feinsinniger Ärzte auf das untauglichste Objekt, auf Lionardo und Baudelaire«[16]. Hatte Freud nicht selbst zugestanden, daß ihn die Inhalte der Kunstwerke stärker anzögen als deren »formale und technische Eigenschaften«? Und hatte er in den *Vorlesungen zur Einführung in die Psychoanalyse* im Jahre 1917 den Künstler nicht als unbefriedigten Neurotiker charakterisiert, der im Medium seiner Phantasie sich das zu verschaffen suche, was ihm im Leben versagt geblieben wäre[17]: »Ehre, Macht, Reichtum, Ruhm und die Liebe der Frauen«? Was aber unterscheidet Kunstwerke von anderen Formen der Wunscherfüllung im Medium der Phantasie, die der frustrierenden Wirklichkeit eine befriedigendere Alternativversion kontrastieren kann?

Verschaffen wir uns zur Beantwortung dieser Frage zunächst ein zureichendes Verständnis von Freuds Begriff der Phantasie. Wir kennen alle Freuds berühmten Satz, daß der Glückliche nie phantasiere und daß »unbefriedigte Wünsche«[18] die Prämisse allen Phantasierens seien. Der Glückliche bedarf der Phantasie nicht, weil ihm seine Wirklichkeit keinen Wunsch versagt, jedenfalls nicht, solange er glücklich ist. Er hat gleichsam kein Motiv, die Wirklichkeit zu verändern und seinen Wünschen gefügig zu machen. Widerstreitet die Wirklichkeit aber den Wünschen, mag man versuchen, sie ihnen tatsächlich zu akkomodieren, sich die Welt so einzurichten, daß man wunschlos glücklich in ihr leben kann – eine Illusion für Freuds nüchternen Blick! Es bleibt die gewissermaßen ›ökonomischere‹ Phantasie als Medium einer imaginären Wunscherfüllung. In den *Formulierungen über die zwei Prin-*

14 Ebd., 82.

15 Octave Mannoni: *Sigmund Freud*, Reinbek b. Hamburg 1971, 98.

16 Theodor W. Adorno: *Ästhetische Theorie*, in: *Gesammelte Schriften* VII, Frankfurt/M. 1970, 19.

17 Sigmund Freud: *Vorlesungen zur Einführung in die Psychoanalyse*, in: *Studienausgabe* [Anm. 4], I, 34–445, hier 366.

18 Ders.: *Der Dichter und das Phantasieren*, in: *Studienausgabe* [Anm. 4], X, 169–179, hier 173.

zipien des psychischen Geschehens schreibt Freud[19]: »Eine allgemeine Tendenz unseres seelischen Apparats [...] scheint sich in der Zähigkeit des Festhaltens an den zur Verfügung stehenden Lustquellen und in der Schwierigkeit des Verzichts auf dieselben zu äußern. Mit der Einsetzung des Realitätsprinzips wurde eine Art Denktätigkeit abgespalten, die von der Realitätsprüfung frei gehalten und allein dem Lustprinzip unterworfen blieb. Es ist dies das Phantasieren, welches bereits mit dem Spielen der Kinder beginnt und später als Tagträumen fortgesetzt die Anlehnung an reale Objekte aufgibt.« An anderer Stelle – in den *Vorlesungen zur Einführung in die Psychoanalyse* – vergleicht Freud in suggestiver Formulierung das Phantasieren mit »der Einrichtung von Naturschutzparks dort, wo die Anforderungen des Ackerbaus, des Verkehres und der Industrie das ursprüngliche Gesicht der Erde rasch bis zur Unkenntlichkeit zu verändern drohen. Der Naturschutzpark erhält diesen alten Zustand, welchen man sonst überall mit Bedauern der Notwendigkeit geopfert hat. Alles darf darin wuchern und wachsen, wie es will, auch das Nutzlose, selbst das Schädliche. Eine solche dem Realitätsprinzip entzogene Schonung ist auch das seelische Reich der Phantasie«[20]. So suggestiv dieser Vergleich ist, so problematisch scheint er freilich auch: Will Freud in zeitlicher Perspektive etwa sagen, daß es zuerst – im *goldenen Zeitalter* des Lustprinzips gewissermaßen – noch keine Restriktionen oder Einhegungen, keine Kultivierung und Zivilisierung des ›Urwalds unserer Wünsche‹ gab, die erst nach und nach im Namen des Realitätsprinzips erfolgten, das das Begehren dem Gesetz unterwarf und sich so flächendeckend durchsetzte, daß es gleichsam der Einrichtung *künstlicher Paradiese*, geschützter Zonen der Imagination bedurfte, um dem Lustprinzip unter Herrschaft des Realitätsprinzips ein Ventil zu schaffen? Nach detaillierten Analysen der entsprechenden Formulierungen Freuds gelangt Sarah Kofman in ihrer Interpretation der Freudschen Ästhetik zu dem Resultat, daß die Relation von *Lustprinzip*, *Realitätsprinzip* und *Imagination* nicht temporalisiert werden darf[21]: »Die Sekundärprozesse folgen [...] nicht auf die Primärprozesse, das Realitätsprinzip folgt nicht auf das Lustprinzip: sie koexistieren originär, denn der Tod [ist] originär im Leben präsent. [...] Weil die ›Realität‹ immer schon da ist, weil der Tod das Leben immer schon ursprünglich hemmt, weil das Leben sich völlig nur vorausgaben kann um den Preis seines Untergangs, weil es sich schützt, indem es die gefährliche Besetzung verzögert, weil es sich aufspart, besteht originär das Bedürfnis nach einem ›Supplement‹ zum Lustprinzip: der Einbildungskraft.« Es ist die Apriorität des ›Mangels‹ in Folge seiner Endlichkeit, die den Menschen dazu disponiert, sich im Medium des Sinns, der – nach Luhmann – ja in der Differenz von Aktualität und Virtualität begründet liegt, ein Supplement zum Lustprinzip zu verschaffen, eben die Gestalten der Imagination.

[19] Ders.: *Formulierungen über die zwei Prinzipien des psychischen Geschehens*, in: *Studienausgabe* [Anm. 4], III, 11–24, hier 20 f.

[20] Ders.: *Vorlesungen* [Anm. 17], 363.

[21] Sarah Kofman: *Die Kindheit der Kunst – Eine Interpretation der Freudschen Ästhetik*, München 1993, 182.

In ontogenetischer Perspektive ist es für Freud das kindliche Spiel, das als erste Gestalt jenes Supplements beobachtet werden kann. »Jedes spielende Kind« – sagt Freud in seinem Vortrag über *den Dichter und das Phantasieren* – »benimmt sich wie ein Dichter, indem es sich eine eigene Welt erschafft oder, richtiger gesagt, die Dinge seiner Welt in eine neue, ihm gefällige Ordnung versetzt. [...] Das Kind unterscheidet seine Spielwelt sehr wohl, trotz aller Affektbesetzung, von der Wirklichkeit und lehnt seine imaginierten Objekte und Verhältnisse gerne an greifbare und sichtbare Dinge der wirklichen Welt an«[22]. Der ausschlaggebende Gesichtspunkt liegt in der Differenz von Spiel und Wirklichkeit, die für Freud auch da gilt, wo mit den Dingen der Welt gespielt wird, die in der Einbildungskraft der Spielenden ihre übliche Indisponibilität verloren zu haben scheint. Als Handlung oder Interaktion ist das Spiel der Beobachtung zugänglich; dies gilt in gleicher Weise nicht mehr für jene Gestalt des Supplements zum Lustprinzip, die für Freud gewiß die eigentliche Domäne der Phantasie ausmacht: für den Tagtraum. Der Heranwachsende gebe, so vermutet Freud, wenn er zu spielen aufhöre, »nichts anderes auf als die Anlehnung an reale Objekte; anstatt zu spielen, phantasiert er jetzt. Er baut sich Luftschlösser, schafft das, was man Tagträume nennt«[23]. Damit werden die Phantasie und ihre Imaginationen zu intrapsychischen Phänomenen, die der Beobachtung in aller Regel schon deshalb unzugänglich bleiben, weil der Erwachsene sich unter den Ansprüchen des Über-Ich dagegen sträube, seine Tagträume mitzuteilen[24]: »Das Phantasieren der Menschen ist weniger leicht zu beobachten als das Spielen der Kinder. [...] Der Erwachsene [...] schämt sich seiner Phantasien und versteckt sie vor anderen, er hegt sie als seine eigensten Intimitäten, er würde in der Regel lieber seine Vergehungen eingestehen als seine Phantasien mitteilen.« Sind solche – wenn mitgeteilt, peinlichen – Tagträumereien bereits Ergebnis einer Lockerung der Über-Ich-Ansprüche gegenüber den Impulsen des Es auf dem Schauplatz des Ich, so gilt dies in noch potenzierter Weise für die eigentlichen Träume, die den unbewußten Antrieben unter den Bedingungen des Schlafs den sonst gesperrten Eintritt ins Bewußtsein gestatten, wenngleich in jener charakteristisch entstellten Weise, die die Träume als wirr, dunkel und inkohärent erscheinen lassen[25]: »Wenn der Sinn unserer Träume uns zumeist undeutlich bleibt, so rührt dies von dem einen Umstande her, daß nächtlicherweise auch solche Wünsche in uns rege werden, deren wir uns schämen und die [...] eben darum verdrängt, ins Unbewußte geschoben werden. [...] Nachdem die Aufklärung der Traumentstellung der wissenschaftlichen Arbeit gelungen war, fiel es nicht mehr schwer zu erkennen, daß die nächtlichen Träume ebensolche Wunscherfüllungen sind wie die Tagträume, die uns allen so wohlbekannten Phantasien.« Es sei hier darauf hingewiesen, daß die psychoanalytische Be-

22 Freud: *Der Dichter* [Anm. 18], 171 f.
23 Ebd., 172.
24 Ebd., 173.
25 Ebd., 175.

obachtung nicht mit dem Anspruch verbunden ist, das zu tun, was unmöglich ist, nämlich intrapsychische bzw. bewußtseinsinterne Operationen – wie Träume und Tagträume – zu beobachten und zu analysieren. Beobachtbar sind neben den Symptomen des Körpers in erster Linie Kommunikationen, und so kann die Psychoanalyse zwanglos als Kommunikationsanalyse charakterisiert werden, die die beiden Aspekte der Kommunikation – Mitteilung und Information – als Ergebnis spezifischer Codierungen versteht, die sich dem üblichen Kommunikationsinteresse entziehen, da sie z. B. als ›Rauschen‹ oder ›Fehler‹ wahrgenommen werden, während sie der analytischen Beobachtungstechnik von hoher Signifikanz sind, weil in ihnen ›das Unbewußte durch das Bewußte spricht‹. Der Psychoanalytiker – so der französische Linguist Emile Benveniste – arbeitet mit dem, »was der Patient ihm sagt. Er betrachtet ihn in seinen Reden, untersucht ihn in seinem Verhalten als Sprecher, als ›Erzähler von Geschichten‹, und durch diese Berichte konstituiert sich für ihn allmählich ein anderer Bericht, [der] über eigene Regeln, eigene Symbole und eine eigene ›Syntax‹ verfügt und auf die Tiefenstrukturen des Seelenlebens verweist«[26].

Im Unterschied zum Traum und zum Tagtraum, die sich intrapsychisch erfüllen, ist die Phantasie in Gestalt des Kunstwerks wie das kindliche Spiel der Beobachtung als Vollzug von Kommunikation unmittelbar zugänglich. Meinen sich die Erwachsenen ihrer Tagträumereien so schämen zu müssen, daß sie sie in die Grenzen ihres Bewußtseins einsperren, so teilt der Künstler seine Phantasien ja ausdrücklich mit, um mit ihnen Resonanz zu finden. Was aber disponiert das Publikum dazu, auf die Kommunikationsofferte des Künstlers einzugehen, statt so zu reagieren, wie es Freud für den Fall annimmt, in dem wir von den Tagträumereien unserer Mitmenschen zufällig Kenntnis erhalten? »Wir werden von solchen Phantasien, wenn wir sie erfahren, abgestoßen oder bleiben höchstens kühl gegen sie. Wenn aber der Dichter uns seine Spiele vorspielt oder uns das erzählt, was wir für seine persönlichen Tagträume zu erklären geneigt sind, so empfinden wir hohe [...] Lust.«[27] Diese Hypothese Freuds über die Viabilität literarisch artikulierter Phantasien läßt sich in zwei Fragen reformulieren: (1) Welche Mechanismen machen die Phantasie mit Aussicht auf Resonanz kommunizierbar? Diese Frage zielt nach Freuds Formulierung auf die eigentliche *ars poetica*; (2) welchem Umstand ist der Lustgewinn zu verdanken, den nach Freuds Behauptung die Aufnahme literarisch artikulierter Phantasie im Leser auslöst?

Zu 1: Freud glaubt zunächst, daß der Künstler imstande sei, seinen Phantasien die Kontingenz des bloß Persönlichen, das Fremde abstoße, zu nehmen und sie – nach seinen Worten – »für die anderen mitgenießbar«[28] zu machen. Das spezifisch Künstlerische liegt in dieser Hinsicht offenbar in einer Befähigung zur Selbstdistanz, die der Imagination alles bloß Idiosynkratische nimmt und sie kommunikabel macht.

[26] Emile Benveniste: *Probleme der allgemeinen Sprachwissenschaft*, Frankfurt/M. 1977, 91.
[27] Freud: *Der Dichter* [Anm. 18], 179.
[28] Ders.: *Vorlesungen* [Anm. 17], 366.

Die künstlerische Phantasie ist nichts weniger als bloßer ›Ausdruck‹ unbewußter Impulse des Phantasierenden oder gar das sublimierte Resultat neurotischer Triebhemmungen: Alles dies ist gleichsam nichts weiter als ein Rohstoff oder Medium, das einer artistischen Formintention unterworfen wird. Orientiert man sich an der kommunikationstheoretischen Unterscheidung von Mitteilung und Information, so darf man formulieren, daß die Phantasie als Kunstwerk die Artifizialität ihres Mitgeteiltseins ihrem möglichen Informationswert gegenüber favorisiert, oder anders und einfacher gesagt: Ein Kunstwerk informiert uns nicht über die Psychodynamik im Bewußtsein seines Urhebers, bzw. es tut dies nur dann, wenn wir es etwa in psychologischer Perspektive, aber nicht in literarischer Einstellung lesen. Es informiert uns vielmehr über seine kunstvolle Mitteilung solcher Informationen, deren Referenz – wenn nicht neutralisiert – so doch zumindest im Prozeß der Lektüre eingeklammert wird. Es ist die »Darstellung seiner unbewußten Phantasie«[29], auf die es dem Künstler ankomme. Freud betont diesen Darstellungsaspekt immer wieder mit besonderem Nachdruck. Damit aber dementiert er zugleich jene Bevorzugung des Inhaltlichen der Kunst vor ihren »formalen und technischen Eigenschaften«, die einen Laienblick wie den eigenen verrate und die der Psychoanalyse den Vorwurf der Banauserie (Adorno) eingebracht hat. Wir verstehen ein Kunstwerk nur dann angemessen (so darf man mit Freud sagen), wenn wir es nicht als Information über ein – persönliches oder gar verallgemeinerbares – Triebschicksal lesen, sondern nur dann, wenn wir es als ihre Formqualität eigens ausstellende Mitteilung (bzw. Darstellung) solcher Informationen lesen, die von ihr nur um den Preis des Endes literarischer Kommunikation isoliert werden können. Zu einer solchen Poetik der Literatur hat die Psychoanalyse – nach dem Eingeständnis Freuds – allerdings keine Beiträge zu leisten: »Das Wesen der künstlerischen Leistung [ist] psychoanalytisch unzugänglich«[30], hat Freud in seiner Studie über *Eine Kindheitserinnerung des Leonardo da Vinci* gesagt.

Zu 2: Gleichwohl muß Freud diese Poetik in Anspruch nehmen, um die luststeigernden Wirkungen der Kunstrezeption erklären zu können. Denn eigentlich sollte man meinen, daß die lustvolle Abfuhr libidinöser oder aggressiver Energie, die die imaginären Szenarien der Literatur gestatten, auf die entgegenstehenden Abwehr- und Verdrängungsmechanismen des Ich im Auftrage des Über-Ich treffen müsse. Die Kunst aber erscheint als Medium, mit dessen Beistand das Es – jedenfalls eine Zeitlang – im Ich eigentlich an das Über-Ich verlorengegangenes Terrain zurückgewinnt. Die Grenze des Ich zum Es wird im Moment literarischer Kommunikation durchlässiger, die Kraft des Über-Ich scheint für die Zeit der Lektüre geschwächt. Dies aber ist Folge der Poetik der Mitteilung! Der Künstler wisse »an die Darstellung seiner unbewußten Phantasie so viel Lustgewinn zu knüpfen, daß durch sie die

29 Ebd.

30 Sigmund Freud: *Eine Kindheitserinnerung des Leonardo da Vinci*, in: *Studienausgabe* [Anm. 4], X, 87–159, hier 157.

Verdrängungen wenigstens zeitweilig überwogen und aufgehoben werden. Kann er das alles leisten, so ermöglicht er es den Anderen, aus den eigenen unzugänglich gewordenen Lustquellen ihres Unbewußten wiederum Trost und Linderung zu schöpfen«[31]. Die Begründung dieser These, daß die Darstellung selbst Lust bereite und mit Hilfe dieser Lust die Blockaden des Über-Ich zeitweilig gelockert werden könnten, ergibt sich aus Freuds *ökonomischem* Konzept der Triebdynamik, das hier im einzelnen nicht erläutert werden kann. Der Künstler »besticht uns durch rein formalen, d. h. ästhetischen Lustgewinn, den er uns in der Darstellung seiner Phantasien bietet. Man nennt einen solchen Lustgewinn, der uns geboten wird, um mit ihm die Entbindung größerer Lust aus tiefer reichenden psychischen Quellen zu ermöglichen, [...] Vorlust«[32]. Diese Lust oder dieses Vergnügen an der Schönheit und Raffiniertheit des Kunstwerks als Mitteilung – gewissermaßen die mit dem ästhetischen Urteil einhergehende Lust in Kants dritter *Kritik* – ›verbündet‹ sich nun – wenn man so sagen darf – mit jenen größeren Lustquanten, die begehrten Triebzielen gelten, aber für gewöhnlich von den Abwehrmechanismen im Dienste des Über-Ich ins Unbewußte verdrängt werden. Freud hatte diese *Vorlust*-Theorie ursprünglich zur Erklärung des Witzeffekts eingeführt: Welchem Mechanismus verdankt sich der Umstand, daß wir im Falle des obszönen Witzes lachen, wiewohl wir uns schämen sollten? Es sei die rhetorische Qualität des Witzes, gleichsam die Prägnanz seiner Form, die ein – freilich geringes – Lustquantum freisetze, mit dessen Hilfe die verdrängte Objektbesetzung die Zensurinstanz des Über-Ich für einen Moment überrumpele. Für die Literatur sagt Freud verallgemeinernd[33]: »Ich bin der Meinung, daß alle ästhetische Lust, die uns der Dichter verschafft, den Charakter solcher Vorlust trägt und daß der eigentliche Genuß des Dichtwerkes aus der Befreiung von Spannungen in unserer Seele hervorgeht.« Die lustvolle Katharsis, die Literatur bewirken kann, bedient sich gleichsam der Form poetischer Mitteilung, um quasitherapeutischen Zwecken zu dienen und das Ich zwischen den Antrieben des Es und den Ansprüchen des Über-Ich neu auszubalancieren.

Es bedarf nicht der Diskussion, um darauf hinzuweisen, daß diese Überlegungen Freuds die Möglichkeiten der Literatur wohl nicht angemessen ins Auge fassen und etwa an Verfahren moderner, selbstreferentieller Texte völlig vorbeigehen. Überdies scheint die Form der Literatur – so wichtig Freud sie nimmt – doch kaum über die Bedeutung einer Art ›Initialzündung‹ hinauszukommen, um dann jene ›Sprengsätze‹ explodieren zu lassen, die in den phantastischen Szenarien der Texte verborgen liegen. Zwar erscheint Freuds Konzept der *Vorlust* immerhin um einiges realistischer als die idealistische – vor Gericht in Pornographieprozessen noch immer bemühte – Theorie einer ästhetischen Neutralisierung des Sexuellen im Kunstwerk; in jedem Falle leidet die Wirkungsästhetik Freuds an der Verortung des Verstehens von Lite-

[31] Ders.: *Vorlesungen* [Anm. 17], 366.
[32] Ders.: *Der Dichter* [Anm. 18], 179.
[33] Ebd.

ratur im Bewußtsein ihrer Leser, das nur über Kommunikation – also unmittelbar überhaupt nicht – zugänglich ist.

Als Supplement zum Lustprinzip – so halten wir fest – ist die Imagination in ästhetischer Perspektive ein Medium, das allererst als Geformtes Kunstansprüche erheben darf. Der psychoanalytische Blick mag sich durch die Form hindurch von den Gestalten der Imagination Aufschlüsse über die unbewußten Triebstrukturen der Künstler geben lassen; er mag in der Form selbst eine Prämisse dafür sehen, daß die Kunstkonsumenten den Zwängen ihrer eigenen Gegenbesetzungen für Augenblicke entkommen; in jedem Falle entscheiden die Ordnungen literarischer Kommunikation über die Kunstfähigkeit aller Imagination in ihrer Differenz zur bloßen Tagträumerei, die eine frustrierende Realität schon ihrerseits mit einer befriedigenderen Version von ihr konfrontiert. Hier ließe sich die Frage nach der Funktion von Kunst stellen, die jedenfalls in der bloßen Bereitstellung solcher Alternativversionen von Welt nicht liegen kann, wird sie im Medium der Phantasie doch ununterbrochen erfüllt. Auch hier käme wohl eher die Form der Phantasie in Frage, deren Perfektion zur Evidenz bringen kann, daß noch die zwingendsten Lösungen dem Anschein ihrer Notwendigkeit zum Trotz kontingent bleiben. Jedenfalls ist die Phantasie nur als Form Kunst, und dies mag ein Grund dafür gewesen sein, daß der avantgardistische Anspruch Bretons auf eine unmittelbare Artikulation der Operationen des Bewußtseins nur als programmatischer Verzicht auf Kunst, d. h. auf Formgewinne in einem Medium artikuliert werden konnte. Diesen Verzicht hat Breton in einem Tagebucheintrag aus dem Jahre 1921 auch klar herausgestellt[34]: »Viele haben uns kritisiert, wir hätten nur das rohe Mineral geliefert, da sie nicht erkannten, dass unsere Intention gerade darin besteht, das Metall (das unendlich zu reinigen die Kunst sonst tendiert) in seinen ursprünglichen Zustand zurückzuversetzen.« Daher zeigte sich Breton im Hinblick auf Freuds Theorie des Traumes auch ausschließlich fasziniert von dem sogenannten manifesten Traum, dessen Paralogik ihm das schönste Paradigma subvertierter Rationalität und eines uranfänglichen Sprechens voll überraschender und kontingenter Bildlichkeit jenseits aller konventionellen Semantik zu sein schien. Freuds Analyse des Traumes zielte bekanntlich in eine ganz andere Richtung, unterstellt sie doch gerade dem surreal erscheinenden manifesten Traum, wie ihn der Schlafende träumen und dann erzählen mag, eine Codierung, deren Kenntnis den Analytiker instand setzt, mit Hilfe weiterer Kommunikationen, den freien Assoziationen, jenen ›latenten Traumgedanken‹ zu (re-)konstruieren, in dem die unbewußten Wünsche des Träumenden sichtbar werden[35]: »›Traum‹ kann man nichts anderes nennen als das Ergebnis der Traumarbeit, d. h. also die *Form*, in wel-

34 Zitiert nach Mark Polizzotti: *Revolution des Geistes – Das Leben A. Bretons*, München 1996, 235.

35 Freud: *Vorlesungen* [Anm. 17], 189; vgl. zur Differenz der Interessen am Traum zwischen Freud und Breton den Brief von Freud an Breton vom 8. 12. 1937, in: Polizzotti, *Revolution* [Anm. 34], 653.

che die latenten Gedanken durch die Traumarbeit überführt worden sind.« Das bedeutet: Freud versteht den bewußtseinsinternen manifesten Traum gleichsam als Text, dessen Form Resultat einer Codierung ist, die eine Tiefenstruktur in eine Oberflächenstruktur transformiert; Freud sprach entsprechend auch von ›Transkription‹. Um ganz klar zu sprechen: Der Analytiker beobachtet Kommunikation, z. B. die Erzählung eines Traumes. Als Erzählung unterliegt die Mitteilung des Analysanden für sich schon Konventionen des narrativen Diskurses und weiteren Regelmäßigkeiten jener Spezialinteraktion, die für das therapeutische Gespräch gelten mögen. Diesseits solcher Ordnungen der Rede unterstellt die analytische Beobachtung der Kommunikation des Analysanden nun eine andere Codierung, die der Leitdifferenz der Operationen des Bewußtseins, der Unterscheidung *bewußt / unbewußt* verpflichtet ist. Die Kenntnis dieses Codes erlaubt es dann, die Imagination des Traumes als Struktur zu analysieren, die sich den Mechanismen der Traumarbeit – der Nötigung zur Bildlichkeit, der Verdichtung und der Verschiebung sowie der sogenannte sekundären Bearbeitung vor allem – verdankt, einer unbewußten Traumarbeit, die den latenten Inhalt unter den Prämissen gelockerter, gleichwohl funktionierender Über-Ich-Instanzen in den manifesten Traum entstellend transformiert. Der Analytiker kehrt den Prozeß der Traumarbeit gleichsam um und konstruiert in der Tiefe des Traumes den ihn auslösenden Triebimpuls, eben den *latenten Traumgedanken* als zumeist infantilen, abgewehrten Wunsch im komplexen Zusammenspiel mit Sinnesreizen, Tagesresten und aktuellen Gedanken. In der Kommunikation der Traumphantasie entdeckt der analytische Blick den Code des je individuellen Bewußtseins, um diese Entdeckung dann therapeutisch fruchtbar machen zu können.

Freuds Definition des Traums als Form und seine Analyse der Mechanismen der Traumarbeit, die ihre rhetorische und narratologische Funktion herausstellt, haben die Möglichkeit attraktiv erscheinen lassen, die psychoanalytische Deutung des Traumes als Modell von Literaturinterpretation, jedenfalls der Interpretation narrativer Texte nutzen zu können. Man muß sich allerdings fragen, welches Textmodell Freud in seiner *Traumdeutung* verwandt hat. Einiges spricht dafür, daß es sich um jenes konventionelle Zwei-Schichten-Modell von ›Oberfläche‹ und ›Tiefe‹ handelt, welches dazu auffordert, der manifesten Textoberfläche eine sie sinnhaft determinierende Tiefeninstanz zu unterstellen. Wenn Freud schreibt[36]: »Deuten heißt einen *verborgenen Sinn* finden«, dann scheint es so, als entspreche die Differenz ›latent/manifest‹ der konventionellen Texttopologie ›Tiefe/Oberfläche‹ und die Analyse der herkömmlichen Hermeneutik einer *intentio operis* oder gar der (unbewußten) *intentio auctoris*. Allerdings hat bereits Jean Starobinski darauf hingewiesen, daß die der Traumdeutung entlehnte Unterscheidung von Latentem und Manifestem als Differenz von (verborgener) Tiefe und (offenbarer) Oberfläche für ein Verständnis der Literatur unfruchtbar sei, weil in ihrem Falle das Verborgene mit dem Offenbaren

[36] Freud: *Vorlesungen* [Anm. 17], 104.

identisch sei und es keinen Sinn mache, nach einem Sinn hinter der Oberfläche zu suchen[37]. Für den therapeutisch eingestellten Blick des psychoanalytischen Beobachters mag es zweckmäßig sein, in der Kommunikation seines Analysanden eine determinierende Instanz ausfindig zu machen, deren Kenntnis der Kur von Nutzen sein kann. Insofern fokussiert der Analytiker den Informationsaspekt der Kommunikation; er will über die Psychodynamik seines Patienten ins Bild gesetzt werden. Die Information bezeichnet die Fremdreferenz der Kommunikation; sie mag Aufschluß über Bewußtseinsprozesse geben. Ästhetische Kommunikation fokussiert den Mitteilungsaspekt von Kommunikation, d. h. ihre Selbstreferenz; als Kommunikation informiert Kunst – wenn man so sagen darf – über jene ungewöhnlichen Vorrichtungen, die ihr als Artefakt allererst Aufmerksamkeit sichern, d. h. über sich als Form, die der sinnlichen Wahrnehmung auffällt. So wären Traumerzählungen Kunstwerke nur für einen Beobachter, der ihre metaphorischen und metonymischen Verschränkungen nicht tiefenstrukturell referentialisierte, um des Klartextes des Begehrens habhaft zu werden, sondern der sich mit ihrer abgründigen Signifikanz begnügte, die kein anderes Geheimnis verbirgt als die Form der Sprache selbst.[38]

[37] Jean Starobinski: *Psychoanalyse und Literatur*, Frankfurt/M. 1973, 106.

[38] Vgl. Jacques Derrida: *Freud und der Schauplatz der Schrift*, in: ders.: *Die Schrift und die Differenz*, Frankfurt/M. 1972, 302–350, hier 302 ff.

Entbildung – Einbildung – Bildung

Zur Bedeutung der Imago-Dei-Lehre für moderne Bildungstheorien

Von Käte Meyer-Drawe

Nähme man das derzeitige Gerede über Bildung zum Maßstab, dann erübrigten sich die folgenden Ausführungen. In politischen Feiertagsreden, in der Werbung um Wählerstimmen, in zahlreichen Parteiprogrammen ist Bildung heute hoch im Kurs. Allerdings wird dabei im allgemeinen Bildung mit Information gleichgesetzt und das Vorhaben bezeichnet, unsere Schulen effizienter zu gestalten, um auf dem europäischen Markt erfolgreicher als bislang konkurrieren zu können. Gemeint ist also meistens bloßes Informationsmanagement. Der Titel *Bildung* verleiht dabei den produktorientierten Planungen Würde und garantiert allgemeine Sympathie. Die Ansprüche, die sich in diesem traditionsreichen Begriff verdichten, bleiben aber außerhalb der Fachdiskurse unbeachtet. Geradezu anachronistisch wirkt es vor diesem Hintergrund, an den Zusammenhang von Bildung und Gottebenbildlichkeit des Menschen zu erinnern und damit an Herausforderungen, die über das bloße Bescheidwissen hinausgehen. Aber mit Adorno können wir auch heute voraussetzen, daß Anachronismus an der Zeit ist.[1] Dabei lautet die zugrundeliegende Annahme, daß es nur dann sinnvoll ist, den Bildungsbegriff neben dem der Erziehung, des Lernens, der Entwicklung und der Sozialisation und schließlich dem der Information beizubehalten, wenn in ihm eine besondere Selbst- und Weltdeutung anklingt, die eine kritische Distanz zur bloßen Verwertung menschlicher Kapazitäten ermöglicht. Damit wird ein gleichsam klassisches Motiv aufgegriffen, das im 19. Jhd. dazu führte, Bildung von Erziehung zu unterscheiden. Bildung sollte danach diesseits von Fragen nach seiner Brauchbarkeit für die sich entwickelnde bürgerliche Gesellschaft die Möglichkeit des Menschen kennzeichnen, sich weder durch eigene noch durch fremde Interessen lediglich in Dienst nehmen zu lassen, sondern die eigene Vollkommenheit im Sinne der Verbesserung des Menschengeschlechts anzustreben. Bildung war damals geradezu das Gegenteil von zweckdienlichem Wissensmanagement, und in dieser Gegenwendigkeit zeigt sich auch heute noch ihre Aktualität. Bildung könnte an unsere Endlichkeit und an die Grenzen der Machbarkeit erinnern. Daß sie allerdings zum Kompagnon herrschsüchtiger Projekte werden konnte, gründet ebenfalls in ihrer Geschichte. Es ist ein bemerkenswerter Befund, daß sich mit ihr ein gewisser Verfügungswahn zu einer Zeit verknüpft, als sie als humanistische Option gegen den angeprangerten Utilitarismus der Aufklärungspädagogik

[1] Theodor W. Adorno: *Theorie der Halbbildung*, in: ders.: *Gesammelte Schriften VIII. Soziologische Schriften* I, hg. von Rolf Tiedemann, Frankfurt/M. ^{2}1980, 93–121, hier 121.

 · ISSN 1439-5886

vertreten wurde. Bildung wurde nämlich als Selbstbildung, als grenzenlose Selbstverfügung konzipiert, als freie Bestimmung des Menschen ohne jedes Vorbild.[2] In der Moderne wurde damit ein Moment aus dem Bildungsprozeß getilgt, das bis dahin in der Tradition der Imago-Dei-Lehre leitend war, nämlich die Selbstverneinung zugunsten einer wie auch immer gedachten höheren Vernunft. Die Dramaturgie dieser Entwicklung strukturiert die folgenden Ausführungen. Sie ist im Titel angedeutet: *Entbildung – Einbildung – Bildung*. Zunächst werden unter dem Stichwort *Entbildung* die vor allem mystischen Implikationen des deutschen Bildungsbegriffs nachgezeichnet, darauf ist die Bildungsemphase zu Beginn der Moderne Thema (*Einbildung*). Unter dem Titel *Bildung* sollen im dritten und letzten Schritt Fragen aufgeworfen und Probleme benannt werden, die sich ergeben, wenn man an einem reichen Bildungsbegriff festhalten und seine Verballhornung und Instrumentalisierung als Information, aber auch seine Remystifizierung vermeiden will.

I. Entbildung

Der Begriff der Bildung gehört zu den ältesten im pädagogischen Vokabular. Der Sache nach bezeichnete er in der griechischen Klassik, vor allem bei Platon, einen Prozeß der schmerzhaften Umkehr (*periagogé*) vom bloßen Schein zu der reinen Ideenwelt, die wir in unseren persönlichen Schicksalen aufgrund unserer leiblichen Geburt vergessen haben. *Paideia* war dazu da, freie Zuwendung zu den Ideen zu ermöglichen. Es ging um Wahrheit und nicht wie in der sophistischen Praxis um brauchbares Wissen. Gegen die Sophisten pochten Sokrates und Platon auf die Möglichkeit, Wahrheit anzustreben, und zwar angesichts einer radikalen Skepsis gegenüber allen unbedachten Gewißheitsprätentionen.[3]

Als in den ersten drei Jahrhunderten v. Chr. mit der *Septuaginta* der hebräische Text des Alten Testaments ins Griechische übersetzt wurde, ereignete sich eine folgenreiche Verknüpfung. Im Hebräischen ging es nicht um Bildung im umfänglichen Sinne von *paideia*, sondern um ein Wortfeld, das vor allem Erziehung meinte.[4] Der Kampf gegen die Bedrohung durch die Heiden führte zu einer besonderen Gewichtung der Familie. Erziehung umfaßte hier vor allem Pflege, Lehre und Zucht.

[2] Zu dem verwickelten Verhältnis von Unbestimmtheit und Selbstbestimmung zur Zeit der Aufklärung vgl. Burkhard Liebsch: *Spuren einer anderen Natur – Piaget, Merleau-Ponty und die ontogenetischen Prozesse*, München 1992, 77 ff. Die Kurzlebigkeit des Traums von einer universalistisch konzipierten Idee der Bildung angesichts nationalistischer Engführungen erläutert Aleida Assmann: *Arbeit am nationalen Gedächtnis – Eine kurze Geschichte der deutschen Bildungsidee*, Frankfurt/M. 1993, 33 f.

[3] Vgl. Wolfgang Fischer: *Kleine Texte zur Pädagogik in der Antike*, Baltmannsweiler 1997.

[4] Vgl. Bernhard Schwenk: *Erziehung*, in: *Pädagogische Grundbegriffe* 1, hg. von Dieter Lenzen, Reinbek bei Hamburg 1989, 434 ff.

Bei der Zucht handelte es sich um die »Ausgestaltung der sittlichen Persönlichkeit«[5]. Sie gehört zu einem Tätigkeitsgebiet, das durch viele Wörter beschrieben wird: erziehen, belehren, ermahnen, warnen, einschränken, zurechtweisen, züchtigen u.a. *Paideia* tritt in der *Septuaginta* an die Stelle von Zucht (*musar* oder *mussar*). Selbst angesichts der mannigfaltigen Bedeutung von Zucht wird damit eine Intellektualisierung der jüdischen Erziehungsvorstellung angebahnt.[6] Züchtigung kann auch durch den Geist geschehen. Gott wendet sich seinem Volke frei zu und verkündet ihm sein Gesetz. Es verlangt Gehorsam[7]: »So hat denn alle E[rziehung] (= Zucht) von seiten Gottes wie von seiten des Menschen nach dem AT das alleinige Ziel, den Menschen in die *Furcht Gottes* zu werfen – des Gottes, der dann in Bund und Verheißung in seiner Freiheit auch der überschwenglich Barmherzige zu sein zugesagt hat. [...] Alle E[rziehung], von der das AT redet, ist in ihrer letzten Intention Ruf zum Hören (= Gehorsam) vor Gott – dem Gott, der sich in seiner freien Barmherzigkeit dem Menschen zu Gehör gebracht hat.« Mit der Übersetzung von *musar* durch *paideia* verbinden sich freie hellenistische Bildung einerseits und Gehorsam gegenüber einem Gott, der das Gesetz hütet, andererseits in einer spannungsreichen Weise. Den Folgen, die sich daraus für den Begriff der Erziehung ergeben, kann hier nicht nachgegangen werden. Vielleicht sollte man nur so viel festhalten, daß sich ein unter historischen Einflüssen wandelnder Zuchtgedanke bis heute trotz immer wieder aufgenommener Revisionsarbeiten durchhält.[8]

Bis zum Ende des 18. Jhd.s wurden die Worte *Bildung* und *Erziehung* weitgehend terminologisch undifferenziert verwandt. Allerdings bahnte sich mit dem wachsenden Selbstbewußtsein des Menschen in bezug auf seine mögliche Unabhängigkeit von vorgeburtlichen Bestimmungen eine erhöhte Wachsamkeit gegenüber der Freiheit des Geistes aufgrund von Kultivierung und Moralisierung im Unterschied zur Disziplinierung seiner animalischen Existenz an. Wie auch immer im einzelnen die Auseinandersetzung mit dem Problem der Zucht geführt wird, entscheidend ist, daß sich diese Praxis gegen den *Despotism der Begierden* (Kant) und die *Befangenheit durch die Natur* (Hegel) zugunsten der Freiheit richtet. Hegels und Herbarts Bemühungen um die Veredelung des Zuchtgedankens zeugen dabei von einem Konflikt, der dadurch entsteht, daß sich Menschen in zunehmendem Maße als Individuen begreifen, die zur Selbstbestimmung fähig sind. Zahlreiche Autokomposita verweisen

[5] Georg Herlitz / Bruno Kirschner: *Jüdisches Lexikon – Ein enzyklopädisches Handbuch des jüdischen Wissens in vier Bänden*, II, Frankfurt/M. ²1982, 493.

[6] Vgl. Georg Bertram: *Der Begriff der Erziehung in der griechischen Bibel*, in: *Imago Dei – Beiträge zur theologischen Anthropologie*, hg. von Heinrich Bornkamm, Gießen 1932, 33–51, hier 41.

[7] Walther Zimmerli: *Erziehung in der Bibel*, in: *Pädagogisches Lexikon*, hg. von Hans-Hermann Groothoff / Martin Stallmann, Stuttgart 1961, 241 ff., hier 243.

[8] Vgl. Käte Meyer-Drawe: *Zum metaphorischen Gehalt von ›Bildung‹ und ›Erziehung‹* in: *Zeitschrift für Pädagogik* [im folgenden: *ZfPäd*] 45 (1999), 161–175, hier 165 ff.

nun auf die wachsende Bedeutung des Selbst[9], das nicht mehr durch Unterordnung unter ein Allgemeines zu fassen ist. Der Bildungsbegriff überwindet die Grenzen des überlieferten Zuchtgedankens. Er fungiert bis heute als Name für einen nicht-instrumentellen Umgang mit Menschen. Bildung trägt dabei selbst Züge einer grundsätzlichen Versagung. Sie entzieht sich – wie Adorno sagt – dem »grellen Licht der Überprüfbarkeit« und verwickelt sich unweigerlich in den »Schuldzusammenhang des Privilegs«[10]; sie zeigt sich, indem sie sich entzieht.[11] In dieser Dialektik des Zerfalls zeigt sich die jüdisch-christliche Tradition an, die nun mit knappen Hinweisen charakterisiert werden soll.

In der Genesis wird die Imago-Dei-Lehre in Kraft gesetzt[12]: »Und Gott schuf den Menschen zu seinem Bilde, zum Bilde Gottes schuf er ihn; und schuf sie als Mann und Weib.« Der Mensch ist zum Bilde Gottes erschaffen. Gleichzeitig durfte er sich kein Bildnis Gottes machen[13]: »Du sollst dir kein Bildnis noch irgendein Gleichnis machen, weder von dem, was oben im Himmel, noch von dem, was unten auf Erden, noch von dem, was im Wasser unter der Erde ist.« Es ist aus der Sicht der alttestamentlichen Wissenschaft nicht unproblematisch, beide Bibelstellen aufeinander zu beziehen. Dagegen sprechen die Lexemwahl und die Tatsache, daß beide Texte nicht aufeinander verweisen.[14] Allerdings soll die Beziehung der Textstellen in unserem Zusammenhang auch nicht dazu dienen, in theologischer Hinsicht zu begründen, warum der Mensch das einzig berechtigte Bild Gottes ist. Die Asymmetrie in der Bildbeziehung wurde vielmehr folgenreich für den deutschen Bildungsbegriff, der in Verbindung mit griechischen und lateinischen Begriffen von seinen Anfängen an durch die Imago-Dei-Auffassung und das gleichzeitige Bilderverbot bestimmt war.[15] Dem Ebenbild Gottes war nämlich dadurch von Beginn an eine eigene Fremdheit, ein Geheimnis, eine Unverfügbarkeit in sich selbst eingeschrieben, die erst dann gemildert wird, wenn Wege gefunden werden, seine Mitwirkung an der Gottebenbildlichkeit zu denken.

Die *Vulgata* und die *Septuaginta* kommen dabei dem hebräischen Text aus dem 1. Buch Mose 1, 27 näher als die lutherische Übersetzung. In der *Vulgata* lautet es

[9] Vgl. Hermann Timm: *Bildungsreligion im deutschsprachigen Protestantismus – eine grundbegriffliche Perspektivierung*, in: *Bildungsbürgertum im 19. Jahrhundert* 2, hg. von Reinhart Koselleck, Stuttgart 1990, 57–79, hier 65.

[10] Adorno: *Halbbildung* [Anm. 1], 107.

[11] Vgl. ebd., 121. Es wäre eine fällige Aufgabe, den Einfluß des *Pentateuch* auf Bildungstheorien zu untersuchen. Zur Relevanz der *Exodus*-Erzählung für Heinz-Joachim Heydorns Bildungstheorie vgl. Ewald Titz: *Exodus und Pädagogik – Die Exodus-Erzählung als Grundmuster der kritischen Bildungstheorie Heydorns*, in: *ZfPäd* 42 (1996), 255–275.

[12] 1. Mose 1, 27.

[13] 2. Mose 20, 4 und 5. Mose 5, 8.

[14] Vgl. Christoph Dohmen: *Das Bilderverbot – Seine Entstehung und seine Entwicklung im Alten Testament*, Frankfurt/M. ²1987, 281.

[15] Vgl. Rudolf Lennert: *Das Drama der Bildungsworte*, in: *Neue Sammlung* 21 (1981), 504–529, hier 506.

»ad imaginem et similitudinem nostram«[16]. *Imago* als Übersetzung von *schelem* spielt auf Statuen an, welche die Wirkungsmacht Gottes auf Erden versinnbildlichen.[17] »Solche Bilder kann man handhaben«, bemerkt Ebach, »sie z. B. in Prozessionen durch die Stadt und über die Felder tragen und somit den göttlichen Segen zur Wirksamkeit bringen. Solche Bilder kann man verehren, als ob sie die Gottheit selbst wären. Man kann sie auch erobern, deportieren, zerstören – und damit die Gottheit schädigen, zuletzt tilgen«[18]. Dagegen ist der Gott Israels unfaßlich und unverfügbar. Das Bilderverbot steht für das göttliche Geheimnis.

Die Differenz von Bild und Ähnlichkeit wird zum heftig umstrittenen Thema. Dabei bürgert es sich seit Irenaeus ein, *imago* mit einer natürlichen und *similitudo* mit einer übernatürlichen Ähnlichkeit des Menschen mit Gott gleichzusetzen. Allgemein kann man sagen, daß die gleichsam natürliche Ebenbildlichkeit des Menschen mit Gott in seiner Geistigkeit, in seinem Verstand oder freien Willen, aufgesucht wird.[19] Allerdings wird bereits in der Patristik (Irenaeus, Tertullian) die Diskussion um gestalthafte Ähnlichkeiten geführt, wie sie der aufrechte, himmelwärts gerichtete Gang des Menschen nahelegt. Nimmt man den Text der Genesis beim Wort, dann liegt die Ähnlichkeit des Menschen mit seinem Schöpfer darin, daß er zum Herrscher über die Tierwelt ernannt wird, so wie in der ägyptischen Tradition, in welcher der König die Herrschaft Gottes auf Erden repräsentierte.

Ein weiteres Streitfeld wird eröffnet, wenn man sich dem Problem zuwendet, daß der Mensch gottebenbildlich und zugleich der Erbsünde unterworfen ist.[20] Für den pädagogischen Diskurs wird der Konflikt zwischen Sündhaftigkeit und Ebenbildlichkeit gärend bleiben. Er bestimmt die Differenzen von *Erziehung* und *Bildung* in ihren unterschiedlichsten Ausprägungen.

Das Bilderverbot der jüdischen Tradition wird in der Literatur umfänglich erörtert. Es ist unmöglich, auch nur Grundlinien darzustellen.[21] In historischer Perspek-

16 Johann Jakob Stamm: *Die Gottebenbildlichkeit des Menschen im Alten Testament*, Zollikon 1959, 5.

17 Vgl. Dohmen: *Bilderverbot* [Anm. 14], 282.

18 Jürgen Ebach: *Gottesbilder im Wandel – Biblisch-theologische Aspekte*, in: *Bilderverbot – Jahrbuch Politische Theologie* 2, hg. von Michael J. Rainer / Hans-Gerd Janssen, Münster 1997, 22–35, hier 33.

19 Stamm: *Gottebenbildlichkeit* [Anm. 16], 8.

20 Dieser Frage wendet sich Norbert Ricken mit detaillierten Erläuterungen zu, indem er die anthropologische Relevanz der Sündhaftigkeit und der Erlösungschancen aus dem Blickwinkel von Foucaults Analysen der Pastoralmacht thematisiert. Vgl. Norbert Ricken: *In den Kulissen der Macht – Anthropologien als figurierende Kontexte pädagogischer Praktiken*, in: *Vierteljahrsschrift für wissenschaftliche Pädagogik* [im folgenden: *VjswissPäd*] 76 (2000), 425–454, hier 426 ff.

21 Vgl. Dohmen: *Bilderverbot* [Anm. 14], Micha Brumlik: *Schrift, Wort und Ikone – Wege aus dem Bilderverbot*, Frankfurt/M. 1994, Ebach: *Gottesbilder* [Anm. 18], Ewald Titz: *Bilderverbot und Pädagogik – Zur Funktion des Bilderverbots in der Bildungstheorie Heydorns*, Weinheim 1999.

tive ist man sich weitgehend einig darüber, daß der Monotheismus[22] dieses Verbot brauchte, um sich in Abgrenzung zu anderen Religionen zu etablieren. Dabei geht es nicht um das Verbot von Bildern überhaupt, sondern nur um Kultbilder, die den Götzendienst am Leben erhalten[23]: »da ein Bild die Tür zu fremden Religionen öffnen könnte, werden Bilder grundsätzlich verboten«. Für die Selbstdeutung des Menschen entsteht aus dem Verbot eine produktive Unruhe, die Blumenberg einmal so charakterisiert[24]: »Die kühnste Metapher, die die größte Spannung zu umfassen versuchte, hat daher vielleicht am meisten für die Selbstkonzeption des Menschen geleistet: indem er den Gott als das Ganz-Andere von sich absolut hinwegzudenken versuchte, begann er unaufhaltsam den schwierigsten rhetorischen Akt, nämlich den, sich mit diesem Gott zu vergleichen.« Bereits im *Neuen Testament*, und zwar in den Briefen des Paulus an die Korinther, erfährt die Vorstellung von der Gottebenbildlichkeit eine Ambiguierung. Der Mensch ist noch nicht Bild Gottes, er soll sich dazu erst machen. Daß er teilhat an diesem Vollzug, gründet in seiner Möglichkeit der *imitatio Christi*. Für Thomas von Aquin, einem Klassiker der mittelalterlichen Philosophie, ist nur Jesus Christus *imago Dei perfecta*, und zwar als trinitarische Person, der Mensch dagegen *imago Dei imperfecta*. Ihm wird nur Ähnlichkeit aufgrund seiner Einsichtsfähigkeit, aber keine substantielle Gleichheit zuteil.[25] Allein die *ars divina* bringt Gestalt und Materie hervor. »Sofern der Mensch in seiner Geistigkeit ein ›Bild Gottes‹ ist«, so Dierse, »geht er nicht als bloßes Naturwesen in einem Verhältnis zum Universum auf, vielmehr hat er durch seinen Bezug zu Gott eine Sonderstellung im Kosmos«[26].

In der deutschen Mystik wurde die Mitwirkung des Menschen an seiner Gottebenbildlichkeit explizit im Zusammenhang mit dem Terminus *Bildung* bedacht. Dabei spielten die zahlreichen Bemühungen eine Rolle, die lateinische Fachsprache zugunsten einer um ihre Sinnlichkeit reduzierten Volkssprache terminologisch zu durchbrechen.[27] Die *forma*-Konzeption umfaßte dabei sowohl die Problematik der Nachahmung als auch die des Hervorbringens. Die Frage nach produktiven Möglichkeiten des Menschen stellte sich allerdings nicht im Sinne selbstbewußter Konstituierung, sondern als gestaltete Empfängnis. Die eigentümliche Aktivität der grundsätzlichen Passivität wurde dabei unterschiedlich gedacht, je nachdem ob man

22 Zu klären wäre hier allerdings grundsätzlich: Was heißt ›Monotheismus‹ im Alten Testament? ›Elochim‹ bedeutet einen heftig diskutierten Plural.

23 Dohmen: *Bilderverbot* [Anm. 14], 279.

24 Hans Blumenberg: *Anthropologische Annäherungen an die Aktualität der Rhetorik*, in: ders.: *Wirklichkeiten in denen wir leben*, Stuttgart 1996, 104–136, hier 135.

25 Vgl. Christoph Asmuth: *Die Lehre vom Bild in der Wissenstheorie Johann Gottlieb Fichtes*, in: *Sein – Reflexion – Freiheit – Aspekte der Philosophie Johann Gottlieb Fichtes*, hg. von Christoph Asmuth, Amsterdam 1997, 269–299, hier 281 ff.

26 Ulrich Dierse: *Gottebenbildlichkeit*, in: *Historisches Wörterbuch der Philosophie* 3, hg. von Joachim Ritter, Darmstadt 1974, 814–818, hier 817.

27 Vgl. Ernst Lichtenstein: *Zur Entwicklung des Bildungsbegriffs von Meister Eckhart bis Hegel*, Heidelberg 1966, 4.

sich eher in der alt- oder neutestamentlichen Tradition orientierte. Der Dominikaner Seuse argumentiert z. B. christologisch[28]: »[Ein] gelassener Mensch muß von der Kreatur entbildet, mit Christo gebildet und in der Gottheit überbildet werden.« Meister Eckhart, dem die Erfindung des Begriffs *Bildung* wohl zu verdanken ist, geht nicht in erster Linie von der *conformitas* mit Christus aus, sondern knüpft eher an die bildlose Gotteserfahrung im Sinne des Alten Testaments an. In minutiösen philosophischen Analysen fördert er eine für diese Zeit ungewöhnliche Bedeutung des menschlichen Ich zutage.[29] War nach Thomas der Mensch »das Bild Gottes in einer fremden Natur«[30], war er also durch eine unvollkommene Ähnlichkeit eingeschränkt, so denkt Eckhart ein Etwas in der Seele, das wie Gott ungeschaffen und unerschaffbar ist. Dieses Etwas ist das Ich als Ich.[31] Das bloße Pseudo-Ich, das angefüllt ist mit Bildern, muß sich von diesen befreien, um dem göttlichen Funken Raum zu geben.[32] Der Mensch muß absehen von seinen selbstgemachten Vorstellungen. *Überbildung* im Sinne Eckharts bedeutet die Überwindung aller Bilder. Gott muß sich in der menschlichen Seele spiegeln, sein Fremdes darin zum Vorschein bringen und ihm dadurch seine Andersheit nehmen. In der Bildungskonzeption von Eckhart verbinden sich Entzug des Urbildes mit ersten Spuren einer allerdings bei ihm nicht individualistischen Ich-Konzeption, eine Verknüpfung, die in Fichtes Bildungskonzept eine Hochform erreichen sollte. »Die Abbilder sind nur Schein, das Urbild, das Ich als Ich, ist das Sein selbst. Eckharts Imperativ lautet«, so Mojsisch, »daher: Man solle sich der Bilder entledigen, sich entbilden, um sich zu bilden. Bildung ist dann Ledig-Werden aller Bilder und Sich-Finden als bildloses Ich. Dieses Sich-Bilden ist einzig geknüpft an den Ternar: nichts wollen, nichts wissen, nichts passiv auf sich einwirken lassen«[33]. Mit der Selbstbezüglichkeit des Seelengrundes zeigen sich erste Linien des modernen Bildungsbegriffs, wobei zu beachten ist, daß hier von Selbstschöpfung und Selbstbestimmung noch nicht die Rede ist. Neu hinzu kommt die besondere Beziehung des Einzelnen zu Gott. Galt zuvor die Ebenbildlichkeit ausnahmslos für alle Menschen, so kann der Einzelne nun durch Ent-Bildung diese mitgestalten.

[28] Zitiert nach Rudolf Vierhaus: *Bildung*, in: *Geschichtliche Grundbegriffe – Historisches Lexikon zur politisch-sozialen Sprache in Deutschland 1*, hg. von Otto Brunner / Werner Conze / Reinhart Koselleck, Stuttgart 1972, 508–551, hier 510; vgl. auch Lichtenstein: *Bildungsbegriff* [Anm. 27], 5 f. und Hans Schilling: *Die theologischen Wurzeln des überlierferten Bildungsgedankens*, in: *VjswissPäd* 35 (1959), 1–15, hier 2 ff.

[29] Vgl. Burkhard Mojsisch: *»Dieses Ich«: Meister Eckharts Ich-Konzeption*, in: *Das Licht der Vernunft – Die Anfänge der Aufklärung im Mittelalter*, hg. von Kurt Flasch / Udo Reinhold Jeck, München 1997, 100–109.

[30] Asmuth: *Bild* [Anm. 25], 282.

[31] Vgl. Mojsisch, *Ich* [Anm. 29], 103.

[32] Vgl. Reinhart Koselleck: *Einleitung – Zur anthropologischen und semantischen Struktur der Bildung*, in: *Bildungsbürgertum im 19. Jahrhundert 2 – Bildungsgüter und Bildungswissen*, hg. von Reinhart Koselleck, Stuttgart 1990, 11–46, hier 16 f. und Mojsisch: *Ich* [Anm. 29].

[33] Ebd., 102.

Neben dieser in der Tradition der Schöpfungstheologie entfalteten Bildungskonzeption entwickelte sich ein weiterer Bildungsbegriff, der handwerkliche, technische und künstlerische Wortfelder aufgriff. Es verknüpfen sich unterschiedliche Traditionen. Wirkungsmächtig bereits in der Spätantike, aber vor allem im Mittelalter und der Renaissance sind in diesem Zusammenhang die Schriften des Hermes Trismegistos. Hier ist der Kosmos der *deus secundus*. Aber auch der Mensch kommt als »dritter Gott«[34] vor. Damit wird eine Selbstdeutung des Menschen in die Wege geleitet, die ihre erste Blüte im Renaissance-Humanismus hatte, wenngleich sie im Mittelalter vielfältig vorbereitet wurde, etwa durch die thomistische Auffassung der Schöpfung als *ars divina*, die sich von der *ars humana* dadurch unterscheidet, daß der Mensch nach dieser zwar seinen Intellekt an die Dinge anpassen und mit ihrer Hilfe die Natur umgestalten kann, ihm aber keine *creatio ex nihilo* möglich ist.

Im Mittelalter verbindet sich die neuplatonische Parallelisierung von göttlichem und endlichem Schaffen mit dem aristotelischen Technikbegriff. Die Gottebenbildlichkeit wird so gleichsam verständlicher. Das Bilderverbot büßt seine Schrecken nach und nach ein. Gott wird in der Diskussion der aufgefundenen aristotelischen Schriften zum *technites*, zum *architectus*. Die Unerreichbarkeit eines gnädigen und strafenden Gottes wird gemildert durch eine Familienähnlichkeit, die der Mensch selbst in seinen Werken aktualisieren und sogar steigern kann.

Zum Durchbruch kam diese Chance allerdings erst im Renaissance-Humanismus. Im 15. Jhd. taucht die Rede vom *homo secundus Deus* (Alberti) auf.[35] Der Mensch avanciert gleichsam von der dritten auf die zweite Gottesposition. Unter dem Einfluß der zeitgenössischen Baukunst und der Werke der bildenden Kunst überhaupt, der technischen Fortschritte und der wachsenden politischen Macht findet das Selbstbewußtsein der Bürger seinen Ausdruck. Der Mensch ist nach Cusanus *deus minor* oder *deus humanus*.[36] Die menschliche Kunst ahmt nicht mehr nur lediglich die Natur nach, sondern die Kunstfertigkeit Gottes selbst. Cusanus demonstriert diese stolze Selbstdeutung anhand eines Löffelschnitzers, der etwas Neues hervorbringt, was die Natur so nicht vorsieht, sondern nur der *ars humana* entspringt. Es ist die Kunstfertigkeit, die Technik, die den Menschen seinem Schöpfer ähnlich macht.[37] Von heute aus gesehen drängt sich die Frage auf: Wann wird er sich als *deus primus* deuten?

Die vielen Auseinandersetzungen mit der ›Würde des Menschen‹ bekunden das steigende Selbstbewußtsein, das den Raum der Möglichkeiten von Bildung erheb-

[34] Vinzenz Rüfner: *Homo secundus Deus – Eine geistesgeschichtliche Studie zum menschlichen Schöpfertum*, in: *Philosophisches Jahrbuch der Görres-Gesellschaft* 63 (1955), 248–291, hier 251.

[35] Ebd., 266 f.

[36] Nikolaus von Kues: *De coniecturis – Die Mutmaßungen*, in: ders.: *Philosophisch-theologische Schriften* II, hg. von Leo Gabriel, übers. u. komm. von Dietlind und Wilhelm Dupré, Wien 1966, 1–209, hier 158 f.

[37] Zur Wirkungsgeschichte des ›Zweiten Schöpfers‹ vgl. Johannes Bierbrodt: *Naturwissenschaft und Ästhetik 1750–1810*, Würzburg 2000, 18 ff.

lich erweitert.[38] Zentrales Zeugnis ist Pico della Mirandolas Rede über die menschliche Würde. Hier finden sich die Motive moderner Bildungskonzeptionen in statu nascendi: Gott, der *architectus Deus*, der *optimus artifex*, erschafft den Menschen als »Geschöpf von unbestimmter Gestalt« (*indiscretus*), das sich selbst bestimmt. Der Mensch wird zu seinem eigenen Baumeister ernannt.[39] Aber der Mensch ist ein Chamäleon, dessen »Keime der Vernunft« seine höhere Existenz nicht garantieren. Der »höchste Künstler« mahnt[40]: »Du kannst zum Niedrigeren, zum Tierischen entarten; du kannst aber auch zum Höheren, zum Göttlichen wiedergeboren werden, wenn deine Seele es beschließt.«

II. Einbildung

Die Asymmetrie des bildgemäßen Geschöpfes, das sich kein Bild vom Schöpfer machen darf, hat die Bildungsanschauungen lange Zeit mitbestimmt, wenngleich die Auffassung einer *imitatio Christi* wirkungsmächtiger, weil vielleicht tröstlicher war. Eine bemerkenswerte Wiederbeachtung ergab sich zu Beginn der Moderne, als die radikale Unbestimmtheit des Menschen zur Grundsignatur der Bildungsidee wurde. Zwar hatte bereits Pico die Unbestimmtheit des Menschen im Unterschied zu allen anderen Geschöpfen hervorgehoben, allerdings war diese Unbestimmtheit Gottes Werk. Der Einfluß des lutherischen Protestantismus und des Pietismus hatte die auch schon bei Plotin geschätzte Innerlichkeit im Verlaufe der Zeit zu einer manifesten Selbstdeutung des Menschen werden lassen. Über den Einfluß von Klopstock u.a. gerieten hochmystische Motive und über den viel beachteten Shaftesbury neue Möglichkeiten, den *inneren Sinn* zu begreifen, in den Bildungsdiskurs, vor allem über Herder, der zunächst explizit theologisch argumentierte, bevor er ein ästhetisches Bildungskonzept entwickelte, das stark durch die naturwissenschaftlichen Erkenntnisse seiner Zeit und durch seine Sprach- und Geschichtsauffassungen bestimmt war.[41] Sprache wurde zum bevorzugten Medium der Selbstdeutung des Menschen. Hier darf die Bedeutung Jakob Böhmes nicht unerwähnt bleiben, der in seinen Überlegungen Versprachlichung und Vergeistigung von Bildung maßgebend berücksichtigt[42]: »Gleich wie der Geist der Ewigkeit hat alle Dinge gebildet, also bildets auch der Menschen Geist in seinem Wort.« Sprache wird zu dem Schöpfungs-

38 Vgl. Jörg Ruhloff: *Vom Gottesknecht zum Selbstliebhaber – Ausblicke auf Individualität, Subjektivität, Autonomie in Interpretationen des Menschen zwischen Renaissance und Aufklärung*, in: *Bildung und Erziehung* 46 (1993), 167–182, hier 168 ff.

39 Vgl. Giovanni Pico della Mirandola: *De hominis dignitate – Über die Würde des Menschen*, übers. von Norbert Baumgarten, hg. und eingel. von August Buck, Hamburg 1990.

40 Ebd., 7.

41 Vgl. Lichtenstein: *Bildungsbegriff* [Anm. 27], 13 ff., Rudolf Lennert: *Bildungsworte* [Anm. 15], 508 ff., Hans-Rüdiger Müller: *Ästhesiologie der Bildung – Bildungstheoretische Rückblicke auf die Anthropologie der Sinne im 18. Jahrhundert*, Würzburg 1997, 141–230.

42 Lichtenstein: *Bildungsbegriff* [Anm. 27], 11.

milieu des Menschen. Bildung als Schöpfung erreicht ihre höchste Form[43]: »Gebildetsein heißt sich eingeschrieben wissen dem Logos einer bibliomorphen Weltanschauung, die es eigensprachlich weiterzusagen gilt. Denn *im anfang war das wort*. So steht es auf der Vignette des Deutschen Wörterbuchs der Brüder Grimm, von einer geflügelten Muse getragen.« Vor allem Herder erblickte in der Schöpfungskraft der Sprache das Göttliche im Menschen.[44] Nun war die Ebenbildlichkeit nicht länger nur über die technische Kunst gewährleistet, sondern über die sprachlich zum Ausdruck kommende Imaginationskraft. Dem Einbildungsvermögen war eine *creatio ex nihilo* möglich.[45] Die Zauberkraft der Sprache weiht den Menschen in die Schöpfungsmystik ein und läßt ihn daran teilhaben. Romantik, Idealismus und Deutsche Klassik würdigen den Menschen als genialen Schöpfer. In der Moderne betont Bildung den Menschen ausschließlich als *Werk seiner selbst*. Selbstbildung meint Subjekt und Substanz zugleich[46]: »Bildung [wird] zum Dolmetscher in eigener Sache.« Die vormalige Asymmetrie von Ebenbildlichkeit und Bilderverbot verschwindet, nachdem sie z.B. im Bildkonzept Fichtes einen letzten Höhepunkt erreicht. Hochmystische Motive klingen bei ihm in folgenden Sätzen nach[47]: »So wie durch den höchsten Akt der Freiheit, und durch die Vollendung derselben, dieser Glaube schwindet, fällt das gewesene Ich hinein in das reine göttliche Dasein, und man kann der Strenge nach nicht einmal sagen: daß der Affekt, die Liebe, und der Wille dieses göttlichen Daseins die seinigen würden; indem überhaupt gar nicht mehr Zweie, sondern nur Eins, und nicht mehr zwei Willen, sondern überhaupt nur noch Einer und ebenderselbe Wille alles in allem ist. Solange der Mensch noch irgend etwas selbst zu sein begehrt, kommt Gott nicht zu ihm, denn kein Mensch kann Gott werden. Sobald er sich aber rein, ganz, und bis in die Wurzel, vernichtet, bleibet allein Gott übrig, und ist alles in allem. Der Mensch kann sich keinen Gott erzeugen: aber sich selbst, als die eigentliche Negation, kann er vernichten, und sodann versinket er in Gott.« »Die produktive Einbildungskraft«, so nochmals Fichte, »erneuert nichts: sie ist, wenigstens für das empirische Bewußtseyn, völlige Schöpferin, und Schöpferin aus dem Nichts«[48].

[43] Timm: *Bildungsreligion* [Anm. 9], 64.

[44] Vgl. Johann Gottfried Herder: *Ideen zur Philosophie der Geschichte der Menschheit*, eingel. von Gerhard Schmidt, Bodenheim 1995, 230 ff.

[45] Dabei sollte nicht in Vergessenheit geraten, daß die Wertschätzung der Einbildungskraft zur damaligen Zeit sehr unterschiedlich ausfiel. So stellten die Philanthropinisten die Imagination unter Verdacht, weil sie mit der Sinnlichkeit und der Lust paktiert. Ihre Macht, die Sinne zu reizen, ist nur sehr schwer zu kontrollieren. Die Einbildungskraft war – so gesehen – ein unbeliebter Störenfried in den Disziplinierungsbemühungen der aufkommenden bürgerlichen Gesellschaft.

[46] Timm: *Bildungsreligion* [Anm. 9], 65.

[47] Johann Gottlieb Fichte: *Die Anweisung zum seligen Leben*, hg. von Fritz Medicus, Hamburg 1954, 130.

[48] Johann Gottlieb Fichte: *Ueber den Unterschied des Geistes, u. des Buchstabens in der Philosophie* [1794], in: *J.G. Fichte-Gesamtausgabe* II,3, hg. von Reinhard Lauth / Hans Jacob, Stuttgart / Bad Cannstatt 1971, 316.

Es ist aber nicht mehr lediglich ein göttlicher Seelenfunke, an den das Ich durch Entbildung (Eckhart) heranreicht, es ist das »reine göttliche Daseyn« (Fichte), dem sich das Ich aus eigener Anstrengung annähert[49]: »Bildung ist Akt der Freiheit statt Entelechie, Produkt eines Handelns statt Ergebnis eines Prozesses, Bildentwurf statt Gestaltwerdung, Umschaffung statt Entfaltung, Idee statt Kraft, Wiedergeburt statt Selbstvollendung.« Die Reflexion hat die mittellose Einbildung Gottes vergiftet. Es verbinden sich alttestamentliches Bilderverbot und modernes Identitätsdenken. Selbst wenn – wie bei Hegel – die Entzweiung des Bewußtseins Voraussetzung für Bildung ist, die Verzweiflung bleibt nicht letztes Wort. Der Entzug, der aufgrund des Bilderverbots dem mystischen Bildungsbegriff innewohnte, wird nach und nach durch die emphatische Ausstattung eines omnipotenten Ich ausgeglichen. Bildung wird zur Selbstbildung, deren Ziel nur noch zu Beginn der neuhumanistisch-klassischen Phase »durch das Anschauen der höchsten idealischen Vollkommenheit im Bilde der Gottheit«[50] bestimmt wird. Humboldt war in seinen Bildungsüberlegungen vor allem durch Leibniz' *Monadologie* beeinflußt[51]: »Denn alle Bildung hat ihren Ursprung allein in dem Innren der Seele und kann durch äussre Veranstaltungen nur veranlasst, nie hervorgebracht werden.« Humboldt hat dabei weder »innere Ruhe, innere Einheit und wechsellose Einfalt« noch nur die Individualität im Auge, wie es geisteswissenschaftliche Interpretationen unseres Jahrhunderts (etwa durch Spranger) beschwören.[52] Er spricht von der Wechselwirkung von »Empfänglichkeit und Selbstthätigkeit«[53]. Allerdings ist die Bildung der Eigentümlichkeit in Auseinandersetzung mit der Welt bestimmt von einer Auffassung, die sich unbemerkt dem Weltverlust durch Vergeistigung beugt. Welt bedeutet in seinem Bildungsfragment nämlich »NichtMensch«[54]. Konsequenterweise wäre der Mensch nicht Welt. Die Anähnelung an die *imago dei* führt unter den erörterten Bedingungen zu einer Privilegierung des Intellekts, der sich selber denkt und der sich gegen alles Äußere abschließt. Bildung wird im Verlaufe der weiteren Entwicklung immer mehr zur bloßen Selbstbespiegelung ohne Versagung, wie sie das Bilderverbot in der Unfaßlichkeit Gottes noch in Erinnerung hielt.

Aber die Begeisterung für das – wie Carus formuliert – »freie, schöpferische Vermögen zur Belebung eigener Ideen«[55] wurde auch schon zeitgenössisch begleitet

49 Lichtenstein: *Bildungsbegriff* [Anm. 27], 26.

50 Wilhelm von Humboldt: *Über Religion*, in: ders.: *Schriften zur Anthropologie und Geschichte*, in: ders.: *Werke in fünf Bänden* I, hg. von Andreas Flitner / Klaus Giel, Darmstadt ³1980, 1–32, hier 25.

51 Ebd.

52 Vgl. Käte Meyer-Drawe: *Streitfall ›Autonomie‹ – Aktualität, Geschichte und Systematik einer modernen Selbstbeschreibung von Menschen*, in: *Fragen nach dem Menschen in der umstrittenen Moderne – Jahrbuch für Bildungs- und Erziehungsphilosophie* 1 (1998), 31–49.

53 Wilhelm von Humboldt: *Theorie der Bildung des Menschen – Bruchstück*, in: ders.: *Schriften zur Anthropologie und Geschichte*, in: ders.: *Werke* [Anm. 50], 234–249, hier 237.

54 Ebd., 235.

55 Carl Gustav Carus: *Vorlesungen über Psychologie* [1831], Darmstadt 1958, 417.

durch Ängste, die in der Anmaßung des Menschen, ebenbürtiger Schöpfer sein zu wollen und sich in Experimenten mit der Natur auch als solcher zu verwirklichen, den drohenden Verfall sahen. Aus den vielen Beispielen soll hier nur kurz an Mary Wollstonecraft Shelleys Buch *Frankenstein oder der neue Prometheus* von 1818 erinnert werden. Frankenstein realisiert seine Phantasie, zum Schöpfer eines Wesens zu werden. Aus Leichenteilen und mit Hilfe eines nicht genauer beschriebenen »Instrumentariums des Lebens«[56] erschafft er ein Lebewesen, das als solches die ungeheuerliche Tat widerspiegelt. Shelley rückt nicht etwa Herstellungsvisionen ihrer Zeit in den Vordergrund ihres Romans, sondern die Bildungsgeschichte eines monströsen Geschöpfes, das seine Unschuld mit den damals populären wilden Kindern teilt, das aber aufgrund seiner abscheulichen Gestalt keinen Weg in die Gesellschaft findet. Es erfährt durch Arbeitsprotokolle in den Tagebuchnotizen seines Schöpfers von dessen Ekel vor seinem Geschöpf und ruft seine ganze Qual heraus[57]: »›O hassenswerter Tag, da ich ins Leben trat!‹ [...] ›Vermaledeiter Schöpfer! Was mußtest du ein Monstrum formen, von dem selbst *du* voll Grausen dich gewandt? Der große Gott, hat er nicht voll Erbarmnis nach seinem eignen Bild den Menschen sich erschaffen, voll Schönheit und voll Anmut? Ich aber bin ein schmutziges Zerrbild nur, und daß ich dennoch meinem Schöpfer gleiche, macht meine Häßlichkeit bei weitem ärger! Sogar der Satan hatte seine Teufel, die ihn bewunderten, ihm Beifall klatschten! Ich aber habe niemand, bin allein, bin aller Welt ein ekelhaftes Greuel!‹« Hier klingt das Bilderverbot nach und damit eine Grenze der Gottebenbildlichkeit, die heute aufgrund der realen technologischen und technischen Entwicklungen bedenkenswert sein könnte.

III. Bildung

Der weiteren Entwicklung des Bildungsbegriffs ist bis ins 20. Jhd.[58] eine Sorge gegenüber seiner apotheotischen Signatur nicht anzumerken. Bemerkenswert ist in diesem Zusammenhang, daß auch im Rahmen nationalsozialistischer Pädagogik der Bildungsbegriff zu integrieren war – und dies nicht nur auf die übliche Weise, indem angesehene Begriffe übernommen und dann daraufhin kritisiert wurden, daß mit ihnen allerdings das Falsche gemeint sei und daß sich ihre Produktivität erst nach einer Umschrift im Sinne rassentypologischer Vorgaben zeigen könnte. Baeumler vollführt dieses Kunststück an einer Zentralkategorie des pädagogischen Denkens, nämlich an der Bildsamkeit.[59] Vielmehr kam es der Ideologie entgegen,

[56] Mary Wollstonecraft Shelley: *Frankenstein oder Der neue Prometheus* [1818], München 1993, 71.

[57] Ebd., 180.

[58] Eine materialreiche und minutiöse Darstellung der Transformationen des Bildungsbegriffs findet sich in: Volker Steenblock: *Theorie der kulturellen Bildung – Zur Philosophie und Didaktik der Geisteswissenschaft*, München 1999, 151 ff.

[59] Vgl. Alfred Baeumler: *Rasse als Grundbegriff der Erziehungswissenschaft*, in: ders.: *Bildung und Gemeinschaft*, Berlin 1942, 81–85, hier 81 ff.

eine bestimmte mystische Tradition in Erinnerung zu rufen, um ›einen im Leben wurzelnden Bildungsbegriff‹ formulieren zu können. 1944 legt Emmy Constantin in Heidelberg ihre Dissertation zum Thema *Die Begriffe ›Bild‹ und ›Bilden‹ in der deutschen Philosophie von Eckehart zu Herder, Blumenbach und Pestalozzi* vor. Berichterstatter ist der renommierte nationalsozialistische Pädagoge Ernst Krieck. Constantin präsentierte bemerkenswerte Funde, und es darf bezweifelt werden, ob ihr Deutschtümeln und ihr Antirationalismus anderes als einen ideologischen Schutzschirm bedeuten. Aber lehrreich ist dennoch, wie sich in Reprisen von Konzepten, die ihre historische Fütterung hinter sich gelassen haben, gefährliche irrationalistische Optionen einnisten können. Ohne dies hier ausführen zu können, ließe sich zeigen, daß die Remystifizierung des Bildungsbegriffs seiner kritischen Bedeutung im Wege steht.

Nach dem Zweiten Weltkrieg wurden Zweifel daran geäußert, ob sich unter dem Stichwort *Bildung* emanzipatorische Programme überhaupt formulieren ließen. Adorno und Heydorn bildeten eine Ausnahme und versuchten, mit dem Bildungsbegriff ein herrschaftskritisches Denken neu zu begründen.[60] Auf sehr unterschiedliche Weise gingen dabei beide auf den grundsätzlichen Entzug des heilen Selbstbildes des Menschen zurück, um eine Lücke zu finden in einem nahezu hermetischen Verfügungsdenken.[61] Sie folgten der Signatur des Bilderverbots, abseits unserer Welt der Bilder. Während Heydorn in bundestheologischer Tradition an der Verheißung festhielt[62], wandelte Adorno den Entzug des Bildes in eine grundsätzliche Versagung um, die in bezug auf Bildung das »Moment der Unwillkürlichkeit« jenseits der »Mechanismen der Naturbeherrschung«[63] betonte[64]: »Die Einsicht, daß, was entsprang, nicht auf seinen Ursprung reduziert, nicht dem gleichgemacht werden kann, woraus es kam, bezieht sich auch auf den Geist, der so leicht dazu sich verführen läßt, sich selber als Ursprung aufzuwerfen. Wohl ist ihm, wo er diesen Anspruch zur eigenen Erhöhung anmeldet, mit dem Hinweis auf seine Abhängigkeit von den realen Lebensverhältnissen und seine Untrennbarkeit von deren Gestaltung, schließlich auf seine eigene Naturwüchsigkeit zu entgegnen. Wird Geist aber blank auf jene Ab-

60 Darauf, daß sich in Theorien der ästhetischen Bildung das Problem des Bilderverbots auf eigene Weise stellt, kann in diesem Zusammenhang nicht eingegangen werden. Vgl. Karl-Josef Pazzini: *Bildung und Bilder – Über einen nicht nur etymologischen Zusammenhang*, in: *Diskurs Bildungstheorie* 1: *Systematische Markierungen – Rekonstruktion der Bildungstheorie unter Bedingungen der gegenwärtigen Gesellschaft*, hg. von Otto Hansmann / Winfried Marotzki, Weinheim 1988, 334–363. Pazzini läßt sich in seinen Überlegungen von Lacans Studie zum *Spiegelstadium als Bildner der Ich-Funktion* anregen.

61 Vgl. Käte Meyer-Drawe: *Bildung als Selbstgestaltung – Grenzen und Möglichkeiten einer modernen Idee*, in: *Bildung – Welt – Verantwortung*, hg. von Manfred Faßler / Margret Lohmann / Eberhard Müller, Gießen 1998, 123–143.

62 Vgl. Heinz-Joachim Heydorn: *Ungleichheit für alle – Zur Neufassung des Bildungsbegriffs*, in: ders.: *Bildungstheoretische Schriften* 3, Frankfurt/M. 1980.

63 Adorno: *Halbbildung* [Anm. 1], 107.

64 Ebd., 120 f.

hängigkeit reduziert und fügt er sich von sich aus in die Rolle des bloßen Mittels, so ist an das Umgekehrte zu erinnern.« Manches wird an Adornos Analyse von 1959 heute nicht mehr aufrecht erhalten werden können. Aber sein Verdienst liegt wohl unter anderem darin, daß hier in der Tradition von Entbildung, Einbildung und Bildung darauf aufmerksam gemacht wird, daß Bildung als pure Selbstbildung blind und kritiklos den aktuellen Reproduktionstechnologien ausgeliefert ist, einem schließlich selbstzerstörerischen Verfügungswahn, der im Herrschen seine Beherrschung verliert. In seinen unterschiedlichen Gestalten spiegelt das Bilderverbot Grenzen der endlichen menschlichen Existenz wider. Damit sind keine Antworten gefunden, aber Fragen aufgefrischt, die in der Anbetung des Götzen ›Information‹ zu verschwinden drohen.

ANSCHRIFTEN DER AUTOREN

Prof. Dr. Peter-André Alt
Lehrstuhl für Neuere deutsche Literaturgeschichte II
Institut für Philologie
Universität Würzburg
Am Hubland
97074 Würzburg

Peter-Andre.Alt@mail.uni-wuerzburg.de

Prof. Dr. Rudolf Behrens (Herausgeber)
Romanisches Seminar
Ruhr-Universität Bochum
Universitätsstr. 150
GB 7/150
44780 Bochum

Rudolf.Behrens@ruhr-uni-bochum.de
homepage.ruhr-uni-bochum.de/rudolf.behrens/

Prof. Dr. Theo Kobusch
Katholisch-Theologische Fakultät
Ruhr-Universität Bochum
Universitätsstr. 150
GA 7/143
44780 Bochum

Theo.Kobusch@ruhr-uni-bochum.de
www.ruhr-uni-bochum.de/ph-th/

Prof. Dr. Franz Lebsanft
Romanisches Seminar
Ruhr-Universität Bochum
Universitätsstr. 150
GB 7/142
44780 Bochum

Franz.Lebsanft@ruhr-uni-bochum.de

Prof. Dr. Verena Lobsien
Institut für Anglistik und Amerikanistik
Humboldt-Universität zu Berlin
Unter den Linden 6
10099 Berlin

Verena.Lobsien@rz.hu-berlin.de
www2.hu-berlin.de/angl/index.html

Prof. Dr. Eckhard Lobsien
Pestalozzistr. 8
61231 Bad Nauheim

Lobsien@em.uni-frankfurt.de

Prof. Dr. Käte Meyer-Drawe
Institut für Pädagogik
Ruhr-Universität Bochum
Universitätsstr. 150
GA 1/60
44780 Bochum

Kaete.Meyer-Drawe@ruhr-uni-bochum.de

Prof. Dr. Irmgard Müller
Dr. Daniela Watzke
Institut für Geschichte der Medizin
Medizinische Fakultät
Ruhr-Universität Bochum
Markstr. 258a
44799 Bochum

geschichte.medizin@ruhr-uni-bochum.de
www.ruhr-uni-bochum.de/malakow/

Prof. Dr. Gerhard Plumpe
Germanistisches Institut
Ruhr-Universität Bochum
Universitätsstr. 150
GB 4/157
44780 Bochum

Gerhard.Plumpe@ruhr-uni-bochum.de
134.147.94.139/plumpe/index.html

Prof. Dr. Gunter Scholtz
Institut für Philosophie
Ruhr-Universität Bochum
Universitätsstr. 150
GA 3/152
44780 Bochum

Gunter.Scholtz@ruhr-uni-bochum.de
www.ruhr-uni-bochum.de/ philosophy/ staff/scholtz.html